民族文化中数学元素的挖掘与应用

——以贵州省为例

主　编　柳鸠　徐时芳　牛伟强　吴现荣

吉林大学出版社

·长春·

图书在版编目（CIP）数据

民族文化中数学元素的挖掘与应用 : 以贵州省为例 /
柳鸠等主编. -- 长春 : 吉林大学出版社, 2022.12
ISBN 978-7-5768-1301-2

Ⅰ.①民… Ⅱ.①柳… Ⅲ.①少数民族—民族文化—
研究—贵州 Ⅳ.①K280.73

中国版本图书馆CIP数据核字(2022)第241887号

书　　名：民族文化中数学元素的挖掘与应用——以贵州省为例
MINZU WENHUA ZHONG SHUXUE YUANSU DE WAJUE YU YINGYONG——YI GUIZHOU SHENG WEI LI

作　　者：柳　鸠　徐时芳　牛伟强　吴现荣
策划编辑：李承章
责任编辑：卢　婵
责任校对：张文涛
装帧设计：刘　丹
出版发行：吉林大学出版社
社　　址：长春市人民大街4059号
邮政编码：130021
发行电话：0431-89580028/29/21
网　　址：http://www.jlup.com.cn
电子邮箱：jldxcbs@sina.com
印　　刷：湖南省众鑫印务有限公司
开　　本：787mm×1092mm　　1/16
印　　张：17.5
字　　数：200千字
版　　次：2022年12月　第1版
印　　次：2024年3月　第1次
书　　号：ISBN 978-7-5768-1301-2
定　　价：78.00元

编委会

前　言

　　《国家中长期教育改革与发展规划纲要（2010—2020年）》明确指出："加快民族教育事业发展，对于推动少数民族和民族地区经济社会发展，促进各民族共同团结奋斗，共同繁荣发展，具有重大而深远的意义。"2021年教育部印发的《中华优秀传统文化进中小学课程教材指南》，对中华优秀传统文化进中小学课程教材做了统筹设计和科学安排。指南要求："选择有关学科领域典籍、人物故事、基本常识、成就、文化遗存等，引导学生体会其中蕴含的思想方法，感悟中华民族的智慧与创造，培养学生勇于探索、自强不息的精神，坚定文化自信，增强民族自豪感。"关于数学教育，指南进一步指出要"将具有中国特色的建筑园林、文化遗址、民间艺术等作为背景材料和学习素材，引导学生在探索数学原理的同时，感悟其中的生活智慧与美学追求。"《中华优秀传统文化进中小学课程教材指南》为深入挖掘民族文化元素，融入中小学课堂教学提供了理论依据和实施准则。随着课程改革的持续推进与教育理念的不断更新，"数学文化"的教育价值越来越多地得到公众的认可，尤其体现在2017版《普通高中数学课程标准》中，将"认识数学的数学价值、应用价值、文化价值和审美价值"作为课程目标之一，将"重视数学实践和数学文化"作为"课程结构"的四个设计依据之一。

　　本书基于我国教育教学改革背景，立足立德树人根本任务，对贵州民族地区的水族、苗族、布依族、侗族、彝族、土家族、仡佬族等少数民族的生活用具、民俗活动、建筑、服饰中的数学文化进行挖掘，提炼其中的数学元素，结合民族学生的兴趣爱好、认知规律和个性差异，对数学教科书内容进行选择、重组，开发符合民族传统文化视角下的教学课例，应用于高校和中学数学教学中，以期达到"继承、弘扬民族文化；促进民族数学教育教学研究；有效促进民族地区数学课程改革和更好地落实课标的要求"等目的。

《民族文化中数学元素的挖掘与应用——以贵州省为例》全书共八章，第1章概论；第2章水族文化与数学教学；第3章苗族文化与数学教学；第4章侗族文化与数学教学；第5章布依族文化与数学教学；第6章彝族文化与数学教学；第7章土家族文化与数学教学；第8章仡佬族文化与数学教学。本书的最初框架由吴现荣提出，并与牛伟强、余泉等主要作者多次讨论，分工协作而成。每章具体分工：第1章由牛伟强执笔；第2~5章由吴现荣执笔，宋军、李小艳、漆青梅参与编写；第6章由余泉执笔，熊佳参与编写；第7章由罗明燕执笔，熊佳参与编写；第8章由柳鸠执笔，马文秀参与编写。

本书可以作为高等师范院校数学教育专业本科生教材，也可以作为中小学数学教师、教研员进行教学研究的参考用书。

编　者

2021年10月20日

目　　录

第1章　概　　论

　　中华民族历史悠久，源远流长，中华儿女更是在长期实践中创造了辉煌的中华文明。历史上，中华文明曾长期引领世界发展潮流，一度形成以中国为核心的中华文明圈，为人类文明的发展和进步做出重大贡献。近代以来，中华民族命运多舛，中国文化遭到了大量的诋毁和破坏，然而中国文化并没有烟消云散，中国文化正随着中国的发展而复兴，并将随着中华民族的伟大复兴而再次兴盛。民族文化在教育中的重要性无论如何强调都不过分。本章主要介绍民族文化和数学文化以及探讨民族文化和数学教育的关系。

1.1　民族文化及其价值

　　民族文化是一个民族的"根"和"魂"，也是一个民族区别于其他民族的本质特征。因而，民族文化拥有极高的价值，尤其是教育价值，值得每一个教育工作者充分重视。那么什么是文化呢？这是探讨民族文化及其价值时面临的首要问题。

1.1.1　文化及民族文化

　　文化是一个十分泛化的概念，目前学术界尚没有统一的认识。国内外不同的学者给出了许许多多文化的定义，如：文化是包括知识、信仰、艺术、道德、习俗和人所获得的能力和习惯在内的复杂整体。[1]文化是一种产物；是历史的产物；包括观念、生活模式和价值观；是可以选择的；是习得的；是建立在符号基础上的；是一种来自行为或行为产物的抽象。[2]文化是人类在处理人

---

① 泰勒. 文化之定义[M]. 杭州: 浙江人民出版社, 1987.
② 威尔逊. 论契合——知识的统合[M]. 北京: 三联书店, 2002.

和世界关系中所采取的精神活动与实践活动的方式及其所创造出来的物质和精神成果的总和，是活动方式和活动成果的辩证统一，而且在文化活动和文化成果中内含着一种文化意义或文化精神。[①]文化是人类的一种精神创造，是人类精神创造的一个静态结果和动态过程。[②]文化是人类知识、思想、信仰和行为的整体，可以进一步细分为智能文化、物质文化、规范文化、精神文化等基本方面。[③]文化是一种群体行为，是一群人聚集在一起形成的相对稳定的特质；文化是一种精神理想的表现或创造，文化通过一种有意义的观念或信仰得以存在且被群体成员所共享或认同文化作为一种生活方式得以存在。[④]传统文化是指民族文化发展中积淀的相对稳定的东西，是支配人们思想和行为的某种习惯的程式。[⑤]中外学者对文化内涵的分析，简言之，即文化是一个群体基于精神理想的生活方式、人生态度与精神创造。

《中国大百科全书》社会学卷说："广义的文化是指人类创造的一切物质产品和精神产品的总和。狭义的文化专指语言、文学、艺术及一切意识形态在内的精神产品"[⑥]。《中国大百科全书》哲学卷说："广义的文化总括人类的物质生产和精神生产的能力、物质的和精神的全部产品。狭义的文化指精神生产能力和精神产品，包括一切社会意识形式；有时又专指教育、科学、文学、艺术、卫生、体育等方面的知识和设施，与世界观、政治思想、道德等意识形态相区别"[⑦]。文化作狭义的理解是具有更广泛性的趋势，而且从文化理论和文化建设来讲，应该使用狭义的理解，狭义的文化是严格意义的文化，即人类的精神现象和精神产品。黄楠森认为文化是人类的精神活动及其产品，是经济和政治的反映，归根到底是人类物质活动的反映。[⑧]他认为无法把文化所具有的具体的分子一一指陈出来；唯一的办法只能是根据其内涵来分门别类地列举其各个组成部分。根据这种思想，他对文化的外延进行了分类：第一类文

---

① 张岱年. 中国文化和文化论争 [M]. 北京: 中国人民大学出版社, 1990.

② 李铁安. 文化意义下的数学及其教育意蕴 [J]. 数学教育学报, 2008 (06): 16-20.

③ 刘洁民. 数学文化: 是什么和为什么 [J]. 数学通报, 2010, 49 (11): 11-15, 18.

④ 尚金兰, 张华. 论高中学生文化的内涵、特征及价值 [J]. 教育科学研究, 2017 (06): 17-20.

⑤ 周勇. 传统文化课程开发 [M]. 合肥: 安徽教育出版社, 2008: 72.

⑥ 《中国大百科全书》总编委会. 中国大百科全书 [M]. 北京: 中国大百科全书出版社, 1993: 409.

⑦ 《中国大百科全书》总编委会. 中国大百科全书 [M]. 北京: 中国大百科全书出版社, 1993: 924.

⑧ 黄楠森. 论文化的内涵与外延 [J]. 北京社会科学, 1997 (04): 11-15.

化现象就是科学技术；第二类的文化现象是经济思想和经济理论；第三类文化现象是政治法律思想和理论；第四类文化现象是语言文字；第五类文化现象是道德伦理观念、善恶标准和道德伦理理论；第六类文化现象是宗教现象；第七类文化现象是文学艺术；第八类文化现象是哲学和社会学说；第九类文化现象是教育和教育思想；第十类文化现象是新闻出版事业；第十一类文化现象是公共文化设施及其活动；第十二类文化现象是民间文化。最后，他还指出除此之外，卫生、体育也要包含到文化之中。

类似地，姜怡将中华传统文化精髓总结为10个版块①：思想意识（儒、佛教、思想家等）、修身养性（传统医药、武术等）、服饰饰品（传统服饰、饰品、器物等）、节日习俗（传统节日、民俗、庆典等）、笔墨艺术（文房四宝、传统书法等）、饮食文化（传统饮食）、舞台艺术（戏剧、民乐、曲艺等）、建筑艺术（亭台、楼阁、园林等）、文学艺术（相声、诗歌、传说等）、名胜古迹（长城、石窟等），编写英语教材向外国人介绍中华典型文化。后来，郭宝仙将历史地理、建筑艺术、名胜古迹等内容合在一起，又增加了少数民族文化和传统技艺两项内容②，将中日英语教科书中中华传统文化内容分成思想意识、修身养性、服饰饰品、节日习俗、笔墨艺术、饮食文化、舞台艺术、文学艺术等11类并进行了比较。

综上所述，我们认为民族文化是一个民族在生产生活实践中所创造的一切物质文明与精神文明的总和。虽然我们难以把民族文化所具有的具体要素全部指出来，但是我们可以分门别类地列举出民族文化主要的组成部分，如饮食文化、服饰文化、建筑文化、日用文化等。民族文化是一个民族的"根"和"魂"，也是一个民族区别于其他民族的本质特征，民族文化的价值绝对不可忽视。

1.1.2 民族文化的价值

中华民族是以汉民族为核心的包含55个少数民族的民族共同体。中华文化就是以汉文化为主体的包含55个少数民族文化的文化共同体。中华优秀传统文化是中华民族的"根"和"魂"，是中华民族生命力、凝聚力、创造力的重

---

① 姜怡. 不可忽视大学英语教学中的双向文化交流[J]. 江苏外语教学究, 2005（02）：13-16.
② 郭宝仙. 英语课程中的传统文化：中日教科书比较的视角[J]. 全球教育展望, 2005（02）：13-16.

要源泉，是中华民族自立于世界民族之林的力量支撑。[①]中华民族的伟大复兴需要大力弘扬中华民族的优秀文化传统，培养中华民族的文化认同、民族认同和国家认同。事实上，弘扬中华民族优秀文化传统的目的就是增强中华民族的凝聚力，树立中华民族的文化自信，形成中华民族的国家认同。这就是民族文化的核心价值。

文化自信指的是要对中华民族的传统文化有信心，不能丑化、抹黑和否定中华民族自身的文化传统，更不能盲目宣扬甚至崇拜西方文化。在中华民族伟大复兴的过程中要坚持中华民族的传统文化，但要舍弃糟粕，取其精华，使中国传统文化的精髓以新的面貌展现在社会之中。中国传统文化是中华民族的标志，是实现中华民族伟大复兴的源泉。如果无法实现中华民族传统文化的复兴，那么就不能算是实现了中华民族的伟大复兴。中华民族传统文化是中华民族的本质特征，如果失去了对中华民族传统文化的认同，那么必然丧失对国家的认同，对民族以及国家的未来失去信心。

教育的一个重要目的就是传承民族文化，树立文化自信。中华民族有着悠久的历史和灿烂的文化。中华文化是中国人民文化自信的根源。作为地球上唯一连续不断的人类文明，中华各族儿女在长期的生产生活实践中创造了人类历史上最光辉灿烂的中华文明。从新中国建立后，中国短短几十年就成为世界经济大国。因此，尽管现在中国还有一些令人难以满意的地方，但是我们完全没有必要妄自菲薄。中华儿女的优秀大大超过所有人的预期，西方国家的打压不仅不会阻挡中国前进的步伐，相反它正在成为督促中国人民发奋图强的推动力。中华民族文化生生不息，我们对中华民族文化的生命力充满信心，中华民族的伟大复兴势不可挡，中华民族的伟大复兴必定成功。为此，我们认为十分有必要加强民族文化教育，加强中华优秀传统文化教育，大力宣传正能量，宣传我国社会主义建设取得的伟大成就，宣传中华儿女的丰功伟绩。这是增强中华民族凝聚力、树立中华民族文化自信、提高中华民族国家认同的有效途径。

---

① 王伟光. 坚定文化自信传承和弘扬中华优秀传统文化[J]. 求是, 2016(12)：17-20.

1.2　数学文化及其价值

数学是我国基础教育阶段最重要的一门学科，我国所有的学生从小学到大学都要接受至少12年的数学教育，而理工科以及某些社科类的大学生甚至要学习更长时间的数学。目前，无论是自然科学还是社会科学数学化的倾向都越来越明显，数学的应用几乎渗透到社会的方方面面，社会各行各业对数学及其应用人才的需求更是与日俱增。数学以及数学教育的重要性已经得到了社会各界的广泛认同。

1.2.1　数学及数学文化

数学是中小学生文化基础最重要的组成部分之一。人类社会发展的历史已经表明，国家的强大和繁荣关键在于两个方面：一个是发达的科学技术；另一个是高效的经济管理。这两个方面都离不开数学，因为数学是所有应用科技的基础，也是实现经济管理最优化的必然选择。可见，数学在社会进步、科技发展、经济繁荣等方面发挥着重要的作用。事实上，数学不仅有重大的社会价值，而且对个人成长有着不可替代的教育价值。数学教育带给学生的不只是知识，更重要的是能力，特别是逻辑思维能力、直观思维能力、量化思维能力等。数学与个人量化思维的发展、理性意识的形成、科学技术特别是高新技术的进步以及社会经济的发展都密切相关。因此，无论是提高个人的科学文化素质，还是促进国家的繁荣昌盛，数学都起着至关重要的作用。尽管人类很早就开始使用数学，但关于"什么是数学"仍然众说纷纭，人们对数学的认识并不统一甚至还大相径庭。

1. 数学是一门科学

关于数学，19世纪德国思想家恩格斯曾经给出一个经典的定义："数学是研究现实世界中的空间形式和数量关系的科学。"[①]这个观点准确地描述了当时的数学研究状况，在相当长的时间内被数学界和哲学界广泛接受。随着数学研究的不断深入，数学的研究对象早已超越了形和数。1988年，时任美国数

---

① 王青建. 数学是什么[J]. 自然辩证法研究, 2000 (01)：1-5, 36.

学协会主席斯蒂恩在权威的《科学》杂志上发表了著名论文"模式的科学"。他认为数学是关于模式的科学，因为无论是"空间形式""数量关系"还是"量""结构"都可以纳入"模式"这个概念，数学家工作的目的就是寻找存在于数量、空间、科学、计算机乃至想象之中的模式。[①]"数学是模式的科学"这一说法完全概括了现代数学研究的特点，得到了数学界和哲学界的广泛认同。

2. 数学是科学的工具

历史上大批科学家和哲学家高度赞扬了数学在自然科学研究中的作用。例如，享有"近代科学之父"称号的意大利科学家伽利略认为："宇宙就像一本用数学语言写成的大书，如果不掌握数学的语言，就什么也认识不清。"[②]当有人问著名的物理学家伦琴"科学家需要什么样的修养"时，他说："对科学工作者必不可少的，第一是数学，第二是数学，第三还是数学。"[③]这些言论充分表明数学是科学研究必不可少的工具。毫不夸张地说，不懂数学就无法成为科学家。随着人类社会的发展，科学的数学化趋势越发明显，不仅自然科学在数学化，就连社会科学也在数学化，数学作为科学的工具越来越被各个领域的专家学者所重视。

3. 数学是一种思维方式

数学是一种思维方式，表现了人类思维的本质和特征。[④]我国中小学数学课程标准制定组组长史宁中教授认为，一个受过良好数学教育的人与常人最大的不同就是"会用数学的眼光观察世界，会用数学的思维分析世界，以及会用数学的语言表达世界"[⑤]。可以发现，这些行为表现归根结底可以视为"会数学地思考"。对于这个认识，齐民友教授也指出：数学提供了一种思维的方法与模式，提供了一种思维合理性的标准。[⑥]事实上，数学这种思维方式可以视为解决问题的一般模式。法国哲学家笛卡尔试图总结出一个解决所有问题的方

① Steen L A. The Science of Patterns. Science, 1988, 240 (4852), 611-616.
② 孙小礼. 数学：人类文化的重要力量[J]. 北京大学学报（哲学社会科学版），1993（01）：76-83, 130.
③ 米山国藏. 数学的精神、思想和方法[M]. 毛正中，吴素华，译. 成都：四川教育出版社，1986.
④ 王青建. 数学是什么[J]. 自然辩证法研究，2000（01）：1-5, 36.
⑤ 史宁中，林玉慈，陶剑，等. 关于高中数学教育中的数学核心素养——史宁中教授访谈之七[J]. 课程.教材.教法，2017, 37（04）：8-14.
⑥ 齐民友. 数学与文化[M]. 大连：大连理工大学出版社，2008.

法，他提出了一个从解方程到解决代数问题再到解决数学问题从而最终解决所有问题的思想。[①]尽管他的设想最终没有获得成功，但在解析几何中，这种思维方式还是取得了巨大的成就。

4. 数学是一种理性的精神

数学中崇尚真理，不迷信任何权威，数学中的任何结论都要求有理有据，数学证明的过程容不得任何模糊不清。因此，数学表现为一种彻底的理性精神。美国数学家克莱因指出："从最广泛的意义上说，数学是一种精神，一种理性的精神。"[②]事实上，数学知识的学习仅仅是数学学习的一小部分，数学教育中更重要的是在数学学习过程中获得理性精神。日本数学家米山国藏认为："数学知识如果不用的话很快就会忘掉，但是通过数学学习所获得的数学理性精神、数学思想方法以及数学应用意识却不会轻易忘记，相反，由此所获得的数学素养对学生的终身发展都会大有裨益。"[③]可见，理性精神和思想方法的获得比数学知识的掌握更为重要。人类社会的发展和进步也正是在这种理性精神推动下才不断前行。

关于"什么是数学"还有很多回答，如"数学是一种语言""数学是一门艺术""数学是一种文化""数学是一种技术"，等等。尽管关于"什么是数学"仁者见仁智者见智，但是可以肯定的是数学与物理、化学、生物绝对不一样。一个现代社会的人，可以不懂物理、不懂化学、不懂生物，但绝对不可以不懂数学，否则他将无法在日益数学化的现代社会生存，更别提实现个人的终身发展并适应社会的发展。数学起源于实践又作用于实践，长期的数学实践形成了一种文化传统。文化是长期历史积淀的产物，数学文化也不例外。数学文化是人们在长期的社会实践中创造出来的。数学文化主要讲述数学的历史、思想、方法、精神以及数学与人类其他知识领域之间的关联，如数学与自然、数学与生活、数学与科技、数学与历史、数学与文艺、数学与建筑、数学与游戏，等等[④]。《普通高中数学课程标准》指出："数学文化既包含数学的思

①　波利亚. 数学的发现——对解题的理解、研究和讲授 [M]. 刘景麟，曹之江，邹清莲，译. 北京：科学出版社，2006.

②　克莱因. 西方文化中的数学 [M]. 张祖贵，译. 上海：复旦大学出版社，2004.

③　米山国藏. 数学的精神、思想和方法 [M]. 毛正中，吴素华，译. 成都：四川教育出版社，1986.

④　汪晓勤. 数学文化透视 [M]. 上海：上海科学技术出版社，2013.

想、精神、语言、方法、观点，以及它们的形成和发展；还包括数学在人类生活、科学技术、社会发展中的贡献和意义，以及与数学相关的人文活动。"[①]数学文化包罗万象，内容庞杂。教育过程中，我们要充分挖掘中华民族传统文化中蕴含的数学元素，从而实现数学文化的教育价值。

1.2.2 数学文化的价值

数学文化是人类文明的重要组成部分。数学及其应用水平与人类文明息息相关。高中数学课程标准强调"要把数学文化融入数学学习内容中，充分体现数学的文化价值，体现数学对于人类文明发展的贡献"。我国著名数学家华罗庚在《大哉数学之为用》一文中说"宇宙之大，粒子之微，火箭之速，化工之巧，地球之变，生物之谜，日用之繁"等方面，无处不体现着数学的重要贡献。人类社会发展的历史已经表明，国家的强大和繁荣关键在于两个方面，一个是发达的科学技术，因为科技是第一生产力，唯有科技发达才会创造更多的社会财富；另一个是高效的经济管理，因为经济管理井井有条才会实现人尽其才、物尽其用。然而，这两个方面都离不开数学，因为数学是所有应用科技的基础，也是实现经济管理最优化的必然选择。[②]数学在社会进步、科技发展、经济繁荣等方面发挥着重要的作用。目前，无论是自然科学还是社会科学数学化的倾向都越来越明显，数学的应用几乎渗透到社会的方方面面，社会各行各业对数学人才的需求也与日俱增。

数学及其文化不仅有重要的社会价值而且对个人成长有着不可替代的教育价值。数学与个人量化思维的发展、理性意识的形成密切相关。数学教育带给学生的不只是知识，数学教育带给学生的更重要的是能力，特别是逻辑思维能力、直观思维能力、量化思维能力等等。事实上，科学精神的培养、理性思维的锻炼、量化意识的养成、创新能力的发展统统离不开数学。数学至少应该视为与语文一样人人必不可少的工具。数学不仅是科学研究的工具，而且是日常思维的工具。尽管日常生活中能够用到的数学知识不多，但是通过数学教育发展起来的数学素养却时时刻刻影响着人们的思维和精神。数学对促进人的全面和谐发展意义重大，数学不仅有重要的"工具价值"而且有深厚的"文化价

---

① 教育部. 普通高中数学课程标准（修订版）[M]. 北京：人民教育出版社，2020.

② 中国科学院数学物理学部. 今日数学及其应用[J]. 自然辩证法研究，1994（01）：3-17.

值"，数学教育是培养质疑精神的重要手段，是孕育理性精神的最佳载体。[①]因此，无论是提高个人的科学文化素质，还是促进国家的繁荣昌盛，数学及其文化都起着至关重要的作用。

数学文化的价值体现在对人的思维方式、价值观念以及世界观等方面的影响。数学文化有助于学生更好地学习数学。数学文化有助于学生了解数学的价值，特别是理解为什么要学习数学。数学文化有助于学生了解数学的历史。数学史是数学文化不可或缺的一部分。当向中小学生介绍数学史的时候，就涉及数学文化了。因为数学不仅是一门学科，而且是科学的工具，还是一种思维方式，更是一种理性的精神。毫不夸张地说，数学在培养学生的理性精神、创新意识、量化思维、学会学习等过程中发挥着其他学科无法替代的作用。因此，数学素养是学生成长过程中不可或缺的关键素养，是学生实现全面发展和终身发展并适应未来社会发展的必备素养，数学素养一定是学生的核心素养，而核心素养则是包括数学素养在内的少数几个能够决定学生品格、能力等发展方向的最关键、最必要的素养[②]。中华民族的伟大复兴一定要重视数学以及数学文化，发展学生的数学素养。

1.3　民族文化与数学教育

民族文化是爱国主义教育的载体，爱国主义教育实施过程中需要充分挖掘民族文化元素，我们的学生必需从小熟悉中华民族的传统文化，从而形成文化认同和国家认同。数学是中小学教育的核心课程，科学素养更离不开良好的数学教育。因此，如何把民族文化融入数学教育就成为教育界研究的重要内容。

1.3.1　中小学数学教科书中的民族文化

数学教科书是中小学数学教育的核心教学材料，无论如何强调教科书的重要性都不为过。中小学数学教科书的研究引起了越来越多学者的注意。然而，关于数学教科书中民族文化的研究并不多。张维忠和孙庆括从多元文化视

---

① 王光明，徐利治.人的全面和谐发展：数学教育能做什么[J].教育理论与实践，2007(10)：8-10.
② 吴现荣，牛伟强.论数学素养与核心素养的关系[J].教育评论，2018(08)：135-138.

角下比较了人教版、沪教版和浙教版初中数学教科书中的文化，发现中国传统数学文化的数量略高于西方，少数民族数学文化内容缺失，数量明显不足。[①]陈朝东，蒋秋和张阳开统计分析了人教版、西南师大版、北师大版以及苏教版四套小学数学教科书中少数民族元素内容的渗透与呈现情况。他们发现少数民族文化在这四个版本的小学数学教科书中都渗透偏少，并且主要是以隐形呈现为主。[②]这表明现行的中小学数学教科书中反映中华民族传统文化特别是我国少数民族文化元素的内容严重不足，反映的西方文化的内容却大量充斥其中，这极为不利于树立文化自信，也不利于提高国家认同。特别是在民族地区的教育中，我们认为更应该结合本地区民族文化特征，使用中小学生熟悉的传统文化进行教学。

中国传统文化是中国人民宝贵的财富。中华民族的伟大复兴离不开传统文化的支持。爱国主义教育过程中传统文化教育是不可或缺的重要组成部分。正如美国前总统尼克松所说："当有一天，中国的年轻人已经不再相信他们老祖宗的教导和他们的传统文化，我们美国人就不战而胜了。"[③]这确实是一句他的真心话。如果我们的子孙后代真的不再认同中国传统文化，反而崇拜认同西方文化，中国将不可能实现民族复兴。因为从文化的角度讲中华民族已经不存在了，那所谓中华民族的伟大复兴将成为一句空话。鉴于此，我们认为中小学数学教科书中有必要少一些反映外国文化的内容，必须要多一些反映中国传统文化的内容，这样才能更好地树立我国学生的文化认同和国家认同。

1.3.2 数学教育中融入民族文化的意义与价值

美国数学家克莱因指出："在西方文明中，数学一直是一种主要的文化力量，数学作为理性精神的化身已经成为人们思想和行动的指南。"[④]毫不夸

① 张维忠, 孙庆括. 多元文化视角下的初中数学教科书比较[J]. 数学教育学报, 2012, 21(02): 44-48.
② 陈朝东, 蒋秋, 张阳开. 中国小学数学教科书中少数民族元素的渗透探析[J]. 数学教育学报, 2014, 23(05): 51-55.
③ 理查德·尼克松.1999: 不战而胜[M]. 杨鲁军等, 译. 上海: 三联书店, 1989.
④ 克莱因. 西方文化中的数学[M]. 张祖贵, 译. 上海: 复旦大学出版社, 2004.

张地说，数学在推动西方科学技术发展进步的过程中发挥了重要的作用，甚至在西方社会走向现代化的过程中扮演着关键的角色。与此相反，数学在我国传统文化中一直处于弱势地位，数学以及相关的理性活动受到轻视，数学及其文化的价值更是未得到应有的重视。例如，南北朝的颜之推认为"算术亦是六艺要事，然可以兼明，不可以专业"，后来甚至到了"士大夫耻言之，皆以为不足学，故传者益鲜"的局面。[①]近代中国科技和工业的落后，数学落后是一个重要的原因。鉴于此，我们认为中华民族的伟大复兴不仅需要继承祖国的优良文化传统，更重要的是吸取西方数学文化的优点以弥补自身文化的不足，从而实现中国文化的自我完善。

中国是一个统一的多民族国家，是人类文明的发源地，有着悠久的历史和灿烂的文化。中华文化便是由全国各族人民在长年累月的生产生活实践中总结而来。中华文化是一种实践文化，它的方方面面都来自民众的实践，后由其中的杰出人物总结提炼，形成民族文化。文化自信源于对中华文化的理解和认同。没有对中国文化的深刻认识就不会有国家认同，更不会形成文化自信。如何应对西方的文化渗透，树立文化自信格外重要。新修订的高中数学课程标准鼓励把数学文化融入课程内容中。我们认为民族文化是中华民族宝贵的精神财富，充分挖掘民族文化中的数学元素，体现出中华民族的数学实践，有助于促进文化自信。中华民族在长久的生产和生活实践中进行了大量的数学实践活动，比如天文观测、土地测量、建筑施工，等等，挖掘其中的数学元素是认识中华历代先贤丰功伟绩的重要手段，也是树立民族自信、促进国家认同的必经之路。

2021年教育部印发《中华优秀传统文化进中小学课程教材指南》（简称指南），对中华优秀传统文化进中小学课程教材做了统筹设计和科学安排。指南要求"选择有关学科领域典籍、人物故事、基本常识、成就、文化遗存等，引导学生体会其中蕴含的思想方法，感悟中华民族的智慧与创造，培养学生勇于探索、自强不息的精神，坚定文化自信，增强民族自豪感。"关于数学教育，指南进一步指出要"将具有中国特色的建筑园林、

---

① 张奠宙，宋乃庆.数学教育概论（第三版）[M].北京:高等教育出版社,2016.

文化遗址、民间艺术等作为背景材料和学习素材，引导学生在探索数学原理的同时，感悟其中的生活智慧与美学追求"。指南为深入挖掘中小学课程中的民族文化元素，融入中小学课堂教学提供了理论依据和实施准则。我们将在接下来的章节中结合具体的少数民族传统文化，深入挖掘其中的数学元素，开展数学教学研究，期望坚定文化自信，增强民族凝聚力，提升国家认同感。

第2章　水族文化与数学教学

水族的人口大多分布在贵州省黔南布依族苗族自治州三都水族自治县。水族的服饰、建筑、生活用具都各具民族特色。水族文化中蕴含丰富的数学元素，如在水族的马尾绣中蕴含圆弧、圆环、曲线纹、三角函数图象、对称美、线线平行、线线垂直、多边形等数学知识；在银饰中有蝴蝶形、圆台、四面体、轴对称图形、球体、椭球体、正六棱柱、圆柱等几何图形；在水族服饰中蕴含着平移、旋转、翻折等几何变换知识；水族建筑将平面几何、立体几何知识和几何变换思想融合在一起；在日常生活用具中有正方体、长方体、圆柱体、正六边形、圆、正方形、长方形、相似形、全等形等几何图形。教师可将水族文化有效融入中学数学教学中，引导学生体会其中蕴含的思想方法，感悟水族人民的智慧与创造，坚定文化自信，增强民族自豪感，真正地践行新课改的要求。

2.1　水族简介

水族是我国保留至今仅有的17个拥有自己的语言及古老文字的少数民族之一，具有悠久的历史、灿烂的文化、独特的民族风情。有记载，其祖先发祥于陕西骆谷水，之后由于战争原因迁徙至我国南方，并融入南方古代"百越"族群中的"骆越"，后逐渐发展成一支单一的民族。[①]水族先民在漫长历史的发展过程之中，用自己的智慧创造出独特的民族文化。水族民族文化的承载遗产有古老的文字——水书、刺绣的活化石——马尾绣[②]、世界上最长的年节——端节、古老的东方情人节——卯节等。其中水族马尾绣、水书等习俗在

---

① 康蔼德, 潘兴文. 水语调查研究 [M]. 贵州人民出版社, 2014.

② 张超, 朱晓军, 果霖等. 马尾绣与水族民俗关系探源 [J]. 丝绸, 2013, 50 (07)：68-72, 76.

2006年入选第一批国家级非物质文化遗产名录。[①]

据2020年第七次全国人口普查统计，全国水族人口有495 928人，其中371 367人居住在贵州省，占水族总人口的74.88%，其余主要居住在广西、江苏、浙江等地。贵州省境内的水族主要聚居在黔南布依族苗族自治州三都水族自治县。1956年9月11日，中华人民共和国国务院第37次会议决定将其设置为中国唯一的水族自治县。

少数民族的数学文化应该解释为根深蒂固在少数民族文化群落里的语言文字、天文历法、民间文学等的数学思维模式及其系统实践的知识结合。每个民族都有其自身的生活方式。受水族人民的生活环境、历史条件文化发展的作用，水族人总喜欢用纹样图案把自己喜爱的物态镶嵌在刺绣之中或铸造在银饰里，将它作为美化本族人民生活的重要饰品。纹样图案大多以自然界中的动植物为主。[②]这些纹样图案中都运用了许多代数与几何知识，其中几何图形、几何变换知识的应用是较为普遍的。几何图形通过对称、平移、旋转、相似或位似变换后构成了不同的美丽图案，主要应用于水族古文字、建筑物、民间乐器、服饰、日常生产生活用具中。少数民族数学文化是民族文化的重要组成部分，对于相应的少数民族而言，在实际问题中的应用和对年幼的孩子的智力开发具有重要的价值意义和作用。[③]少数民族数学文化对该地区中小学生来讲也是非常具有历史文化意义的，也有着积极向上的作用。开展跨越文化的数学教育分析探讨，对加快少数民族地区数学教育改革创新的步伐有着很大的推动作用。同时，也是当前势在必行的一项重要教育改革。[④]

---

① 卜永媛. 立足文化保护做活"水"文章——三都水族自治县非物质文化遗产保护和传承工作综述[N]. 黔南日报, 2013. 9. 23.

② 周琳琅. 黔南水族传统纹样的感性意象认识研究[J]. 艺术科技, 2016, 29 (03) : 155-175.

③ 汪秉彝, 吕传汉. 再论跨文化数学教育[J]. 数学教育学报, 1999 (02) : 16-20, 25.

④ 吕传汉, 汪秉彝, 夏小刚. 贵州民族地区基础教育的跨文化数学教育研究[J]. 数学教育学报, 2009, 18 (05) : 83-87.

2.2 水族文化中的数学元素

通过对水族日常生活、服饰、节日盛装、银饰中数学文化的挖掘，可发现水族文化中蕴含丰富的数学元素。如水族服饰中的帽子、衣服、裤子及鞋与鞋垫都运用大量的数学知识，如平移、旋转、翻折等的图形变换和图形的相似、位似变换。还蕴含大量的几何图形，如三角形（等腰三角形、等边三角形）、梯形、圆（单个圆、同心圆、半圆）等。这些数学元素蕴含着深厚的民族文化特色，是水族人民长期面对独特的自然环境与人文地理不断的历史变迁而形成的结果，也是中华民族文化不可或缺的一部分。随着现代文明进程的日益推进，少数民族的传统文化面临着前所未有的冲击，随着市场经济在水族的各地蓬勃发展，城乡人口的相互交流，水族妇女服饰等的传承将面临严峻的挑战[①]，而这些文化都是值得我们去传承和发扬的。

2.2.1 水族马尾绣中的数学元素

马尾绣是水族最具特色的刺绣工艺，2006 年，被列入首批国家级非物质文化遗产保护名录。水族妇女在长期的生产生活过程中，对自然界中的各种事物有着敏锐的观察力和审美力。她们将自然万物和民俗事象经过想象加工后，反映在马尾绣工艺上。绣品上的花鸟虫鱼造型别致，颇富民族韵味和艺术效果。

马尾绣的制作过程非常烦琐，具体可以分为五个步骤。第一步，制作马尾线。将三根或四根放在一起（具体根据马尾的大小选择用三根还是四根），用丝线（一般用的是白线）将马尾包裹起来，做成马尾线。第二步，固定框架图案。用一根大针将马尾线穿好（因制作成的马尾线比一般线大），再用另一根小针（平时的小针）穿上同色丝线，然后用马尾线在布面上镶成各种图案，接着用穿有丝线的小针将图案固定在布面上。第三步，"填心"。即用各色丝线将固定好的图案空隙部分填满。第四步，镶边。用三根丝线（用什么颜色根据做成的绣品选择合适的颜色）在四周镶上"三角形"的图案。第五步，装

---

① 潘中西. 水族妇女服饰浅析 [J]. 黔南民族师范学院学报, 2006 (05): 58-63.

订。由于马尾绣制作工序烦琐，并且每一步都是纯手工制作，人们为了方便操作，便将绣品分解成若干小片，等每一片完工后，再用针线将它们按次序钉在一起。五道工序都完成后，一件完整的马尾绣工艺品就做成了。①

1.水族马尾绣围腰中的数学元素

水族女衣较长，且水族整套马尾绣的衣服也较昂贵，不易清洗。一般都会用围腰穿在衣的表面，带在胸前，与衣等长，在隆重的场合才会佩戴围腰，起到保护和美化服装的作用。关于围腰水族妇女很好地利用了三角函数、旋转、梯形、轴对称等数学知识，做成了一件件美丽精致的水族马尾绣围腰。水族围腰，主要以黑色布料做成，在胸前饰缀绣片，绣好的马尾绣绣片，必须把它绣在黑色布料上（水族一般用黑色布料），才能是一件完整的围腰。绣片上面还有两只"耳朵"，就是为了好佩戴围腰。绣片的两个顶角还有两个银钩，做好的整个围腰我们可以看到它是关于轴对称的，而且只有中间一条，见图2-1（a）；放大的绣片见图2-1（b），它的形状是个梯形，如图2-1（c）所示，而这不是偶然，正是根据人体的比例特征做成这样的梯形围腰绣片；再看梯形内的绣片纹案，大多是飞舞的凤凰和花草，图案的外围形如三角函数正弦（或余弦）的绝对值图象（$y=|\sin x|$或$y=|\cos x|$），见图2-1（d）。通过旋转很好地把凤凰和花草图案包裹在绣片里，形成了一幅百鸟争鸣的美丽图画。

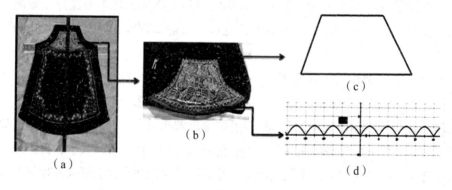

图2-1

2.水族马尾绣背带中的数学元素

水族背带在水族生活礼仪中具有特殊的意义。水族女子出嫁后，生育第

① 张婧.三都水族马尾绣艺术初探［D］.贵阳:贵州民族学院,2011.

一个孩子时，马尾绣背带作为富贵吉祥的象征，是外婆（或舅舅）探视外甥女的必备礼物。一般来说，每个水族女子一生就只能接受娘家送的一副马尾绣背带，就算婚姻变故改嫁再生，娘家都不会再送。这种做法，一是因为马尾绣背带制作工艺烦琐，价格昂贵，经久耐用。二是娘家希望自家女儿婚姻稳固、幸福。三是母亲对自己女儿及她的孩子们的良好祝愿，孩子是希望、是未来，母亲希望女儿多子多福。在第一个孩子出生时，送去马尾绣背带代表富贵吉祥，希望外甥女健康成长，长命百岁[①]。

　　马尾绣背带图案常采用二方连续的构图形式，色彩和图案都会保持一致，整个图案特别注重图纹的对称。图纹对称就是以一条线为中轴，中轴线左右两边的图案都有相同的纹样。马尾绣背带上部以寿纹为一个点，以太阳图案中心为另一个点，两点的连线就是马尾绣背带的中轴线，即是马尾绣背带的对称轴，如图2-2（a）所示。接着我们可以看到水族马尾绣背带的上部分主要利用的是线线平行和线线垂直组成的各种四边形图案［见图2-2（b）］。如顶部的五个小正方形每个都是由四个小梯形拼成的正方形［见图2-2（c）］，五个小正方形的下面正是一个长方形，接着长方形的下面又有几个长方形和梯形［见图2-2（d）］，几种几何图形共同构成了背带上半部分的形状。几何图形里面就用马尾绣织绣图案进行填充，图案纹样主要有卷云纹、鱼纹、花纹、草纹以及中间部分的蝴蝶纹和水书纹（只有一个寿字）等。这些都带有吉祥的寓意，是对孩子的一种寄托和祝福。其中蝴蝶纹样，水族人把它当作孩童的守护神；寿字，希望孩童健康、长命；卷云纹是对孩童的一种寄托和希望，祝福孩童；鱼纹，多子多福的象征；花纹和草纹，祈求神灵保护，没有病痛。丰富多样的图案用白色的马尾绣勾勒出图案再配上多彩的丝线，给人一种紧密、有节奏、整齐的美感，而且每个图纹都特别注意对称美，如蝴蝶纹［见图2-2（e）］。相较于背带上部，背带下部的纹样就比较稀疏［见图2-2（f）］，图案主要有太阳纹［见图2-2（g）］、蝴蝶纹、曲线［见图2-2（h）］、花纹、草纹、葫芦纹等吉祥纹样。然后再用三角函数的绝对值图象通过顺（逆）时针旋转90°把下部所有的图案框定在下部［见图2-2（i）］，然后在黑色的布料上用白色的马尾线挑出所有图案，一黑一白就形成了鲜明的对比，把图案

---

① 杨孝斌, 罗永超, 张和平. 人类学视域下的水族数学文化研究[J]. 数学通报, 2016, 55（08）: 9-16.

勾勒得更加精致、醒目，再选择合适的丝线填充图案内部就形成了美丽、大气的马尾绣背带，凑近一看，给人一种看风景图画的美感。①

在制作马尾绣背带的过程中，水族人民利用了很多的数学知识，如圆弧、圆环、曲线纹、三角函数绝对值图象、对称美、线线平行、线线垂直、正方形和长方形等，使水族马尾绣背带图案紧凑、美丽，背小孩的效果也是安稳舒服，受水族几代人的喜爱延续至今。

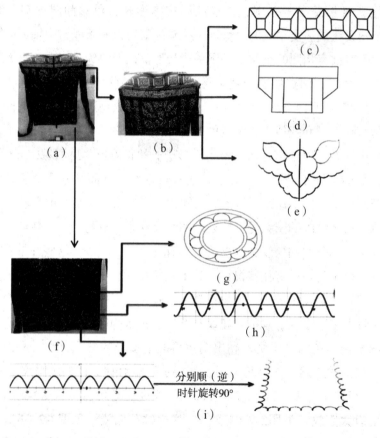

图2-2

3.水族马尾绣服饰中的数学元素

水族的服饰，尤其妇女的服饰可谓是绚丽多姿。这些服饰体现了水族妇

---

① 刘思明.浅谈水族马尾绣艺术特征[J].成功(中下),2018(05):47.

女的聪明才智和审美情趣，而且也负载了水族深厚的历史文化内涵。起初，水族的马尾绣最早并没有绣在水族妇女的服饰上。只是到了新中国成立以后，水族妇女为了装饰服饰才开始运用马尾绣装饰妇女的服饰，男士服装中偶尔也有刺绣马尾绣的，一般都是节日的盛装。[①]

　　水族妇女的手工马尾绣服装，一套下来需花费一万多元。即使很贵，但每一个水族女子都会必备这样的一套马尾绣服装。在水族女子出嫁前，她的母亲会亲手给她缝一套水族马尾绣服装。如果不会，有条件的家庭她的母亲也会给她买一套。在女子成年后，大多数女子都会有属于自己的马尾绣服装，一般在重要的节日或场合才会穿出来。比如水族的端节或结婚时才会穿，一年可能就穿个四五次。这主要是因马尾绣服装价格昂贵、不易清洗。

　　水族马尾绣服装的制作过程很烦琐，它是分成一块一块绣的，绣好了再把那些绣片按顺序绣在衣服的布料上，才能制作成一件完整的作品——马尾绣服装［见图2-3（a）］。绣片色彩鲜艳，整套大气、华贵，图案主要是花、鸟、葫芦、虫、鱼、凤凰等图案，其中也隐藏一些数学元素——螺旋图［见图2-3（b）］。螺旋图案是由一个简易的螺旋通过旋转得到欧拉螺旋形图案，再平移，就得到很多这样的欧拉螺旋图案。这个图案在水族的女式服装上必不可少，而且每个图案都是通过平移而得。还有修饰边"小三角形"，如图2-3（c）所示，是用三根丝线挑边而成的。颜色可以随便选，根据你搭配的衣服来选择。三角形的边主要起到点缀、装饰作用，使衣服的外围看起来更加美观。

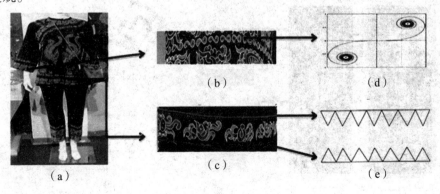

图2-3

①　张超, 朱晓君. 浅谈贵州水族马尾绣艺术及其特殊的文化内涵[J]. 丝绸之路, 2015（24）：40-42.

4.水族马尾绣鞋中的数学元素

水族马尾绣鞋主要有尖角鞋、平底鞋和高跟鞋三种，这三种鞋在水族的礼仪习俗上具有不同的意义。其中尖角鞋主要是给老年人穿的，尖角鞋有富贵、吉祥、长寿的含义。人到老年，家里的儿媳妇都会给自家老人准备一双尖角鞋，代表儿媳妇对婆婆的美好祝愿。高跟鞋深受水族年轻妇女、姑娘们的喜爱。家里的母亲都会给自己的女儿制作一双属于她们自己的高跟鞋，在水族的婚礼上新娘子都会穿水族特有的马尾绣高跟鞋，主要为红色的，时尚、大气，有灰姑娘的"水晶鞋"之称，而中年妇女的高跟鞋一般是紫色和绿色的。马尾绣平底鞋，也就是大众鞋，平时上街就会穿，比较常见。这几种鞋做法并不烦琐，每家几乎都会有。

老年尖角鞋上的图案主要是花纹、草纹和卷云纹等，丝线的颜色比较偏暗，看起来沉稳而尊贵，自带威严。而年轻女子的高跟鞋和平底鞋的图案就多了鱼这个图纹，颜色会比较鲜艳，带有喜庆朝气之意。不管是尖角鞋还是高跟鞋或平底鞋它们都有个共同的特点，图案都特别注意对称美。也就是数学中所说的它们是轴对称图形，有且只有一条对称轴［见图2-4（a）］。鞋绣片边，老年鞋常用回旋线雷纹［见图2-4（b）］点缀修饰，是由两种颜色的丝线挑边而成。高跟鞋边缘的图形类似于三角函数绝对值图象［$y=|\sin x|$或 $y=|\cos x|$，见图2-4（c）］。这两种图形各自有不同的特点，使两种马尾绣鞋带有不同的意义。

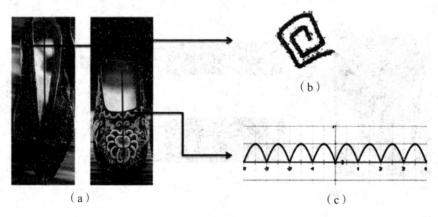

（a）　　　　　　　　　（b）　　　　　　　　　（c）

图2-4

2.2.2 水族银饰中的数学元素

银饰是一种美丽的艺术品，在很早以前人们就将银制成饰品来增添生活的色彩。即使是现在，银饰文化在生活中也同样有着重要的地位，特别在少数民族地区更为突出。在贵州各少数民族地区的人们十分珍爱银饰，银饰被看作财富、地位、智慧、勤劳、吉祥、美丽的象征，银饰是人们的艺术产品、智慧的结晶。[①]水族银饰比苗族银饰要简单些，主要可分为银头饰、银颈饰、银胸饰、银手饰几类。关于银饰的佩戴不同民族有不同的风俗，苗银以大、多、重为美，瑶银以轻、细、简为美，佩戴水族银饰则讲究整体造型呈收敛状。苗族的银花、银角、银压领等，其构造与水族大相径庭，苗族的银饰枝蔓向外扩张伸展，银角伸出高而长，有些地方的银角甚至有半人之高，而水族的银饰则呈下垂状，表现出含蓄、内秀的风格。[②]在平日里，人们佩戴的银饰比较少，一般都只佩戴银梳、银手镯等简单的饰品。在"借端""借卯""借额"等吉庆节日中，年轻的水族姑娘、妇女们用种类繁多的银饰来将自己装扮得格外漂亮。在水族婚事中，银饰被男方作为礼金，女方作为嫁妆，故有"水家结婚定要银"的说法。男女双方订亲，男方家一般要备上银饰（银手镯或银项圈）、点心、红糖请媒人到女方家说合，如双方合意，即另备礼物正式订婚，礼物多是糖、肉、银手镯、项圈等。待到举行婚礼时，新娘便要更换新装，梳洗打扮，将所有的银饰、银花、银钗、银项圈、银手镯、银压领等全部戴上，全身上下白花花一片，看上去犹如一条银河般闪闪发光。[③]水族银饰上錾有多种花草鱼虫的立体图形，也有不少三角形、正方形、弧形、圆形等几何图形。其中圆形最多，圆形象征着完美、完整、圆满等吉祥之意。

1.水族银头饰中的数学元素

1）水族银梳中的数学元素

关于水族银梳的来历，民间故事《木梳》说水族妇女用木梳吓走了豺狼和蜈蚣，保护了小孩并由此成为装饰。水族银梳可用来梳发、压发，银梳一般斜插于头上，也有从后脑发髻处插入，用银链牵绕于发顶，多为水族少女

---

① 谢彬如.贵州少数民族服饰艺术[J].贵州文史丛刊，1997（02）：90-94.

② 夏晓琳.记水族女子的服饰[J].服饰探讨，2002（02）：37-38.

③ 赵伟.贵州施洞苗族银饰文化考察[D].北京：北京服饰学院，2003.

出嫁时的饰品。如图2-5（a）所示，水族银梳形状像半圆，梳背较厚（至梳离处薄而尖，一般中空），将如图2-5（b）所示的木梳夹套在内。梳背上錾有鱼、蝴蝶、花草等多种立体图案，沿梳背弯曲处錾有多种花纹图案，下坠数根约14cm鱼状或枫叶状的链坠。梳背上这些图案的形成运用到轴对称、旋转变换、平移变换等。其中蝴蝶即是轴对称图形，对称轴为它的中线；梳背上錾刻的完整花朵由其中一个花瓣绕中心旋转而到，中间嵌一颗球形银珠。整个花朵的平面图形如图2-5（c）所示，外层的三角形代表花朵的叶子，内层的弧形代表花瓣。外层由一个三角形绕O点顺（逆）时针旋转45°得到，内层花瓣形图案由其中一弧形绕O点顺（逆）时针旋转72°而得。链坠由不同形状的银片和小银圈组成，银片的形状有鱼形和蝴蝶形。其中鱼形的银片是由一个等腰△ABC和一个半圆组合后经打磨而得，如图2-5（d）所示；银梳边缘上的不规则图案由如图2-5（e）所示标识的两图形向左右两边连续平移而得。

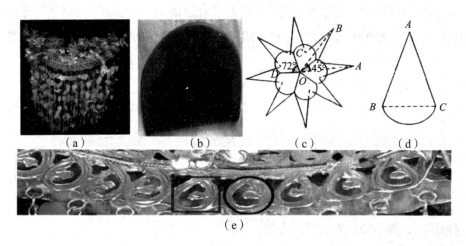

（a）　　　（b）　　　（c）　　　（d）

（e）

图2-5

2）水族银角钗中的数学元素

银角钗由5根大小相似的角钗镶嵌而成，总体呈三叉状，形状与牛角极其相似，这表达了水族人民对耕牛的一种崇拜之情。水族人民在很早以前就以稻米为主食，水稻是他们主要的农作物，耕牛因其辛勤的劳作，成为水族人民崇拜的对象。新娘在出嫁时佩戴牛角状的银角钗，其中有一种特殊的意义，希望新娘在未来的日子里像耕牛一样善良和辛勤。如图2-6（a）所示，银角钗用薄银片经过多种工艺加工做成，两根银钗嵌在一起呈抛物状，整个抛物状角钗宽度由中部向顶端逐渐减小。所以中部较宽厚，顶端较窄小，由上、下两条相似的抛物状嵌接而成，上面部分的角钗中部约宽4cm，下面部分的角钗中部约宽5cm，中间有一直角钗将三部分嵌连在一起，使整只银角钗看起来呈"出"字形。钗条两端点相距约13～16cm，中间的银钗高约13cm，银角钗表面錾有四边形，等间距地嵌有大小相同的球形小银珠，上、下两角钗关于中间根角钗对称。横竖角钗交叉处圆形图案的平面图形如图2-6（b）所示，外形是一个圆，内部有22个经打磨成一端大、一端小的椭球体绕中心点顺（逆）时针旋转16.34°得到。中间嵌一球形银珠，整个图形为轴对称图形，对称轴为MN所在的直线；如图2-6（c）所示，银角钗表面上等间距镶嵌的球形银珠，其半径约为1cm，表面积约为12.65cm^2，这为银匠师傅们在估计所需材料用量时提供了便利。

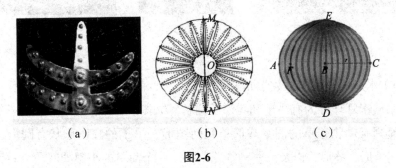

（a）　　　　　　　（b）　　　　　　　（c）

图2-6

3）水族银簪、发箍簪、银帽福中的数学元素

水族银簪样式不一，多种多样，图案以花形、鸟形、蝶形为主，花瓣的数目、疏密程度、造型各不相同。就风格来说，有的银簪纤巧细腻，灵秀生动，有的古拙朴实，浓厚凝重，各具特色。如图2-7（a）所示，七件套银簪总长约16cm，一端箍呈瓢形，另一端呈扁形，中部稍凸，上面錾有细小花纹，尖端长而锐利。用时插入发髻，配上银链、银泡，是水族姑娘出嫁时或节庆中不可缺少的饰品。银簪上的花纹大多为轴对称图形，如花瓣、蝴蝶等。花瓣本身也是由半圆形经过旋转、平移而得。蝴蝶则含有多种数学元素，如点、线、面、椭圆、圆、球、三角形等。

发箍簪是水族女性在盛装时佩戴在头上的饰品。如图2-7（b）所示，用银丝扭成发箍状，整体为圆形，箍上缀以银花和银片，边缘挂有10～20根银链。每根银链长约15cm，链上缀以像蝴蝶形和鱼形银片的轴对称图形链坠，银片的形状还有三角形、圆环、不规则图形等。

银帽福是水族人民将人物纹錾刻于银头饰上的一种饰品，也称作银罗汉、银佛，由银片压制成罗汉、菩萨等人形。虽然人物造型幼稚、笨拙、可爱，但能体现出水族人民对孩子平安成长的祝福。如图2-7（c）所示，前端中部有一尊银制"观音盘莲"，两边排列"八仙"银制塑像，银帽边沿的银罗汉由其中一个向左（右）平移而得。银罗汉本身则是轴对称图形，位于儿童的帽沿处。

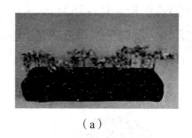 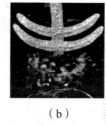 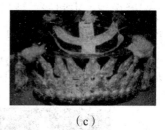

（a）　　　　　　　（b）　　　　　　　（c）

图2-7

4）水族银耳环中的数学元素

水族银耳环分为有吊子和无吊子两种。如图2-8（a）所示，有吊子的耳环表面錾刻有动物花草的图案或简单几何图形。吊子的整体形状有圆形、椭圆形、三角形、菱形，以及一些动物花草等。一个简单的小银圈就是一只无吊子的耳环。几何纹饰是人类纹饰中出现最早的纹饰之一，几何纹饰在水族银耳环中体现最为突出。图2-8（b）所示图案的平面图形如图2-8（c）所示，⊙A绕点O顺（逆）时针旋转60°得到⊙B或⊙F，依次旋转5次得到整个图形。从图上可以看出⊙B与⊙C只有一个公共点I，且两圆圆心距离AB的长等于两圆半径之和，⊙A与⊙B相切。两圆的圆心A，B分别与中点O相连得△AOB，经测量得出线段AB与线段AO，BO相等，则△AOB为等边三角形；两圆圆心顺次相连得正六个边形$ABCDEFG$。图2-8（b）中耳环内部六个圆连接形成的图形，正是水书中表示"吉"的图案，如图2-8（d）所示，图中△$HIJ \backsim$△HKL，IJ边与KL边之间的纹路酷似两条正弦函数图象交错而成。

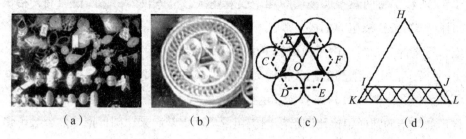

图2-8

5）水族其他头饰中的数学元素

由于水族人民的生活环境中有山有水，每天都和花鸟虫鱼打交道，所以他们始终相信大地的一切生命都是有灵性的，将世间的所有事物人格化。他们甚至还会对大自然有一些自己的祈求，将银块通过打压、錾刻成这些自然景物的图案嵌于头饰中。如图2-9（a）所示，头饰顶部中央有两枝向外展开的花枝，长约25cm，枝杆上缀有2～3簇形如荷叶的花朵，花枝下方挂有鱼形或其他不规则图形的银片，圆形的顶部有多簇花草。花瓣的形状含有三角形、扇形、圆弧等数学元素；花草图案中包含复杂的轴对称、旋转、平移等变换。头饰顶部一花朵的平面图形如图2-9（b）所示，该图形为轴对称图形。另一种头饰上银链图案的平面图形如图2-9（d）（e）所示，两图形都是轴对称图形，且图2-9（e）所示图形由正方形ABCD平移到正方形EFGH而构成，银链自然下垂，简单而华丽。

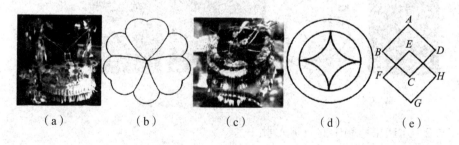

图2-9

2.水族银颈饰中的数学元素

1）水族银项圈中的数学元素

银项圈是水族地区较常见的银饰品，不管是水族姑娘，还是水族妇女，都有几个或十几个银项圈。银项圈大体形状为圆形，大小各异，最大的约重1kg，最小的约重150g。水族银项圈按形状可分为：①扭丝项圈，如图2-10

（a）所示，将两三条四棱项圈加工成麻花状，整体较大；②四棱项圈，将银条压制成4条长棱扭曲而成，项圈相对较大，整条项圈粗细不一，上半部分较细，下半部分较粗，佩戴项圈较多时一般戴在最外圈；③圆丝项圈，如图2-10（c）所示，用一细圆的银条扭成的项圈，结构极其简单；④圆项圈，在圆丝项圈的银条上錾刻牡丹或者梅花的图案；⑤戒指项圈，如图2-10（c）所示，将形如戒指的圆形银饰用圆形项圈或扭丝项圈串套起来，圆形银饰的个数可多可少，一般为3～23个。水族人民注重图腾崇拜，他们崇拜的图腾一种是"龙图腾"，还有一种是"鱼图腾"，水族女性会将这些图腾錾刻在自己的颈饰上用来保佑自己。如图2-10（a）（c）（d）所示为几种不同的项圈。在项圈上錾有双龙戏珠，这两条龙关于珠子对称，图2-10（a）中银项圈上银珠的几何图形，中间由4个等大的玫瑰型图案经过平移变换得到，圆环内的小三角形由其中一个三角形以O为圆心，逆时针（或顺时针）旋转18°而得，如图2-10（b）所示；银圈下吊有15根链坠，链坠的形状有蝴蝶、小圆台形、四面体、球体、叶形、鱼形等，其中蝴蝶形、四面体、鱼形、叶形为轴对称图形。有些项圈半圆的下方挂有很多银叶，无数的银叶自然下垂，银光闪闪，十分华丽。银叶中也含有丰富的数学知识，如图2-10（e）所示是一银叶的平面几何图形，它由等底不等高的四棱锥$E–ABCD$和四棱锥$F–ABCD$组成。

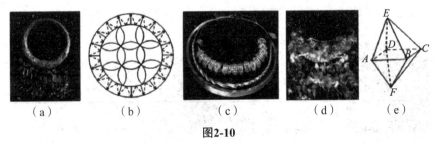

（a）　　　　（b）　　　　（c）　　　　（d）　　　　（e）

图2-10

2）水族银压领中的数学元素

银压领是水族妇女挂于胸前的银饰品，质量较大，大约重400g。如图2-11（a）所示银压领外形像锁，长约为26.64cm，宽约为16.65cm，是用银片冲压制成各种图案之底板，再精心焊接而成，正面是浅浮雕双狮戏球纹样。双狮关于轴对称，其余部分錾有龙、凤、鸟雀、鱼、吓、花卉、山水等图案。有的还用银片冲制成双龙戏珠、鸾凤和鸣的浮雕图案，整个形状关于中间对称，下挂银花、银铃或叶形、鱼形、蝴蝶的银坠，这些银链含有圆柱体、圆环、弧形、球形等数学元素。锁体两端系上由无数小银圈环环相扣而成的银项链套挂于脖子上，悬挂在胸前，如银色水瀑至胸而下，银光熠熠，富丽堂皇，是水族妇女的吉祥物。银压领里面为空，常将针线放于内，以便随时取用，因此，银压领又被叫作针线筒。如图2-11（b）所示，银压领的外形本身就是一个轴对称图形，其中还涉及半圆、曲线、圆柱等数学元素；银压领链坠上的圆柱体中上下底的图案如图2-11（c）所示，是由两个同心圆和"星形线"构成的几何图形，"星形线"也可以视为大小相等的四个圆中各取等长的弧组成，其中两圆切点E到中心点O的距离EO等于圆的半径EB；四圆圆心依次相连为正方形$ABCD$。经测量，大圆半径$OA=2.37cm$，小圆半径$OF=1.67cm$，所以两圆属于内含的位置关系；四边形$ABCD$为大圆的内接四边形，同时为小圆的外切四边形。如图2-11（a）所示银压领链坠上外形为圆的图案，中间嵌一球体银珠，向外扩出6根小银条，银条分别与外圆相交，平面图形如图2-11（d）所示，交点分别为H，I，G，K，L，M，图中线段IM与线段HL为两条相交弦，且满足$IG \cdot MG = HG \cdot LG$。

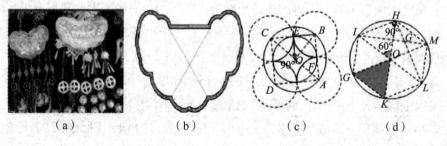

（a）　　　　（b）　　　　（c）　　　　（d）

图2-11

3）水族银项链中的数学元素

水族银项链长约45cm，种类繁多，样式独特，大多由几种不同的立体图形为一周期，用银环连接而成，有球形、椭球形、六棱柱、圆环等，如图2-12（a）所示。有的直接由无数等大的圆环经扭曲后环环相扣而成，有的由不同形状的银饰品为一周期相连而成，有的周期由三个球形银珠和一椭球体银珠组成，有的周期则为三个球形银珠加一正六棱柱形，有的周期为三个球形银珠加一圆柱体。棱柱表面錾有花草图案和线条，线条与线条平行，线条与棱柱侧棱相交，两线条与侧棱可组成四边形，还可组成一些不规则图形；其中花形、球体、椭球体、正六棱柱、圆柱等都为轴对称图形。链饰中还有一种造型，是由一个正六棱柱和两半球拼接而成,如图2-12(b)所示;六棱柱的六个面所在的平面中涉及面与面相交、面与面平行等数学知识,在正六棱柱六个面上有雪花形的美丽图案,如图2-12(d)所示,该图形为轴对称图形。

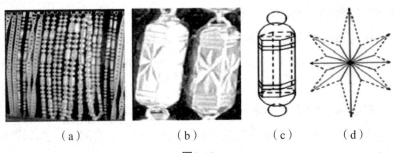

（a） （b） （c） （d）

图2-12

4）水族银围裙链中的数学元素

银围裙链是水族常见的银饰品,佩戴起来极为简单,直接从脑后挂于颈上即可。如图2-13(a)所示,其由两条长约60cm的银链相连,银链上38个大小相同的圆形链饰由小银圈一一相扣而成,圆形链饰由6个等大的圆拼接在一起;银链的两端是两个全等的葫芦形银块,银块为一对称图形,葫芦形银块的几何图形如图2-13(c)所示;银块下方挂有一个呈等腰梯形的银饰品,饰品表面簪有大小不等的三层叶子状银块,如图2-13(b)所示,整个等腰梯形为一轴对称图形;等腰梯形银块的下方挂有5个球形的铃铛和数十个由两个等底不等高的四棱锥组成的立体图形的银吊坠;整个围裙链也是一轴对称图形。围裙链中含有圆环、圆弧、球体、四边形、四棱锥、三角形、曲线等数学元素,有平移、旋转、对称、圆与圆之间的相切、相交等数学变换。

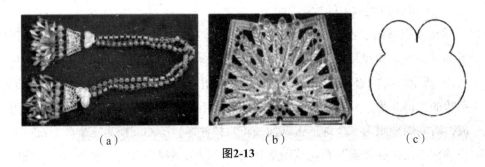

（a） （b） （c）

图2-13

3.水族银手饰中的数学元素

1）水族银手镯中的数学元素

手镯在古代被称为"腕环"，是根据其形状及装饰的部位而定名的。手镯之名约出现在宋元时期[①]，在那时，戴手镯被人们认为具有辟邪的作用，因此人人都会戴手镯，女性更是作为已婚的象征，男性则作为身份的标志。后来，手镯专为妇女所用。银手镯是水族银饰的一个重要部分，小的重约50g或75g，大的重约100g或150g。形状可分扭黄鳝头手镯，将花纹的形状用弯丝扭成黄鳝头形，再錾刻于手镯上；滚珠手镯，手镯为空心状，放入几颗可以滚动的银珠在内，表面刻上花纹；龙头手镯，如图2-14（a）所示形如簪有双龙戏珠的银项圈，比项圈小。手镯整体为圆形，在手镯面上錾有球体、半圆形、点、线、曲线等数学元素，也涉及旋转、平移、轴对称等数学变换。如图2-14（b）所示，手镯表面上錾刻的花形，关于中心轴对称；如图2-14（c）所示，手镯表面上錾有的图案由一完整花形图案向左（右）平移得到，单一的花形图案的平面图形如图2-14（d）所示，扇形绕中心点旋转6次而得，旋转角为60°，中间錾一颗银珠。

（a）　　　　　　　（b）　　　　　　　（c）　　　　　　　（d）

图2-14

2）水族银戒指中的数学元素

水族银戒指可分为透雕戒和泡戒两种。透雕戒指多是方形的，上面刻有各种花草虫图案，有的还刻有"福"字和"喜"字；泡戒指系用银丝扭结而成，有的戒指还镶有宝珠玉石等饰物。[②]透雕戒指上含有线段、曲线、圆锥、圆、圆环、扇形、不规则图形等数学元素；泡戒指上的图案，整体为圆形，如图2-15（a）（b）所示，有三个大小不一的同心圆，最内用银丝扭结成大小相等的六个小圆圈，可以看作以小圆绕中心点O旋转6次得到，旋转角为60°；中

① 朱晓萌.从苗族银饰的构成艺术探究其内在价值[D].天津：天津工业大学，2007.

② 谢彬如.水族服饰[J].艺文论丛，1996（04）：60-72.

间层有12个等圆，是由一圆绕中心点O旋转12次得到，旋转角为30°；最外层则直接用银丝镶嵌，似两条正弦函数图象交错而成。如图2-15（d）所示为泡戒右下角簪扇形图案的平面图形。

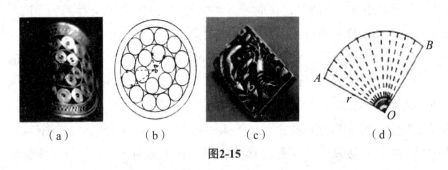

（a）　　　　　（b）　　　　　（c）　　　　　（d）

图2-15

2.2.3　水族服饰中的数学元素

水族在服饰上禁忌红色和黄色，特别禁忌大红、大黄的热调色彩，喜欢蓝、白、青等三种冷调色彩。水族不喜欢色彩鲜艳的服装，喜欢色彩浅淡素雅的服装，这表达了水族独特的服饰审美观，那就是朴素、大方、实用。水族女服多以水家布缝制，无领大襟半长衫或长衫，长衫过膝，一般不绣花边。而节日和婚嫁盛装与平时截然不同，通常肩部、袖口、裤子膝弯处皆镶有刺绣花带，包头巾上也有色彩缤纷的图案。头戴银冠，颈戴银项圈，腕戴银手镯，胸佩银雅领，耳垂银耳环，脚穿绣花鞋，素雅文静。水族男子穿大襟无领蓝布衫，戴瓜皮小帽，老年人着长衫，头缠里布包头，脚裹绑腿。

1.水族服饰中的数学元素

最直观体现一个民族的文化的标志就是服饰，尤其是女性的服饰更具有代表性。其中水族青年妇女的服饰是最具有特色的。而水族服饰的标志就是马尾绣。在水族马尾绣中蕴含许多数学文化元素，广泛运用到旋转、平移、翻折等几何原理。从图2-16到图2-18都是水族服饰中较典型的马尾绣局部花纹。图2-18（b）的花纹极为讲究对称性的美。如果将整幅图看作一个矩形，那么矩形的上底和下底的中点的连接就是这幅初步图样的对称轴了。同理，图2-18（b）也是如此。图2-17（a）~（d）都运用了对称性，其中图2-17（a）可解析为（b）的形式，以同心圆为中心圆外围着一圈圆弧。图2-17（e）（f）则是由旋转而得到的。

许多水族的服饰上都绣着水族的文字，而这些文字选取的依据不仅具有吉祥、幸福、美好的寓意。图2-18（d）为水族妇女衣服的领子局部图，在图2-18（d）中可见到水族的文字——"吉"，其上面是一个三角形，下面是两条平行的线段被一条中垂线所截。图2-18（d）中可以以"吉"字的对称轴为整条衣领的条形花纹带的对称轴，其中由图2-18（d）可直观地看到"吉"字两边的花纹均关于这条对称轴对称。

从马尾绣的表现形式看，其具有固定的模式和结构，均以黄色和暗红色为主色调，反映出了水族人民对美好的生活的向往，具有较典型的民族性、地域性和独特的乡土气息。[①]

图2-16

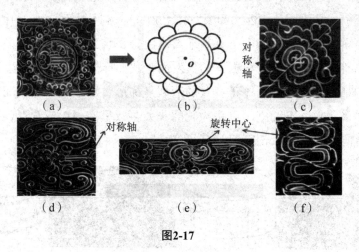

（a）　　　　　　（b）　　　　　　（c）

（d）　　　　　　（e）　　　　　　（f）

图2-17

① 张超，朱晓君.中国水族马尾绣背扇服饰的色彩语义指向[J].深圳大学学报（人文社会科学版），2015，32（04）：19-24.

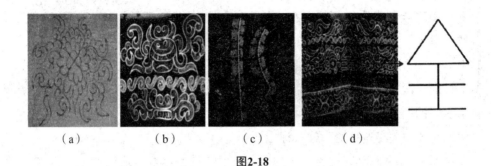

（a）　　　　（b）　　　　（c）　　　　（d）

图2-18

2.水族帽饰中的数学元素

　　水族妇女的头饰最基本的是将头发盘于头顶，再用黑白方格的方巾包着或是用白布和青色为主的长布包着。由于地域的差别，各地区的服饰均有部分的差别，但依旧保留着水族最原始的款式和风格。图2-19和图2-20所示是各地区的水族妇女比较典型且较具有代表性的头饰。图2-19（a）所示的服饰是已婚妇女的服饰，而图2-19（c）所示是未婚少女装，头饰区别很大，其主要表现在包头所用长帕的颜色和长帕的织法不同。

　　图2-19中用黑白相间方格的方巾包着头的是都江、榕江和雷山等片区的妇女。包着黑长帕或白长帕的则是三洞、中和、水龙片区的妇女。图2-19中长帕上均织以边长约为0.5cm的等边小三角形水平平移为边框，花草纹案位于头巾内部也就是侧面。图2-20和图2-21（b）是三洞、中和、水龙片区的妇女头饰近距离实物图，从图中可直观地看出由于是将头发盘于长帕内，所以在包裹长帕时长帕的形状会根据人的头发的盘法而产生不同的形状。因此，一般妇女们都是只要求前面（正视）的造型呈梯形、矩形或圆等，而俯视时呈不规则的多边形，下面则是以头为轮廓，大多数呈椭圆形或圆形，一般头巾的尾部要留出约5～10cm长的长方形布头。

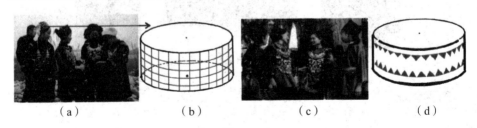

（a）　　　　（b）　　　　（c）　　　　（d）

图2-19

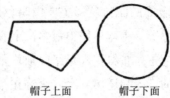

帽子上面　　　　帽子下面

图2-20

（a）　　　　　　　　　　（b）

图2-21

　　明代以前的水族年长男子都留有长发。晚清时期的水族男子梳成长辫，戴青缎瓜皮红结帽，青壮年留小辫结于头顶后用青长布或白长布包头，并且头巾都是留着一部分托于脑后，约20cm长。民国年间，老年男子均剃发去辫，戴马尾帽或瓜皮红结帽。中年男子头包青长布或白长布。[①]由于时代的进步，现代水族男子的头饰与汉族男子相差无几。在日常生活中，水族男子与汉族都是一样的，只有在节日和婚嫁时才会像图2-21这样穿戴，包着与水族妇女相似的黑色长帕。由于现代的男子一般都没留长发，而男子的头巾与女子的头巾长宽几乎相差无几，所以男子一般只包侧面部分的头部，而头部上面不会包着。一般男子包头巾时是直接将长方形的头巾折叠三到四层，然后将头巾围绕着头部数圈即可。但是为了方便大部分的人都会将头巾编制成一个圆环或是趋近于圆柱的侧面，等佩戴时直接戴在头上不用再次包裹。男子的头巾相对于女子的要厚一些，所以男子围的头巾也比较简单。男子的头巾也和女子的一样，尾部留着一块约5～10cm近似长方形的布头作为装饰。

① 贾双.浅析水族妇女服饰特点［J］.山东纺织经济,2010（06）：63-65.

3.水族衣服、裤子中的数学元素

水族服饰的面料色彩主要以暗色调为主，例如黑色、青紫色、青绿色、青色、蓝色等，青蓝色用得最多。上衣多以青色、蓝色和黑色为主，下装一般以青黑色为主。布料在20世纪以前均用的是水族人们自己制作的印染水家布，随着人口的迁入和迁出，水族服饰在布料上有了部分的改变，但是颜色却没有较大的变化。

图2-22（a）所示的服饰为水族中年男子所穿的对襟便衣。为了美观，在衣服的左侧缝制上下两个荷包，运用数学文化中的相似性质，上面的荷包要略小些，荷包的形状均近似矩形。一般会在荷包处绣上马尾绣花纹，荷包花纹要求沿荷包矩形绣一圈或是平移，或是旋转，或是翻折的图形为边框，一般都会选用三角形或是倒写的"S"平移沿着矩形荷包排列。荷包的内部大多会用具有对称性或中心旋转性的花鸟图案。水族男子的裤脚一般会有大约10cm宽的花纹带，制作过程中，这条花纹带和裤子是分开制作的。花纹带的制作过程如下：首先做宽为10cm长围裤腿一周的矩形，此矩形花纹的边框一周所用的花纹结构和原理类似于荷包，都是一些小的几何图案经过平移或旋转得到围绕整个矩形一圈的图案。矩形内部一般运用一些具有对称性或中心旋转性的图形，具体花纹形式因人而异。这些纹案的组合既不显得单调又能衬托出男子的稳重。

水族妇女服饰虽然款式及风格不同，但基本结构是一样的。下面以三都县中和、水龙、三洞、廷牌、恒丰、阳安、塘州等地妇女的服饰［见图2-22（b）~图2-23］为例进行具体分析。与传统的衣服一样，水族妇女的衣服也可看作以脊椎位置的这一条线为对称轴，用四块布料缝制而成的右衽大襟衣衫，再由两块布做成衣袖。而两边衣袖上的花纹也是极为讲究的，必须要对称，花纹的位置也必须在同一水平线上才算完整。水族妇女的衣服沿着边均绣有三层的马尾绣花纹，分别从右衽大襟到衣摆及其两侧和衣领、衣袖。具体结构如图2-23（b）所示，将整件衣服的结构分为三个部分，第一部分在l_1以上，第二部分为l_1~l_2之间，第三部分为l_2~l_4之间。其中第一部分l_1以上主要由衣领和衣袖组成，如图2-23（c）所示，每个椭圆与椭圆之间绣上马尾绣，而且每层的图案都有不同的风格及寓意；衣袖的整体结构呈一个较长的矩形，然而衣袖和裤脚一样都绣有马尾绣花纹，花纹结构也极其的相似，均是在制作的过程中分开的，如果将花纹部分看作由一个矩形做成的，那么在这个矩形的内部也会像男子的裤脚一样有若干个小的三角形或倒写的"S"沿着矩形内部边缘整齐排列。第二部分$l_1 \sim l_2$之间主体呈等腰梯形，梯形的腰两边均绣有三层马尾绣花纹，梯形内部印染部分，且腋下衣服的衔接处分别镶嵌着由两个宽相等、长的大小比例为2∶1的圆角矩形相互垂直而成的区域，并在这两个相交的圆角矩形内镶嵌上马尾绣花纹。衣服的第三部分$l_2 \sim l_4$之间外部呈扇形，内部呈上底大于下底的等腰梯形，外部衔接第二部分的整体花纹，但不同的是在衣角处，第二层与第三层之间还镶嵌着一个趋近于三角形的小花纹，独立各占四个衣角。

（a） （b） （c）

图2-22

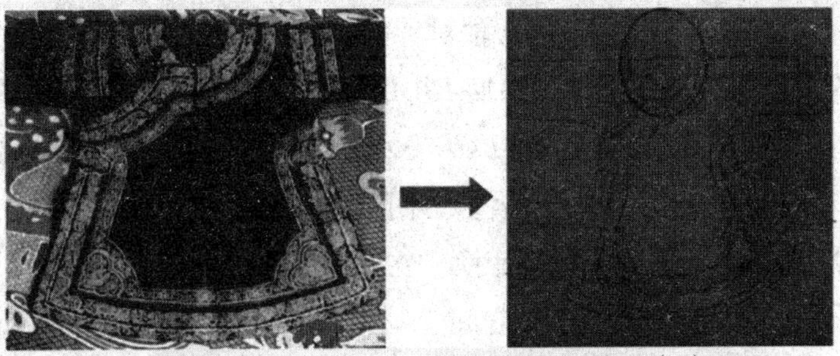

（a） （b）

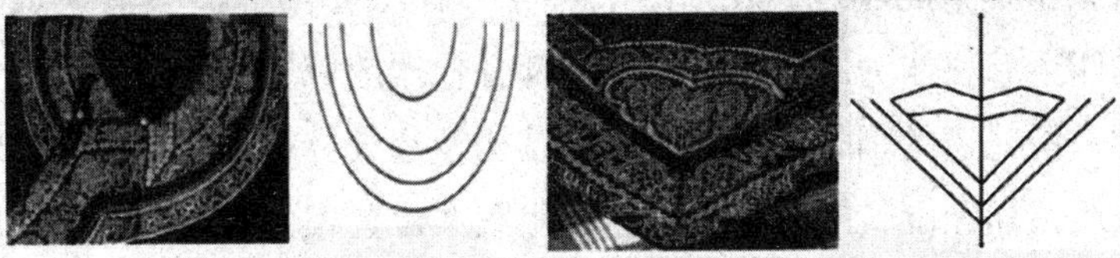

（c） （d）

图2-23

如图2-23（b）所示，这四个花纹是独立制作的，制作过程如下：首先在一块等腰三角形的布块中将要绣的边框绘制好，边框的制作是在等腰三角形布块内接一个类似于一片叶子并具有对称性的图象，如图2-23（b）所示。最后把所需要的图案描绘在其内部，在内部的花纹中也能看到它所绘制的是一只凤凰，凤凰的翅膀和尾巴是对称的，其对称轴为底布等腰三角形的其中一条高。图2-23（d）与图2-22（c）是服饰的相同位置，两张图中三角形内部的花纹结构相似，均运用了翻折的几何变换，类似叶子的框架也排列了面积约为0.5cm^{2}的全等三角形。衣袖的花纹与衣服花纹均为三层，这些花纹的形式运用了大量的几何变换，其中包括旋转、翻折、平移等。

4.水族围腰中的数学元素

围腰是水族妇女服饰的标志之一，流行于三都和荔波等地。其清丽、淡雅的特点也是水族服饰的特征之一。水族妇女们自己纺纱织布、染色刺绣，"水家布"纱质细致均匀。所染的颜色主要以青色、蓝色和绿色为主，这些布皆染色深透，十分耐洗，早在百年以前就已远近闻名。

如图2-24所示，以坐标轴为分割依据，可先以x轴将围腰分为上、下两个部分，上部分的主要外部轮廓以等腰梯形的底布为框架，下部分的整体外部轮廓也可视为等腰梯形。即下部分的梯形的上底与上部分梯形的下底相等，下底与上部分梯形上底的长之比为3：1。再将围腰依照四个象限分为4个部分，其中一、二象限的布局和图案是以y轴对称的；三、四象限的布局和图案也是以y轴对称的。一、二象限是等腰梯形ABCD部分，等腰梯形ABCD内又镶着一个与之相似的小梯形A'B'C'D'，即ABCD∽A'B'C'D'，小梯形A'B'C'D'内部主要镶有各种花鸟或图腾的马尾绣。沿着梯形内部的边上还排列着整齐的图案，这些小图形一般都会运用大量的数学变换，主要有平移、旋转、对称等，图形一般不是很大，控制在0.5cm^{2}到1cm^{2}之间。其中图2-24是以边长小于1cm的等腰三角形排满整个梯形的底边。三、四象限是一个大的矩形CDEF，一般都是用水族特有的印染布料作为底布。围腰的下部分根据地域及年龄分为绣花边和不绣花边两种，绣花边的围腰与衣服的花纹结构及花纹位置极为相似。围腰的长度略长过衣服，而让围腰的图案位置与衣服图案位置相似的原因是使衣服与围腰的款式能形成一个系列，使之与衣服交相辉映，充分地体现水族妇女们的智慧与审美。因此绣花的围腰也需要绣上三层花纹，再在矩形的两个下角分别镶嵌呈楼梯形的6个小正方形花纹。将这第三象限中的呈楼梯形的6个小正方形花纹进行编号，如图2-24（c）所示，其中a_{11}与a_{33}的图案是完全一样的，a_{21}与a_{22}的图案是完全一样的。第四象限的全部图案均可看作在第三象限以y轴为对称轴进行翻折而得到的图象，如图2-24（b）所示。并非所有的围腰都会像图2-24这样，但大致的结构和规格都是相同的。而最能体现出个人不同风格和喜好的就是围腰下方的左右两只角。

穿的时候，在围腰的上端系上银链挂于颈上，围腰中部两侧系上提花飘带托于身后。水族妇女的衣服比较长，围腰与衣长几乎相等，可长至膝盖。水族围腰不仅实用，而且也作为穿着的标记及区分已婚与未婚的标志，同时显示出地域差异[①]，体现了水族人民的审美与性格，传承水族历史文化和宗教信仰。

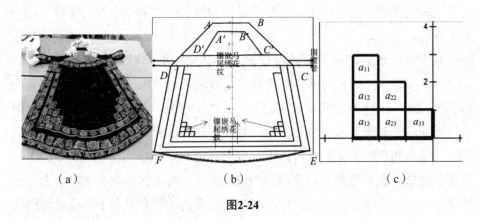

（a）　　　　　　　（b）　　　　　　　（c）

图2-24

5.水族鞋、鞋垫中的数学元素

鞋垫在水语中叫"翻麻"或"翻愿"，鞋垫上的图案造型与服饰大致是相同的，采用大量的几何图案和水族文字进行设计。经过长时间的沉淀、发展，展示出了本民族的特色标志。水族人民与其他民族一样，崇拜与信仰神灵，并且希望利用其辟邪去邪，达到祥瑞的目的。水族的鞋垫艺术中蝴蝶图案大量的出现，其原因除了具有吉祥安康的寓意以外，还有蝴蝶是具有对称性的，所以方便刺绣。水族妇女们很自然地运用这些纹样结构，除了具有对称性以外，纹样还运用了大量的旋转和平移。因设计的纹样、风格、款

---

① 吴海燕，王联秋．水族围腰的功能［J］．吉林广播电视大学学报，2010（08）：96-98．

式的不同以及居住地区的差异形成了不同的表现形式，但其基本结构是不变的。在许多的作品中，鞋垫左右图案纹样用对称式，除了具象纹样外，还有大量的几何纹样，如"三角形""平行四边形""菱形"等图形以及"万""米"字形等。即使只是这几种样式，也会运用不同的变化，有的仅用单一的样式；有的运用两种或两种以上的样式混合搭配而成；更有的运用具象纹样和几何纹样混合搭配使用。水族妇女都是根据个人的喜好和结合自身的民族特色对图案纹样的相关结构进行搭配和设计。[①]鞋垫中较为典型的如图2-25（d）所示，运用了菱形的不同几何变换，可将整只鞋垫分成上下3∶2的比例，上部分是以一个大的菱形为框架，再在菱形内部构造一个与之相似的菱形并将此菱形再次以四条菱边的中点连结分割为四个更小的菱形。虽然理论是这样，但是看到图2-25（d）所示中的图案并非四个小的菱形而是五个全等的菱形，这是因为在菱形的最中间镶着一个各顶点在对角线上的一个小菱形。

从古至今水族的鞋不断地变化更新，从原始的草鞋到后来的元宝盖布鞋、尖钩布鞋、高跟鞋等都非常具有民族特色。如图2-25（f）所示为尖钩布鞋，图2-25（e）所示为现代的高跟鞋。从图中可见，不论时代怎么变化，但始终不变的是鞋边上依然绣着不同的几何图形，古代的元宝盖鞋边是绣着以等腰三角形和菱形为主的几何图形，按照一定的顺序排列在两只鞋口边上，而现代制造的高跟鞋则是以半径约为1cm的小半圆整齐排列在鞋口边上。虽然图形发生了某些变化，但是在运用几何图形的结构和原理上都是始终保持一致的。将图2-25（a）用数学结构解析可直观地看到其大量地运用了数学元素。如图2-25（b）（c）所示，首先双千层底布鞋的鞋口与一般水族妇女的鞋口是一样的，都是运用几何图形按照某种排列方式整齐地排列在鞋口边上，从图中可看到该鞋以等腰三角形为骨架，交替排列后再在三角形内部构造一个菱形，其中菱形的四个顶点分别位于三角形腰上的中点、三角形两腰相交的顶点和三角形两腰的夹角的角平分线上。据制作者介绍，鞋子在制作的过程中鞋盖与鞋底是分开制作的，布鞋的鞋底大多数是千层布底，高跟鞋则是运用现代的技术进行制作。布鞋的上部分在还没缝制之前大致呈半椭圆

---

① 黄慧中. 一个不应被遗忘的艺术角落——试论水族鞋垫刺绣的艺术性[J]. 黔南民族师范学院学报，2003（05）：88-91.

的形式，缝制时先将半椭圆的短半轴缝制在一起后再将呈椭圆状的外部与鞋底完整地缝制在一起。缝制整只鞋之前，在上部分的鞋上水族姑娘们都会绣上自己喜欢的图案纹样。其中图案纹样主要有花鸟、蝶虫、鱼以及各种水族特有的文案。这些图案纹样最大的特征就是具有对称性，一般以椭圆的长半轴为对称轴。从图2-25（a）～（f）中可看到，整双鞋多次运用到椭圆及平行线原理。

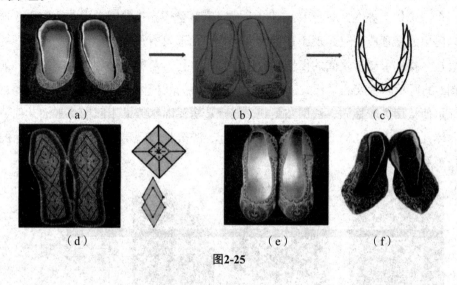

（a） （b） （c）

（d） （e） （f）

图2-25

2.2.4 水族建筑中的数学元素

不同民族和不同地区的人民有不同的居住习惯与形式，如蒙古族游牧人民的蒙古包，老北京的四合院，福建客家人的圆形土楼等等，形成了各民族、各地区形态万千的居住习俗。水族古建筑物是展现和传承水族悠久文化的最佳载体。水族人将由杉木、松木等材料建造而成的房屋叫作"干栏"，意思为"阁楼"。干栏是水族传统房屋，以木料悬空搭建，既防潮防湿，又视野开阔。干栏的框架构造蕴含着一些几何知识，如矩形的对称性、三角形的稳定性等。水族干栏建筑一般分为上、中、下三层。人主要居住在中间层，其主要布局为主卧、堂屋、储物间及走廊，堂屋（迎接和招待客人的地方）占据着主要部分，体现了水族人民的热情好客。水族所居地区属于亚热带高原季风湿润气候，光线较差，降雨较多，湿度相对较大，地面比较潮湿。所以水族地区居住的房屋，一般都为"干栏式"的楼房，其一般建造模式是一楼一底。其建造材料大都选择松杉木，为了使房屋建造的构架体系更加严谨和牢固，其主要采用的是穿斗式的结构。

1.水族房屋中的数学元素

　　水族房屋的整体结构是正方体或长方体，房屋整体要求整齐美观，因此正方体或长方体相对其他立体几何图形来说是最适合的，且其易于建造；屋顶部分是将三角形、正方形、菱形、长方形等基本平面几何图形融合于一体构成一个三棱柱，如图2-26所示，因为房屋的屋顶受外界自然因素影响比较大，所以房屋的屋顶应用三角形，其主要因素是三角形具有很强的稳定性；房子中的梁柱、楼枕、楼板之间的衔接则应用垂直、平行、对称、平移等数学知识，如图2-26所示。水族的干栏式建筑中，其中应用的几何图形和几何思想，主要目标是使楼房更较稳固、适用和美观。在建造房屋时水族的木匠们将平面几何、立体几何知识和几何变换思想融合在一起，充分地展现出水族木匠们的高超的技工和空间想象力。

图2-26[①]

　　干栏式木楼外部的搭建构造不但涉及不少相关的数学知识，而且其内部的构建原理也运用了很多的数学知识。如中间层阁楼的布局中，很好地体现了完全平方公式的几何意义，如图2-27所示。

---

① 1尺≈33.3 cm.

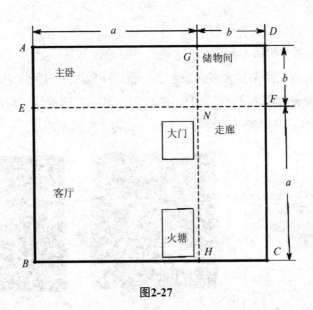

图2-27

2.2.5 水族水书、游戏中的数学元素

水书是水族古文字及其著编典籍的汉译通称。水书典籍是水族民间知识、信仰文化杂糅而成的巨著，被誉为水族的"易经""百科全书"。水书内容博大精深，除了直接反映水族天文历法、原始信仰之外，还兼容了水族的哲学思想、文学艺术、语言文字、布阵攻守、伦理道德、生产生活等诸多方面的内容，成为研究水族历史文化的珍贵典籍，也是宗教学、历史学、民族学、民俗学、语言文字学等学科的珍贵资料。由于水书是水族民间传统文化的精华，是民族精神、民族凝聚力、民族亲和力和民族情感的重要载体，由此成为民族信仰的精神支柱，成为维系水族各支系的重要精神纽带。水族古文字是水族先祖所创造出的文字，其是有悠久历史的水族文化遗产，水族是我国保留至今仅有的17个拥有自己语言和古老文字的少数民族之一[①]。在2006年，水书被国家列入第一批国家级非物质文化遗产名录。

在漫长的历史进程中，水族人民开展了各种形式的体育活动，使一些娱乐健身游戏得以传承了下来，形成了独具特色的民族文化。在民族地区的教学中，教师应注意挖掘学生生活中的游戏并加以提炼后融入教学中，这将起到寓教于乐

---

① 文毅，王观玉. 全球化视野下水书文献资源共享探析（J）. 现代情报, 2008（3）: 45-47.

的功效。

1.水族水书中的数学元素

由于水书的文字结构大多为象形字，所以在象形字的字体中，可以看到有由几何图形构成的水族文字，如图2-28所示，其中有圆形、三角形、长方形、十字形等[①]，且在其中渗透了反射、平移、旋转等变换思想。

图2-28

2.水族小游戏存在的数学元素

在没有电子游戏的时代，水族孩子一年四季都有不同的游戏。①捡石子，可以两个人一起或多个人一起玩，要分成两帮，可以三个、四个一起捡，也可以五个一起捡，玩过一轮，不管你捡得多少个都要还债，一次要还多少个子就看刚开始怎么订的规矩，不够的就欠，剩余的就存起来，看最后谁存的多。②玩陀螺，拿根木头，把它削得尖尖的，在尖的那端打上根钉子就做成了陀螺，再找个场地，十几个孩子就在空地上抽起了陀螺，那声音真的是响彻四方。③滚铁圈，把根铁棍扭成一个圆圈，再用带有勾的铁棍把铁圈滚动起来就可以了，培养了孩子的平衡力。[②]④弹弹珠，首先规定一个场地，不能超过范围，超过了你的珠子就是别人的，然后几个人拿自己的珠子随便弹在地上，控制珠子间的距离。这时有两种决定胜负的玩法，一是用自己的手指去衡量自己的珠子和别人的珠子，够得着，那么别人的珠子就是你的，够不着，那下一步就到别人弹，弹的距离能用他的手指衡量，那么你的珠子就是他的；第二种就是必须两个珠子相碰，你弹碰到哪个的珠子，那么珠子就是你的。⑤竹筒枪，找根竹子把里面的心挖开，再找根合适的棍子插进竹筒，插心的棍子比竹筒短

① 张文材,凌鸿春,陈信传,等.水族数学史研究[J].贵州师范大学学报,1995(2):27-28.

② 潘晓思.水族儿童传统游戏在小学教学中的运用[J].读与写(教育教学刊),2012,9(04):206-207.

一点，这个一般在秋天玩，因为在秋天才有我们需要的"子弹"，其实就是一种植物，长着圆圆的果实，孩子们就把那个当作子弹。

游戏开始时，孩子们都会自己争着先来，为了避免争吵，水族就有个决定胜负的规则——"单双"，水话叫作"极邹"，规则是两个人一个人选单和一个人选双，选好了，一人拿一只手来出手指，两个出的手指数加起来是单的那就是单的赢，是双的那么就是双的赢，你也可以选择不出，但如果两者都不出，那么这时就为零，为零的时候平局，再接着来。在这个规则里，"单""双"这两个字，也就是我们数学上说的奇数和偶数，但出的手指数为零时选双的同学却不赢，可见在水族的文化上，"零"这个数字并没有把它分在偶数里面，那么这时这个游戏是公平的吗？选单的和双的孩子他们赢的概率是一样的吗？我们可用数学概率知识来算算他们赢的概率。把两个出手指数加起来的所有可能列出，如表2-1所示。

表2-1

合	0	1	2	3	4	5
0	0	1	2	3	4	5
1	1	2	3	4	5	6
2	2	3	4	5	6	7
3	3	4	5	6	7	8
4	4	5	6	7	8	9
5	5	6	7	8	9	10

我们看到总共有36种可能，单数的有18种，双数的有17种，0有1种，0时是平局，那么单数的概率为 $\frac{18}{36}$，双数的概率为 $\frac{17}{36}$，单数的概率明显大于双数的概率，可见这个游戏不公平，选"单"的胜率比较大。

2.2.6 水族日常生产生活用具中的数学元素

水族人民的日常生产生活用具很有自己的特色，如水族用的餐桌、柜子、凳子、竹子编织等用具就都很有自己本民族的特点。生活用具上，处处都看到有应用几何图形和几何思想，虽然水族人民对于几何知识还没有形成系统的理论体系，只是简单地应用了几何图形。而这些几何图形都取材于水族人民的生活环境，几何图案主要用于提高其物件的装饰性和应用性。装饰性主要是使其美观丰富、生动活泼、细腻含蓄、令耐人寻味无穷；应用性则体现在其寓意着吉祥美好，以及几何图形起来制作方便简单。

1.水族餐桌中的数学元素

最具特色的水族餐桌由四块木板拼成，木板宽约20cm、长约60cm左右，其制作就是先将四块木板锯成一个等腰梯形，接着将四块木板推光滑，再接着将木板两两拼在一起，形成三脚架，然后将两个三脚架拼在一起，这样就形成一个"回"字形的餐桌，如图2-29所示，其中间主要是用来放火炉和菜锅。

图2-29

2.水族衣柜中的数学元素

水族衣柜蕴含着圆柱体、正方体、长方体等数学元素，其正方体、长方体形的底部是四脚架的结构，如图2-30所示。无论是圆柱的还是正方体、长方体的衣柜两旁都有一对对称的耳朵，其作用是方便挪动衣柜。现在这种水族衣柜已经很少有人会做了，所以现在的人们也很少看到和使用了。

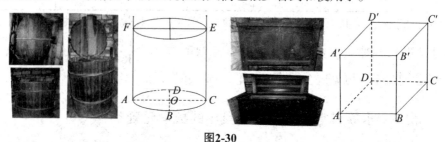

图2-30

3.水族凳子中的数学元素

凳子有木的和稻草编织的，其中木的呈正方体或长方体（一般长约25cm，宽约20cm），然后将其中间凿空，主要是为了方便拿，用稻草编织的呈圆柱体,如图2-31所示。

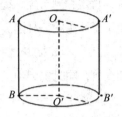

图2-31

4.水族编织物中的数学元素

编织物主要是用竹子编织而成的,包括竹篮子、斗笠、背篓、簸箕、鸡笼、筷筒等。竹篮子有正方体、长方体、圆柱体的;斗笠的顶部有圆锥形〔见图2-32(a)〕以及圆形的;簸箕是圆形的;鸡笼形似有盖的球形;筷筒形似圆柱体。在这些竹子编织物中,还存有正六边形、圆形、正方形、长方形,以及如图2-32(b)所示应用两直线平行线(a//b)被另外两组平行直线所截形成(m//n, l//k)的正六边形ABCDEF和三角形,从而得到相似形、全等形。同时也应用到旋转、对称(翻折)平移等几何变换思想。

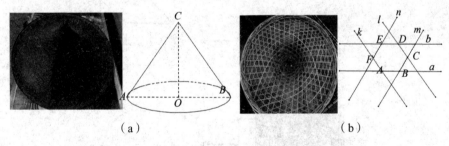

(a)   (b)

图2-32

5.竹制品中的数学元素

竹篮子是水族的一种生活用品,一种是竹礼篮,另一种是酒篮子,两种都是由竹子编制而成的,但它们的形状各不相同,作用也不同。竹礼篮水话叫作"悠",主要用来装各种干货和礼货。一个有趣的作用是来到女方家提亲时用的工具,称为"提篮子"。提篮子到你家,意思就是到你家提亲。篮子里主要放煮熟的糯米饭和猪肉,拿去女方家提亲,只要人家吃了你篮子里的东西,就是同意了这门亲事。女方家同意了,亲事订了下来后,女方家再用篮子来装红糖块分给村里的每户人家，告诉他们，他家的女儿已经许了人家，下回就不会再有人来提亲了。酒篮子，不必多说，肯定和酒有关，提到三都人，别人一想到的就是特别能喝酒，到三都做客都会免不了开头的三杯酒。而酒篮子是用来装酒的吗？当然不是，酒坛子一般比较滑，重又大，不好提拿，而且易碎，那么每一家都会编个竹篮子来装酒坛子，以便拿和存放，同时也起到了保护酒坛的作用。

竹礼篮和酒篮子的编法不同，但步骤几乎相同。首先找到韧性好的竹子，把它削成细细条条的小竹块，然后选择合适的根数从底开始编起。编好的竹礼篮的形状是个正方体，把手是用四五根竹子弯成的半圆弧，如图2-33（a）所示。编好的竹篮子利用几何学中的正方体［见图2-33（b）］和半圆弧［见图2-33（c）］，而且篮子的纹路也是紧密、别致的波浪线［见图2-33（d）］。相较于竹礼篮，酒篮子的形状就比较稀疏［见图2-34（a）］，酒篮子的底是个圆台［见图2-34（b）］，起平衡上身的作用，它的上身是由开口向下的二次曲线交错编成的"花瓣式"圆台，再用一根竹子做成的圆来稳固上身［见图2-34（c）］，就做成了简易美观的酒篮子了。两种竹篮子利用到的几何图形不同，各有各自的作用和特点。

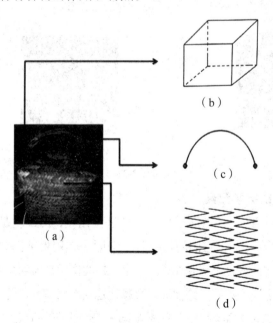

图2-33

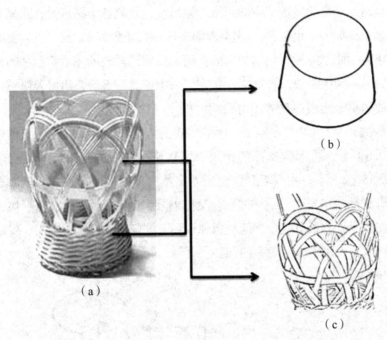

（b）

（a）

（c）

图2-34

6.稻草凳子中的数学元素

在旧社会，水族人民的生活是很贫苦的，生活中需要的很多东西都没有钱去买，所以生活中的许多东西都要靠自己的智慧和勤劳创造出来。在旧社会，生活中随处可见的一个生活用品——稻草凳，每一家都会有，很少看到有木板凳。这主要是木板凳子制作时，需要的工具比较多，做工也耗时，很多人也不会，那么就只能去买或请人来家里做，很多人家是请不起也买不起，那么就自己动手做了稻草凳。稻草凳不需要什么工具，也不需要别的材料，只需要去地里拿晒干的稻草就可以直接做，非常简便，根本不需要耗费财力，而且家里的老人也都会编做，一个早上就可以做五六个凳子，非常的结实，随便家里的小孩怎么摔也不会坏，特别的扎实耐用。

编织草凳的工序并不复杂，主要有编、辫、卷、捆等步骤，每一步都不能马虎，不然编出来的草凳就不结实、不耐用、不美观。草凳由内到外分为两部分：凳芯、外胚。编织时，按照先编凳芯再编外胚的顺序。第一步开始编凳芯，也就是整个草凳的骨架，把一把稻草分成三束，像女孩子编辫子一样，把三股草捋起来，反复交叉地编织下去，一束草快编完时，继续往里面添加，根据草凳的大小来决定编草辫的长度。第二步，在凳芯上捆草凳，在凳芯的一侧顶端选一处穿入一束稻草，同样像编辫子一样编成草绳，编三下后要留出两根稻草作为串联草绳用，起到加固的作用，按照同样的顺序沿着凳芯的外围捆满，捆到另一端中心收口，这样就做完了一个草凳。最后，用剪刀修整，剪掉伸出来的稻草，使表面整洁、光滑。[①]

做好的稻草凳如图2-35（a）所示，我们从外观上看，它是个圆柱体［见图2-35（b）］，可起到支撑的作用，而稻草凳上面的外围编的是双螺旋线［见图2-35（c）］，主要起到防止坐者突然滑落的作用；顶端的坐面是个四等分圆［见图2-35（d）］，外侧是草绳插空编织而成，看似空而不稳，实则坚固扎实。水族的稻草凳很好地利用圆柱和双螺旋线的特点，实用、安稳、舒适，这给水族人民带来了很多便利。

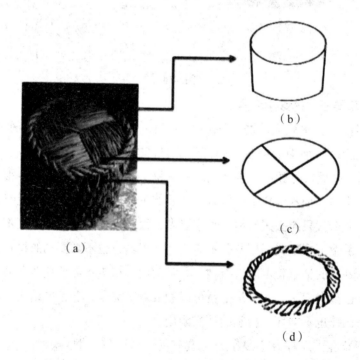

（b）

（c）

（d）

（a）

图2-35

---

① 廖唯, 杨静, 陈兴盛. 古稀老人用稻草 "打草凳" 一年卖出600多个［N］. 彭水日报, 2019-03-29.

2.3　水族文化视角下的数学教学

随着时代的不断变迁，水族的许多文化和习俗也在逐渐发生变化，有些传统的手艺和文化正在不断地流失，而马尾绣却在这个时代以新颖、独特的魅力绽放光彩，以不同的形式呈现在水族人民的生活中。绚丽多彩的马尾绣绣品，承载着水族妇女的智慧和信仰，深受现代水族人的喜爱，各种马尾绣工艺品涌入国际市场，引领时尚的潮流。水族的生活习惯和生活用品中，也隐藏着水族人的风俗礼仪。在这些水族文化中更隐藏着大量的数学元素，如梯形、长方形、正方形、三角形、圆及圆柱等，还有三角函数及概率问题，这些数学元素在水族文化发展中占有重要的作用。研究水族文化中存在的数学元素，不仅有助于传承水族的优秀文化，也有助于发展当地的数学教育，提供了多样的教育方式，让水族文化与数学元素相辅相成，共同发展，带给后人无限的惊喜。

不同民族的学生有着地域、习俗等方面的差异，所以在知识点的教学中，要根据学生的特点，因材施教，因地施教。教师可开发针对水族地区学生的数学教学案例，采用行之有效的数学教学方法，提高教学效果，达到预期的目标。为了让水族地区的孩子们对学习数学感兴趣，可把数学知识与水族文化有机结合起来。在教学活动中让同学们亲身体验到数学的内容是与水族生活紧密相连的，既有利于学生了解当地的民族文化，又能增强水族学生的自豪感和自信心，从而提高他们学习数学的兴趣，进一步继承优秀的水族文化。

课例1　水族文化融入"平方差公式"的教学片段设计

平方差公式选自人教版数学教材八年级上册第14章第二节内容。它是在学生已经掌握了多项式乘法之后，自然过渡到具有特殊形式的多项式的乘法，是从一般到特殊的认知规律的典型范例。对它的学习和研究，不仅给出了特殊的多项式乘法的简便算法，而且为以后的因式分解、分式的化简等内容奠定了基础。同时也为学习完全平方公式提供了方法。因此，平方差公式作为初中阶段的重要公式，在教学中具有很重要的地位。

渗透水族文化发现公式

教师展示如图2-36（a）所示的马尾绣背带心，背带心是由四块全等且底角为45°的等腰梯形绣片和一个正方形块绣片拼接而成，若已知背带心的边长和中间正方形块绣片的边长，如何求其余四块等腰梯形绣片的面积？

如图2-36（b）所示，根据面积关系有：

$$S_{正方形ABCD}-S_{正方形EFGH}=4S_{梯形CDHG}$$

而

$$S_{正方形ABCD}-S_{正方形EFGH}=a^2-b^2$$

$$4S_{梯形CDHG}=4\times\frac{1}{2}(a+b)\frac{a-b}{2}=(a+b)(a-b)$$

即$a^2-b^2=(a+b)(a-b)$，从而让学生在马尾绣背带心中发现平方差公式。

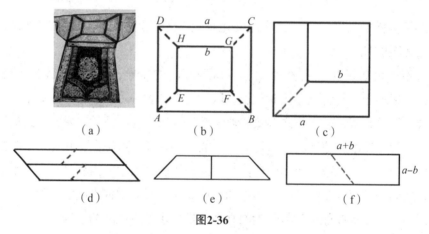

（a）　　　（b）　　　（c）

（d）　　　（e）　　　（f）

图2-36

再进一步提问学生，若将小正方形EFGH放在大正方形ABCD的一角上，如图2-36（c）所示，还会有相同的结论吗？引导学生用图2-36（e）和图2-36（f）的图形拼接方式来证明平方差公式，从而渗透公元3世纪中国古代数学家赵爽的"面积割补法"的思想方法，这种思想方法也蕴含在背带心中，将图2-36（b）中的四个等腰梯形直接拼成如图2-36（d）所示的大平行四边形，也能得到平方差公式。

设计意图：通过渗透水族文化的神奇魅力和精髓，建立数学与水族文化之间的联系，让学生体会民族文化的价值，增强学生的民族自豪感，激发数学学习兴趣。通过拼图活动和小组合作交流的方式发现平方差公式，可以促进学生"直观想象"核心素养的发展。

课例2 水族文化融入"平移"的教学片段设计

平移是人教版数学教材七年级数学下册第五章相交线和平行线最后一节。平移是一种基本的合同变换，也是本套教材的第一个图形变换。因此有两个作用：①作为平行线的推广；②渗透图形变换的思想。使学生尽早接触利用平移分析和解决问题的方法，在本章中只是初步的认识，是学生后续学习的基础。"课程标准"对平移变换的要求是通过具体实例认识平移，探索平移的性质，利用性质按要求作出简单图形平移后的图形。

基于水族文化，创设活动情境引入新课

（活动一）观看生活中常见的情境

动画演示：

片段一：如图2-37（a）所示，观察水族银饰中一个坠子的图案；

片段二：如图2-37（b）所示，将铜鼓向正东移动50 m。

设计意图：通过动画演示水族生活中常见的现象，让学生直观感受平移现象。

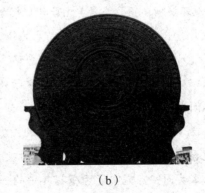

（a）　　　　　　　　　　（b）

图2-37

提出问题：观看动画后，"在刚才的动画中，银饰中的一个坠子的图案和铜鼓的形状、大小发生变化了吗？"

生：坠子的图案和铜鼓形状、大小都没有发生变化。

师：对，我们可以将坠子的图案和铜鼓移动前、后的图形抽象成如图2-38所示的几何图形。

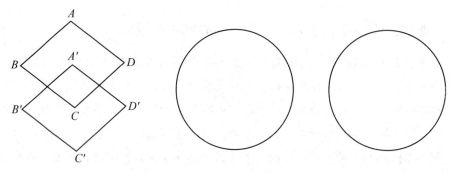

图2-38

教师简要阐述图2-37中的银饰与铜鼓。贵州三都地区水族女子盛装时，头饰最为隆重，头饰中以银饰居多，银饰也被视为美好的象征。头饰中的银饰做工精美且种类繁多，如银簪、银钗、银花、银帽福，且每个种类又可以细分好几种甚至十几种，而且喜欢把长方形、三角形、菱形、圆形等几何图形融入银饰中，这不仅体现了水族人民对美的欣赏和追求，也反映了水族人民对数学元素的喜爱和运用。水族铜鼓舞，广泛流传在水族人民聚居的地方。铜鼓舞是水族人民在庆丰收、过"端"节、过"卯"节、婚嫁等重要节日表达内心喜悦的重要形式，铜鼓舞舞姿奔放、古朴大方，富有感染力。铜鼓中间的图形象征着太阳，周围有龙、凤、青蛙等图案，纹路清晰，颜色偏深，恍若出土文物，增添了几分神秘色彩。

设计意图：以水族生活中常见的情景进行引入，可以迅速集中学生的注意力，进入情景感知水族文化中的平移，拉近数学与水族文化的距离。加入的水族银饰、铜鼓文化增加了学生的学习兴趣和对水族银饰、铜鼓的了解，渗透将实际问题转化为数学问题的思想。

（活动二）观看图2-39中美丽的图案，并回答问题。

观察水族服饰中最外边和衣角的纹路，以及水族项圈上的纹路，这些图形有什么共同特点呢？能否根据其中的一部分绘制整个图案？

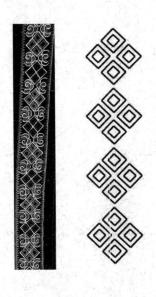

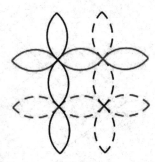

图2-39

师：勤劳善良的水族人民自己纺纱织布，染色刺绣，往往用充满水家气息的银饰物和华丽服装精心打扮自己，体现了生活幸福和五谷丰登等丰富的内涵，极富水家特色。[1]水族人民以色彩浅淡为美，也从侧面体现出水族人民宁静淡泊的处事风格和独特的服饰审美观。水族服饰另外一个特点就是在袖口衣领等多处有成行的刺绣。水族的银项圈大小不一，大的有二三十两（1两＝50 g）重，小的则只有几两重，且样式繁多。项圈上有许多精美的花纹装饰，一般项圈的前面较粗，而后面较细，项圈上坠有银链和银锁，银光闪耀，美不胜收。

在老师的启发下，经过同学热烈的讨论，大家达成共识：

"可以将其中的一个图形向上或向下移动，得出若干个大小、形状完全相同的图形，从而组合成美丽的图案。"

设计意图：让学生了解通过平移可以创造生活中的美，并进一步加深对平移的印象。

---

① 周一渤.水族服饰[J].民间文化，2007：67-71.

（活动三）指导学生用平移的方法绘制图案

请大家试试看！能画出一排形状和大小如图2-40（a）所示的银坠吗？

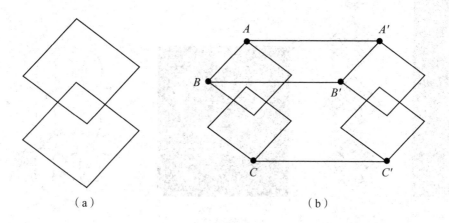

（a）　　　　　　　　　　　　　　　（b）

图2-40

通过学生热烈的讨论，运用各种方法画出多个银坠，如图2-40（b）。

设计意图：让学生切实感受到水族文化与数学知识、数学元素的紧密结合，增加对水族文化的理解和对数学的兴趣。

课例3 水族文化融入"轴对称图形"的教学设计

轴对称理论是新人教版初中数学教材二年级第十三章第一节第一课时的教学内容，是在学习完全等三角形相关内容之后所学的内容，在初中数学几何图形课程当中，轴对称现象普遍存在，它与我们的生活紧密相连，可为以后学习轴对称的性质、图形变换、等腰三角形等相关知识打下了坚实基础。同时也让学生深深地感受到轴对称在日常生活中的作用及价值所在。

1.创设情境，引出课题

教师用PPT展示如图2-41所示的图片。

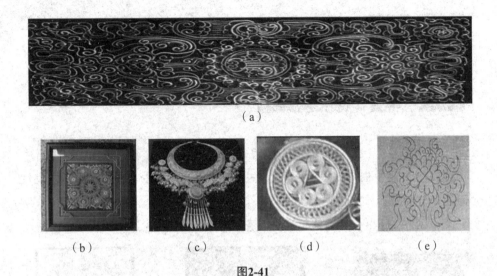

（a）

（b）　　　　　（c）　　　　　（d）　　　　　（e）

图2-41

师：我们刚刚欣赏了这些图片，相信大家对于这些图片都不陌生，请问这些图片是我们日常生活中常见的什么？它们有哪些特点？

生：图2-41（a）、图2-41（b）都是马尾绣，图2-41（c）、图2-41（d）都是银饰。图中的图案都可以沿一条直线对折，直线两旁的部分能够完全重合。

师：非常好，它们都是沿一条直线对称的图形。

设计意图：以水族生活中常见的轴对称图形作为情景引入，可以激发学生的学习兴趣，集中注意力，快速进入学习状态，感受生活中的轴对称现象。

2.观察思考，感知概念

师：大家知道老人们制作马尾绣，不管是作图还是花纹的颜色都极为讲究对称美。在我们的日常生活中，对称现象无处不在，从我们穿的、戴的、用的生活用品中，我们都可以找到对称的例子。［PPT单独展示图2-42（a）］

师：现在大家来找找图2-42（a）中哪些图案是对称的？

生：图中对称的图案是图2-42（a）、图2-42（b）。

师：很好，现在大家来找找它们是如何对称的？

生：图2-42（a）、图2-42（b）关于直线对称。

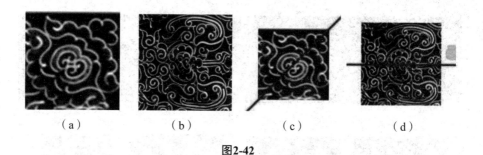

（a） （b） （c） （d）

图2-42

师：刚才同学们都说图2-41（b）~图2-41（e）是对称的，同样地，找找它们是如何对称的？

生：图2-41（b）的对称轴有很多条，具体如图2-43（a）所示。

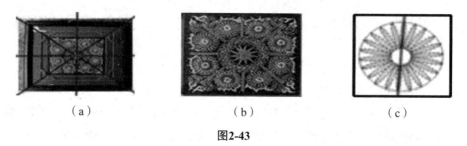

（a） （b） （c）

图2-43

师：仔细观察图2-41（b）中美丽的局部图案，同学们发现了什么？

生：它的局部也是对称的，具体如图2-43（b）、图2-43（c）所示，还发现图2-41（c）、图2-41（d）也具有这样的对称性，如图2-44（a）、图2-44（b）所示。

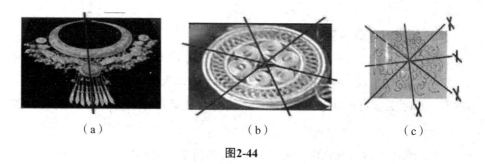

（a） （b） （c）

图2-44

我们把图2-41（a）～图2-41（d）这样的图形叫作轴对称图形。老师引导学生归纳轴对称图形的概念：如果一个平面图形沿一条直线折叠，直线两旁的部分能够完全重合，这个图形就叫作轴对称图形，这条直线就是它的对称轴。

3.概念运用

下面我们再来观察图2-45中的一组图片，看看其是否还具有如上的特点。

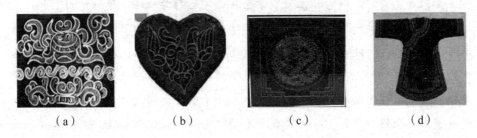

（a）　　　　　　（b）　　　　　　（c）　　　　　　（d）

图2-45

生：它们不是对称的，找不到一条直线使其折叠能够完全重合，所以它们不是轴对称图形。

师：很好。通过以上的学习，我们认识了身边的轴对称图形，对称给人以平衡、和谐的美感，我们生活在一个充满对称的世界里，下面，请你举出几个生活中具有对称特征的物体，并与同伴进行交流。

学生交流后举出例子，如图2-46所示。

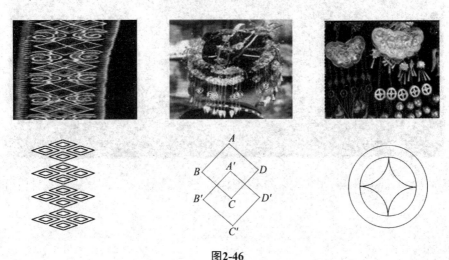

图2-46

设计意图：让学生了解水族文化中水族人的心灵手巧和水族文化的博大精深，增强自己的民族自信心和自豪感，感知轴对称可以创造生活中的美，并进一步加深对轴对称的认识。

课例4 水族文化融入"图形的旋转"的教学片段设计

旋转反映的是动态变化下的图形的确定和相互位置关系的问题。本节课的主要内容是旋转的概念和性质。学生在小学已经对旋转有了一定的了解，已经从生活化的角度初步感知了旋转。但学生并没有系统学习图形旋转变换的基本概念与性质，还没有对旋转变换形成清晰的认识。因此，本节课先通过生活中的旋转现象让学生初步感知旋转的概念，再通过动画演示图形的旋转，让学生抽象概括旋转变换的定义及基本性质。教学中，要创设问题情境，引导学生通过观察、操作、合作、探究等数学活动得出旋转的概念和性质，让学生知道图形旋转的概念和性质的形成过程，教学过程要充分体现"做中学"的理念，引发学生积极思考,感悟数学的本质。

利用水族文化巩固应用"旋转"的概念

师：观察图2-47，请找出具有"旋转"性质的图形，并说出其旋转中心。

图2-47

生：下面两个图形具有"旋转"的性质，且它们的旋转中心如图2-48所示。

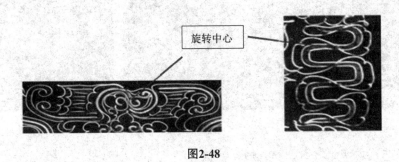

旋转中心

图2-48

设计意图：让学生在学习完"旋转"过后，熟悉知识的灵活运用，并将水族文化迁移到知识之中，增强学生的认知，让学生感受数学与生活息息相关。

课例5 水族文化融入"圆的有关性质"的教学设计

圆的有关性质是人教版初中数学教材九年级上册第二十四章圆的第一节内容，圆是一种特殊的曲线型图形，是在我们生活中和数学学习中常见的几何图形，这节内容是在学习了图形的对称性以及全等三角形的证明基础上来展开研究的，本章首先介绍圆的有关概念及圆的对称性，为后面推导垂径定理作铺垫，知识点环环相扣，垂径定理是在圆的基础上研究垂直于弦的直径和这条弦的关系，本章在初中数学占有重要地位，运用的知识具有很高的综合性，本节课的内容是对已经学过的旋转、轴对称、等腰三角形及勾股定理等知识的巩固，也为学生准备进入高中学习空间几何打下一定的基础。

1.创设情境，引入新课

教师：同学们，在小学我们就已经认识了圆，实际生活中圆物体的例子有很多，大家看一下图2-49所展示的三幅图，大家是不是觉得很眼熟呢？从左到右看的第一幅图是我们三都水族过端节时，用来助兴的一种乐器叫作铜鼓，第二幅是水族手工的刺绣背带的花纹，第三幅是水族手工包，三幅画中都有我们本节课所学的圆，上面只是我们生活中的一小部分关于圆的东西，大家想一下，在我们生活中还有哪些圆的事物呢？

图2-49

学生：太阳、手表、碗、锅……

设计意图：介绍熟悉的水族文化，从水族的乐器和马尾绣中挖掘数学元素，感受数学元素和实际生活的联系，激发学生的学习兴趣，用提问的方式来提高学生的思考能力，深化民族文化的同时也学习新知识，活跃课堂气氛，充分调动学生学习的积极性，使学生快速进入学习状态。

教师：同学们都很聪明，观察力也很强，能举例这么多关于圆的事物，现在让我们一起来探究一下圆的有关性质吧。

2.合作交流，新课讲解

教师：观察图2-50，引入圆的概念。

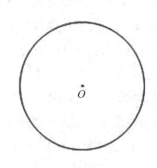

图2-50

教师：马尾绣是水族极具民族特色的水族刺绣，其中圆是刺绣设计最常见的图案，那么我们如何来画一个圆呢？

学生：用圆规画圆，绕一个点转一圈所得的图形。

教师：下面请同学们动一动你们的小手，拿出作图工具圆规和草稿纸，作一个圆。

学生活动：通过动手经历画圆过程，产生圆的概念。

设计意图：使用具有民族特色的水族刺绣激发学生的学习兴趣，引导学生回忆画圆的知识，为本堂课学习圆的有关性质做铺垫。

教师：前面我们学习了与圆有关的一些概念，接下来我们研究圆的性质。

给出水族手工圆形香囊的图案，抽象出几何图形，如图2-51（a）（b）所示。

学生：通过折叠看出圆是一个轴对称图形，并且发现经过圆心的每一条直线都是它的对称轴，通过多次折叠发现圆的对称轴有无数条。

教师：同学们观察得很仔细，但是经过圆心的直线不能说是直径；圆的对称轴是直径所在的直线，通过动手折叠我们发现圆是轴对称图形并且有无数条对称轴。

设计意图：让学生了解水族马尾绣的图案在生活中的应用，认识水族文化与数学息息相关，通过自主探究活动，让学生经历探索圆的轴对称性的过程，并提高学生自身的动手操作能力与发现问题的能力。

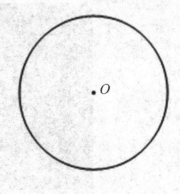

图2-51

教师：我们通过折叠，发现任何一条直径所在直线都是它的对称轴，这是我们通过动手发现的，那如何来证明我们的猜想呢？下面我们就一起来证明我们的猜想，请同学们拿出我们刚才剪下来的圆并在上面作图，我们已知两个条件：①任意作一条弦AB；②作直径CD垂直弦AB垂足为E。然后将手中的圆纸片沿直径CD对折，观察对折之后的重合部分，找出线段相等和垂直的线段。

学生：动手操作画出老师所要求的图形，如图2-52所示；通过合作交流、分析、观察得出$OA=OB$，$CD \perp AB$。

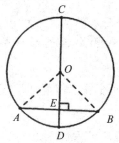

图2-52

设计意图：加深之前所学习的弧的知识，培养动手能力、观察能力及推理能力。

3.学生练习，巩固新知

练习：你知道马尾绣吗？马尾绣的制作过程非常烦琐，如果告诉你制作一个这样的圆形马尾绣需要20天，从图2-53中的刺绣我们可以量出它的直径为23cm，问制作这个圆形的马尾绣平均每天绣它的半径多少厘米呢？

图2-53

设计意图：巩固学生对半径和直径关系以及工作效率的理解，让水族文化融入课堂练习中，让学生将数学知识与民族文化相融合。

课例6 水族文化融入"完全平方公式"的教学片段设计[①]

整式是初中数学研究范围内一块重要的内容，整式的运算又是整式中的一大主干，乘法公式则是对多项式乘法中出现的较为特殊的算式的一种归纳、总结。本节课是在学习了整式的加、减、乘及平方差公式的基础上，对多项式乘法的进一步深入和拓展，通过乘法公式的学习，对简化某些整式的运算、培养学生的求简意识有较大好处。同时，乘法公式的推导是初中数学中运用推理方法进行代数式恒等变形的开端，也为后继学习因式分解、配方法等知识奠定了基础，是进一步研究一元二次方程、二次函数的工具性内容。学习它，可以发展学生的思维品质，培养学生自主学习合作探究、合理猜想、推理论证、学以致用的能力，提高学生将现实模型数学化的能力，增强学生对数学的理解和解决实际问题的能力，体验成功的乐趣。因此，它在初中数学中有着承前启后的地位和作用。

《义务教育课程标准》要求：能推导完全平方公式 $(a\pm b)^2=a^2+2ab+b^2$，了解公式的几何背景，并能利用公式进行简单计算。

将水族文化融入完全平方公式引入

师：同学们，请欣赏老师展示的图片（如图2-54所示）。处于水族地区的我们，看到这些图片，同学们有没有觉得非常有亲切感呀？

图2-54

生：这图片上的像极了我们寨子。图里的房子比我家的房子还漂亮呢。

---

① 彭乃霞,韦牛妹.情境认知理论视角下水族文化在数学课堂教学中的渗透研究[J].数学通报,2019,58(06)：35-38.

师：非常不错，展示的这两张图片是我们水族传统的木房子——干栏式建筑。第一张是木房的全景图，第二张是木房的俯视图。

师：同学们，想象一下，假设你现在是水族传统木房子的室内设计师，根据所展示的图片回忆家里木房子的内部平面结构是怎么分布的，并画出草图。（从房子的俯视角度观察）

生：设房子平面图为正方形ABCD，已知正方形ABCD的边长为$a+b$，现在大正方形ABCD被分成了一个边长为a的正方形以及两个长为a、宽为b的长方形和一个边长为b的正方形，如图2-55所示。

师：下面根据图中的大正方形和几个小矩形的关系，你能用字母a，b表示房屋面积之间的关系吗？

生：$S_{ABCD}=S_{客厅}+S_{主卧}+S_{走廊}+S_{储物间}=a^2+ab+ab+b^2=a^2+2ab+b^2$，而正方形ABCD的面积$S_{ABCD}=(a+b)(a+b)=a^2+2ab+b^2$。

师：很好！这就是完全平方和的几何特征。

设计意图：把水族房屋中的数学文化作为完全平方和知识的引入，能够很好地解决民族文化中的"跨文化"问题，从学生的实际生活出发，让学生很容易理解完全平方和的几何意义。

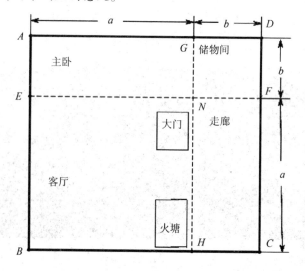

图2-55

课例7 水族文化融入"等腰三角形"的教学片段设计

等腰三角形是一种特殊的三角形，它除了具有一般三角形的性质以外，还具有一些特殊性质。等腰三角形是轴对称图形，可以借助轴对称变换来研究等腰三角形的一些特殊性质，这也正是教科书把等腰三角形的相关内容安排在了轴对称内容之后的原因。这一节的主要内容是等腰三角形的性质和判定，以及等边三角形的相关知识，重点是等腰三角形的性质与判定，它们是证明线段相等和角相等的重要依据，这也是全章的重点之一。

水族文化融入等腰三角形概念的引入

师：同学们，请欣赏图2-56。（教师展示学生熟悉的水族干栏式木楼图片）

图2-56

生：这不就是我们所住的木房子吗，平时就感觉我们的木房子又旧又老，想不到在照片上这么漂亮呀。

师：是啊，这就是我们平时居住的房子，大家注意观察第二张图是不完整的房顶部分，那么你能描述出它完整的几何图形吗？

生：三角形、等腰三角形……

师：对，是等腰三角形。同学们，你们思考一下，为什么我们木房子的顶部要做成等腰三角形呢？除了下雨时能排雨水外，与我们的数学有哪些关联呢？

师：大家可以根据展示的图片，画出其草图研究。

在教师的引导下，大多数学生画出了图2-57。并自主归纳出等腰三角形的性质。

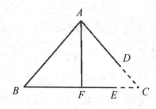

图2-57

师：大家画出的图形基本正确，水族木房子里包含了如此奇妙的数学文化，我们的祖先在很早就把数学运用到我们的日常生活中了，早期的水族人民就如此的聪慧，我相信在座的每一位同学都会遗传到祖先们的聪明才智，都有一颗发现数学美的心灵。

设计意图：通过运用水族建筑——水族房梁构架，使学生感受到数学在生活中的无限魅力，以及水族文化与数学的息息相通。学生的数学学习兴趣得到激发，学习数学的自信心得到加强，同时还增强了学生的民族自豪感。

课例8 水族文化融入"正弦函数、余弦函数的图象"的教学片段设计

三角函数是基本初等函数之一，是描述周期现象的重要数学模型，是函数大家庭的一员。除了基本初等函数的共性外，三角函数也有其个性的特征，如图象、周期性、单调性等，所以本节内容有着承上启下的作用；另外，学习完三角函数的定义之后，必然要研究其性质，而研究函数的性质最常用、最直观的方法就是作出其图象，再通过图象研究其性质。

本节课的内容选自《普通高中教科书》人教A版必修一第五章第五节5.4.1正弦函数、余弦函数的图象。本节课的教学是以之前的任意角的三角函数、三角函数的诱导公式的相关知识为基础，为之后学习正弦型函数的图象及运用数形结合思想研究正、余弦函数的性质打下坚实的知识基础。

应用水族文化巩固正弦函数、余弦函数的图象

师：画出函数$y=|\sin x|$与$y=\sin x$、$y=|\cos x|$与$y=\cos x$的图象，并想一想生活中什么地方见过这种图象。

生：如图2-58所示，分别为函数$y=|\sin x|$与$y=\sin x$、$y=|\cos x|$与$y=\cos x$的图象，发现在我们生活中的马尾绣背带和马尾绣鞋中有$y=|\sin x|$与$y=\sin x$的图案，如图2-59、图2-60所示。

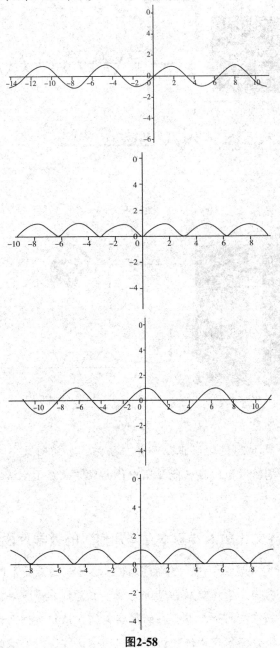

图2-58

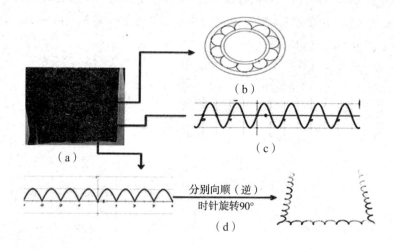

分别向顺（逆）
时针旋转90°

（d）

图2-59

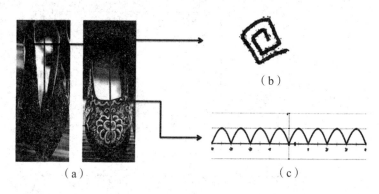

图2-60

设计意图：学生通过学习正弦函数、余弦函数的图象，再将其与熟悉的马尾绣背带和马尾绣鞋做比较，能够从中体会数学来源于生活，同时培养学生的抽象思维。

课例9 水族文化融入"基本立体几何"的教学片段设计

几何学是研究现实世界中物体的形状、大小与位置关系的数学学科。人们通常采用直观感知、操作确认、思辨论证、度量计算等方法认识和探索几何图形及其性质。三维空间是人类生存的现实空间，认识空间图形，培养和发展学生的空间想象能力、推理论证能力、运用图形语言进行交流的能力以及几何直观能力,是高中阶段数学必修系列课程的基本要求。在立体几何初步部分,学生先从对空间几何体的整体观察入手,认识空间图形;再以长方体为载体,直观认识和理解空间点、线、面的位置关系,能用数学语言表述有关平行、垂直的性质与判定,并对某些结论进行论证。学生还将了解一些简单几何体的表面积与体积的计算方法。

水族文化引入基本立体几何

师:如图2-61所示,这些图片中的物体具有怎样的形状?在日常生活中,我们把这些物体叫作什么?如何描述它们的形状?

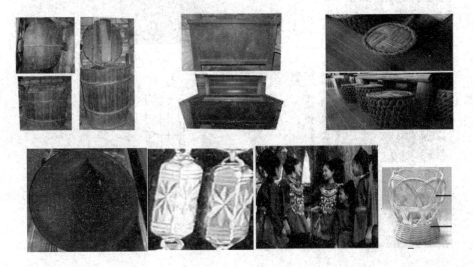

图2-61

生:在日常生活中将这些物体叫作衣柜、稻草凳、斗笠、帽子、竹礼篮,这些生活用品有圆的,有方的,还有锥形的。用数学语言有些可以叫作圆柱、长方体、圆锥,有些不知道怎样描述。

师:很好!如图2-62所示,其他的称为棱柱、圆台,长方体也可以称为棱柱。

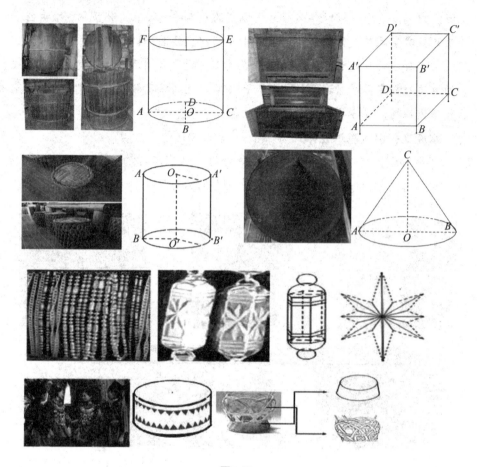

图2-62

生：哦，原来我们的这些日常生活与数学图形息息相关，以后我在生活中要多多观察。

设计意图：从学生熟知的日常生活用品、衣物、银饰出发，让学生体会数学来源于生活，同时能够加深对几何图形的理解，促进学生发展抽象思维能力，培养学生的"直观想象"核心素养。

水族是中华民族大家庭中重要的一员。水族人民在长期的发展过程中创造了内容丰富、异彩纷呈的水族文化。[①]教育是文化传承的第一动力，各文化的发展、传承，教育的功劳不可磨灭。将水族文化和中学数学教学相结合，

---

① 王观玉，郭勇．水族信息资源开发利用探讨[J]．黔南民族师范学院学报，2009，29（06）：33-37.

利用水族文化创设情境，通过水族文化的学习，可激发学生的学习兴趣，并适当讲解水族的传统节日及包含水族妇女审美智慧的服装、银饰，培养学生对水族文化了解的兴趣，也能增强水族学生的自豪感和自信心。将民族文化有效融入数学情景教学中，起到宣传水族民族文化的作用，并希望在此基础上发扬和传承水族文化。目前，研究水族文化也形成了一阵"小热潮"，有关专家也积极地投入到水族文化的研究中，水族文化的传承与保护也是人们重点关心的事情。教育和实践经验表明，教育是文化传承的第一动力，各类文化能延续至今，教育的功劳不可磨灭。

第3章　苗族文化与数学教学

　　苗族人民的服饰文化、头饰文化、建筑文化等各个方面蕴含着许多数学元素，苗族人民将自然界中的动植物融入生产及生活中，如将花、草、昆虫、鸟、龙凤等融入苗族特有的服饰、头饰、银饰、建筑等上；苗族服饰中蕴含三角形、菱形、正方形、正弦函数的图象等数学知识和旋转、平移、反射等几何变换；苗族银饰中蕴含圆锥、圆环等数学知识；苗族的建筑文化中蕴含正方体、长方体、四棱台、等腰梯形等数学知识。

　　苗族文化中蕴含丰富数学元素，在民族地区将民族文化有效融入中学数学的某些概念、命题、定理教学中，有助于提高学生学习的积极性与主动性，有利于民族文化的继承和发扬。例如，可以从苗族服饰图案中得到乘法公式；在苗族银饰文化中得到百分率在教学中的应用；从苗族的服饰、头饰中引入轴对称图形的教学及椭圆方程的教学；从苗族的刺绣中得到平面直角坐标系的教学等。

3.1　苗族简介

　　苗族是一个古老的民族，并且散布在世界各地，其主要分布于中国的黔、湘、滇、渝、桂、鄂、川、粤、琼九省（区、市）①。苗语属于汉藏语系苗瑶语苗族语支，主要分为3大方言、7个次方言以及22种土语。大方言是根据语音不同的特点将苗语划分为湘西方言、黔东方言、川黔滇方言（又称东部方言、中部方言、西部方言），其中湘西方言（东部方言）主要通行于湘西土家族苗族自治州、黔东北的松桃苗族自治县等地；黔东方言（中部方言）主要通

---

① 根据2020年第七次全国人口普查统计，我国苗族人口总数约为1 106.80万人，在我国56个民族中仅次于汉、壮、维吾尔族、回族，位居第五位，其中贵州省的苗族人口总数为450.69万人。

行于黔东南苗族侗族自治州、广西融水苗族自治县、三江侗族自治县、贵州安顺地区和黔西南布依族苗族自治州等地；川黔滇方言（西部方言）主要通行于贵州中部、南部、西部、北部和川南、桂北以及云南全省。

经过漫长历史文化的沉淀和积累，苗族形成了丰富多彩和具有本民族特色的苗族传统文化。《苗族古歌》是苗族古代先民在长期的生产劳动过程中创造出来的史诗，它的内容包罗万象，从宇宙的诞生、人类和物种的起源、开天辟地、初民时期的滔天洪水，到苗族的大迁徙、古代社会制度和日常生产生活等，成为古代苗族神话的总汇。《苗族古歌》是苗族古代社会的百科全书和经典，具有史学、民族学、哲学、人类学等多方面价值。苗族未曾有过本民族通用的文字，虽然民间传说苗族曾有过文字，但至今都未曾找到佐证，因此《苗族古歌》只能依靠历代人民的口传心授。

3.2　苗族文化中的数学元素

苗族人民经过漫长的社会实践，创造了绚丽多彩的民族文化，并且磨炼出了许多技艺精湛，心灵手巧的民间艺人。苗族人民的服饰文化、头饰文化、银饰文化、建筑文化等各个方面都体现了苗族独具特色的民族文化特点。

3.2.1　苗族服饰中的数学元素

一位学者曾这样盛赞苗族服饰："它比其他民族的服饰更能融化和组接历史。中华先民的衣冠、图腾崇拜的余迹、宗教民俗，全可在苗族服饰里找到踪影。因此，它几乎成了一部虽不完整但脉络尚清的中国南方世俗服饰的演进史。另外，苗族服饰做工精细繁浩，倾注了不知多少少女和工匠的心血。它既然如此执着地熔铸了生命，那么也就比一般服饰具有更高的学术读解价值。"的确，苗族服饰更以其厚重的文化底蕴成为中华民族文化的种质资源之一。[①]经过漫长的历史文化堆积，苗族独具特色的服饰成为苗族的重要文化标志之一，是苗族人民智慧与高超技艺的传承，也是民族文化的瑰宝。它具有三个特点：一是苗族历史文化发展的产物；二是苗族独具特色文化的结晶；三是苗族

① 肖绍菊. 当苗族服饰与数学相遇［J］. 中国民族教育, 2017（02）：35-38.

人民生产生活方式的具体体现。苗族传统服饰有两种：第一种是生活实用型，不佩戴金银首饰，衣物上会有简单的刺绣图案；第二种是节日盛装型，会佩戴苗族人民喜爱的银饰，衣物上也会有许多刺绣图案。苗族服饰中的衣襟、领缘、袖筒、胸兜等，都喜爱饰以花边花纹，主要运用针绣，这就促使绣花作为一种民间传统工艺，在各地苗族中较早兴起并获得了相当程度的发展。[①]由于苗族居住地域分布较广，所以形成了各个不同地方的苗族服饰，但苗族的服饰有一个共同的特点，都喜欢运用数学的几何图形和自然界中的动植物元素进行刺绣绘画。特别是数学元素的应用，使服饰更具观赏性。

1.苗族上衣刺绣中的数学元素

苗族的传统服装称为苗衣，苗族女性的苗衣色彩鲜艳，一般选择自己喜爱的颜色布料来制成衣服，以蓝色、金色、绿色、红色为主。上衣的衣领、衣袖、衣下摆都用刺绣图案来装饰，衣领上刺绣图案的宽度通常为3～6cm，衣领上的刺绣会连接至衣下摆的刺绣。简单的上衣加上刺绣的装饰使其更具观赏性，如图3-1（a）所示。衣领上的刺绣通常会融入生活中的花、鸟等图案，体现出苗族人民对大自然的热爱，如图3-1（b）所示，在刺绣上外沿运用了对称图形性质，让花纹变得井然有序，使之更加美观。如图3-1（d）所示，刺绣图案上运用了菱形、直角三角形等，多个菱形与直角三角形等几何图形的结合构成了衣领上精致的刺绣图案。如图3-1（f）所示，菱形是特殊的平行四边形。如图3-1（g）所示，AB边为2.73cm，BC边为4.04cm，AC边为2.99cm，以直角三角形的形式加入刺绣图案中使之更具观赏性。如图3-1（b）所示，在衣领刺绣下外沿，运用了等腰三角形、圆形、弧形的组合，主要以浅蓝、粉红、黄为主打颜色，深蓝为背景色。由圆弧有限循环而成的绣花图案形似函数$f(x)=-\sin x^2$的图象，如图3-1（e）所示。

苗衣与当今流行的服饰不同，没有纽扣或拉链，而是利用绑带来固定。衣袖上的刺绣非常精巧细致，各种绣花随着袖口直至绣肘，各种形形色色的花纹把衣服点缀得更加艳丽，如图3-1（d）所示，由各种花、鸟图案和连续有限循环的等腰三角形图案组成，$\angle A=\angle B=\angle C=\angle F=\angle G=\angle H$充分地把数学元素融入生产生活中，如图3-1（h）所示，由多个等腰三角形紧密相连，

---

① 伍新福.苗族文化史[M].成都:四川民族出版社,2000(3):157.

可以看出等腰三角形的各个顶角都相等，且都是锐角，各个边的关系为：
AE=AF=BF=BG=CG=CH=DH，两腰相等。我们可以得出等腰三角形的两个性
质：性质1为等腰三角形的两个底角相等（简写成"等边对等角"），性质2为
等腰三角形的顶角平分线、底边上的中线、底边上的高相互重合（简写成"三
线合一"）。

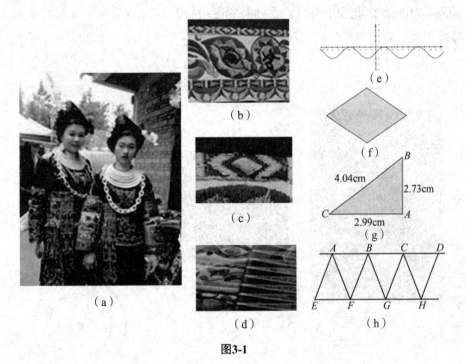

图3-1

2.苗族"胸兜"刺绣中的数学元素

"胸兜"是苗族女性服饰中必不可少的一种服饰形式，苗族服饰的上衣
通常都是开衫的样式，仅靠腰间两根布带来固定，"胸兜"的设计不仅给衣服
增加了一层防护罩，还给衣服的整体增加了层次感，如图3-2（a）所示，"胸
兜"上方的刺绣更是在感官上给人增添了许多整体的美感。如图3-2（b）所
示，"胸兜"最上方的刺绣中聚集了花、鸟的几何图案等，这些图案都是苗
族女性根据自己的构思所绣，其中的数学元素有等腰三角形与平行四边形的
组合图案与圆等。如图3-2（c）所示为平行四边形*ABCD*，由平行四边形的性
质得*AB=CD*=5.95cm，*AC=BD*=2.23cm，∠*A*=∠*D*，∠*B*=∠*C*，即平行四边形
的对边相等、对角相等，设平行四边形的高为1.75cm，得到平行四边形的面积

为10.951cm^2。数学中的几何图案，再加上自然界中的花、鸟图案，展现了一幅数学与自然和谐共处的美感。如图3-2（d）所示，在两只鸟儿的刺绣图案之间有一个圆形的刺绣图案，圆形通常象征着团圆与祝福，有些还会在圆中绣上一个吉祥寓意的字或者自己名字中的一个字，象征着幸运与祝福。如图3-2（e）所示为圆心相同、半径不同的同心圆，小圆的半径r=1.92cm，大圆的半径R=2.81cm，由此我们可以得出两圆的面积分别为6.028 8cm^2、8.823 4cm^2，体现了苗族刺绣与数学的完美融合。

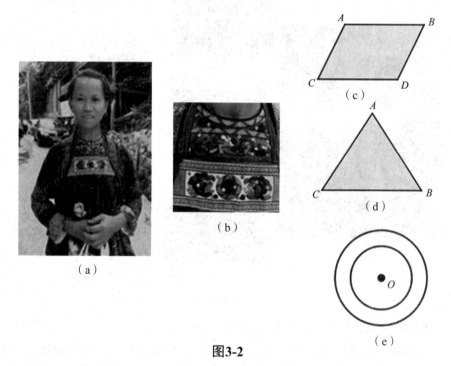

图3-2

3.苗族裙子及绑腿中的数学元素

百褶裙是苗族女性服饰中常见的一种裙子款式，也是苗族女性盛装的标志，如图3-3（a）所示。百褶裙上有上百条能伸缩的褶皱，裙子撑开时像伞一样，折叠起来也能像伞一样合拢。百褶裙的颜色有多种，通常以金棕色、红色、绿色为主，百褶裙的长度通常只到达膝盖处，将其对折平铺时呈梯形，如图3-3（b）所示，若把它平铺围在一起，则可围成一个圆形，如图3-3（c）所示，由此我们可以得到图3-3（d）和图3-3（g），即设梯形的上底AB=1.91cm，下底AE=2.33cm，高AE=2.33cm，圆的半径AE=2.33cm，则可得出梯形的面积约为5.93cm^2，圆的面积为26.96cm^2。

膝盖之下是用颜色鲜艳的布料做成的绑腿，装绑腿是因为古代苗族女性下地干活时经常被草木割伤小腿，从而发明了一种专门保护小腿的"绑腿神器"，后来就演变成为苗族盛装中不可缺少的一部分服饰。如图3-3（a）所示，图中是少女穿着盛装出席节日活动的样子，我们可以看到在少女的腿部穿着绑腿，在绑腿的上部分是用绑带来固定，而下部分则绣着精美的刺绣图案，给腿部增添了一丝精致的美感，如图3-3（e）所示，图中有两条线相互交汇，形似正弦函数$f(x)=\sin(x)$和正弦函数的相反数$g(x)=-\sin(x)$图象相互交汇的函数图象，如图3-3（f）所示。

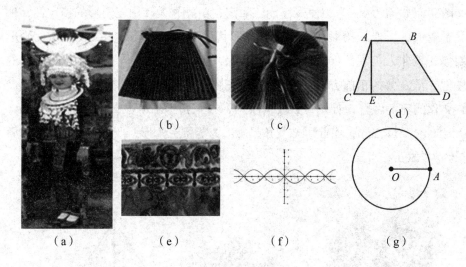

（a）　　　　　（b）　　　　　（c）　　　　　（d）

（e）　　　　　（f）　　　　　（g）

图3-3

3.2.2　苗族银饰中的数学元素

苗族头饰是苗族独特的文化艺术品，在漫长的历史过程中，苗族女性的头饰也变成了苗族重要的文化传承载体。其中黔东南苗族银饰尤为典型，其苗族女性的盛装头饰一般分为两种：一种为发髻，另一种为银帽。发髻是一种很古老的传承，它的盘制过程非常复杂，需要用到假发、发夹、花饰、银簪等等，这种独特的发髻基本上只有本地的苗族女性会盘，由一代又一代的年轻人往下传承。苗族人偏爱银饰，所以银帽也是苗族人民不可缺少的一款民族文化艺术品。银帽是如今苗族女性盛装出席时普遍佩戴的头饰，银帽的款式落落大方，在阳光下闪闪发亮，非常漂亮。银帽顶部的正中是一对形似牛角的银角，银角两角分叉，主要纹路通常是二龙戏珠的图案，龙身、珠体都是凸花，高出底面约1cm。在银帽檐上有许多的银花片及各种鸟、蝴蝶的图案，帽箍下由一排或两排银吊穗组成，给人一种满头珠翠、雍容华贵的印象。

1.苗族发髻中的数学元素

黔东南苗族女性的发髻是一种很古老的传承，形似于古代皇妃所盘的一种发髻，传言身份越高的苗族女性会把头发盘得越高，不过如今早已人人平等，所以大多数苗族女性都会随自己的喜好来决定发髻的高度。发髻的盘制过程非常复杂，不仅要用到许多假发，还需要娴熟的盘发技术才能盘成发髻，如图3-4（a）所示。为了使发髻能够稳定，苗族先人利用三角形的稳定性，把发髻盘成了形似三角形的发髻，这样形状的发型既不会因为头发太重而变形倒塌，又非常美观。如图3-4（b）所示，图中是一位苗族少女盛装时所盘的发髻，从发髻的正前方看，它的正视图为锐角三角形，充分展现了数学与民族文化的完美融合。如图3-4（c）所示，在三角形ABC中，设$AB=AC=4$cm，$BC=5$cm，$AD=3$cm，由此可知三角形ABC为等腰三角形，所以三角形ABC的面积约为7.5cm²。

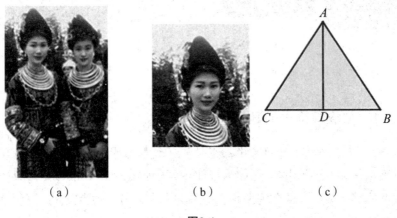

（a）   （b）   （c）

图3-4

2.苗族银帽中的数学元素

苗族银饰最基本的三大艺术特征即以大为美、以重为美、以多为美。银帽是苗族女性盛装时的头饰，银帽为半珠形，缠布银丝编成适合顶戴的银帽圈，帽顶、通冠由成百上千朵银花组成，簇簇相拥，十分繁密。银帽顶正中有一高耸的银扇，其上的银花周围有数只蝴蝶处在花蕊之上翩翩起舞，栩栩如生。如图3-5（a）所示，在银帽顶端有一个大大的银角，银角之间有似扇形的银扇叶，如图3-5（b）所示，仿佛孔雀开屏般展示着苗族女性的风采。帽箍下不计其数的银吊穗皆以银链相连，银铃叮当，每一颗银吊穗都形似于一个个小圆锥体，小银吊穗的放大模拟图如图3-5（c）所示，在圆锥体中，设高h=4.13cm，底面圆的半径r=1.59cm，由圆锥的体积公式$V_{圆锥}=\frac{1}{3}\pi r^2 h$得到该圆锥的体积约为10.93cm^3。

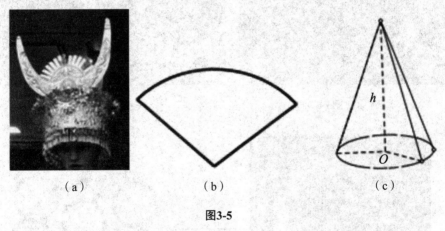

|（a）|（b）|（c）|

图3-5

3.苗族盛装银饰中的数学元素

图3-6所示是丹寨县排调镇加配村的苗族盛装，图中的场景是在芦笙场上跳芦笙舞，这类盛装的特点是银饰比较多，银饰中的图案多种多样，很多银饰的框架是数学中的基本几何图形以及函数图象，例如图3-6中苗族妇女头上戴的银饰（大牛角），在设计时可看成是由两条不同的抛物线图象相交而成[1]，图3-7所示是图3-6胸前的部分银饰。

---

① 肖绍菊, 罗永超, 岳莉. 苗族银饰文化及几何造型艺术之探究[J]. 广西民族大学学报（自然科学版），2015, 21（02）: 40-45, 93.

图3-8、图3-9（a）分别是图3-6中盛装中的部分银饰，图3-8、图3-9（b）分别是图3-8、图3-9（a）的简图，这两个银饰的图案主要是以圆为主，图3-8（a）银饰的外围是由8个圆相切和里面的一个圆相离而构成的图形，图3-9（a）中服饰是利用一个梯形作为一个框架，里面是由圆和三角形组成，但圆与圆之间只有相离的关系，而由图3-8（b）可看出圆与圆之间的关系既有相离又有相切，图3-9（b）中外围的圆都分别与梯形的上底和两腰相切，梯形里的另一个图形是直角三角形，这两个三角形是一对全等三角形，图3-8（a）和图3-9（a）都是对称图形。

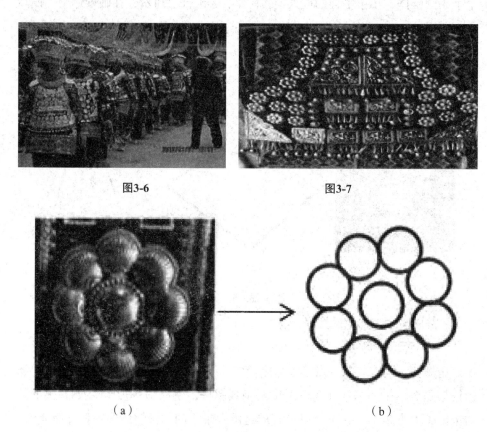

图3-6   图3-7

（a）   （b）

图3-8

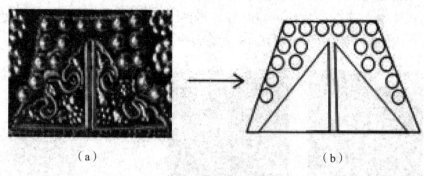

（a）　　　　　　　　　　　　　　　　（b）

图3-9

图3-10（a）是图3-7中部分银饰的吊坠图，图3-10（b）是图3-10（a）的部分几何简图（只针对几何图形），由图3-10（b）可看出上部分是由矩形和圆结合而成的框架，下部分主要是吊坠，吊坠主要是由圆形组成的吊链，吊坠涉及的立体几何图形主要有：球体、锥体、类似三角形的三面体。

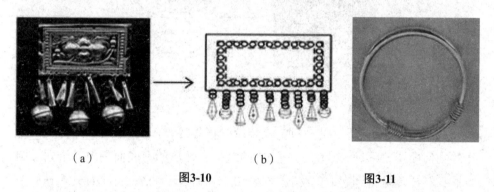

（a）　　　　　　　　　　　　　（b）

图3-10　　　　　　　　　　　　　**图3-11**

4.苗族银手镯中的数学元素

图3-11所示是苗族传统的银手镯，手镯佩戴方式一般是男左女右，银手镯可以作为孩子的护身符，保佑孩子平安。现在黔东南地区的苗族同胞佩戴这种银手镯随处可见，这种银手镯一般重27g左右，银手镯设计为圆环形，直径为7.6cm，但银手镯的不同位置它的形状和大小不一，银手镯可以认为是先打造一根中间大逐渐向两端变小的银棒，它的两个端点是最细且最软的地方，然后再打造成圆形，银手镯的两个端点最终以螺旋线的形状缠绕在银手镯上。

5.苗族银耳环中的数学元素

苗族银耳环分为传统的银耳环（见图3-12）和现代的银耳环（见图3-13），下面分别对传统的银耳环和部分现代的银耳环做详细阐述。

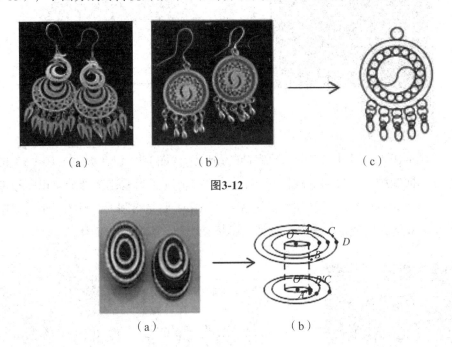

（a）　　　　　（b）　　　　　（c）

图3-12

（a）　　　　　　（b）

图3-13

如图3-12（a）所示是一对苗族传统的银耳环，图3-12（b）是传统银耳环的几何简图，耳环设计为一个柱体的结构，柱体的上底面是由三个同心圆组成，经过测量得到它们的半径为 $OB=0.55$cm、$OC=0.9$cm、$OD=1.2$cm，柱体的下底面由两个同心圆组成，半径为 $O'B'=0.5$cm、$O'C'=0.85$cm，耳环高 $O'O=1.1$cm，圆柱体的半径 $OA=O'A'=0.35$cm，因为这种耳环的直径大，要戴上这样的耳环需要打上很大的耳洞，而且现在这种耳环跟不上时代的潮流，所以现在的苗族妇女很少有人戴这种耳环。

图3-13（a）（b）中的这两对银耳环不是传统的银耳环，而是由银匠们经过改良而具有现代气息的银耳环，图3-13（a）中耳环的设计主要利用椭圆与椭圆之间所围成的图形作为银耳环的框架结构。由图3-13（b）可以看出耳环设计是以圆为主，图3-13（c）是图3-13（b）的几何简图，耳环中间是一个类似太极图的结构设计，再由17个互相相切的等大的小圆与太极图外切并且和中

间的圆内切组成，最外围仍然是圆，耳环的吊坠是由圆、球体和水滴状的椭球体连接组成，经测量得到中间太极图的直径为0.8cm，互相相切的小圆的直径为0.11cm，最外围的圆的直径为1.5cm，这款耳环设计简单但又大气，现在银饰的市场上像这样具有现代气息的银耳环款式各式各样，图3-13只是其中的两个设计款式。

6.苗族颈饰银项圈中的数学元素

苗族女性的银项圈通常分为链型和圈型。链型为连环相扣，可自由变化调整；圈型是用许多银片或银条组合制成各种图案样式，圈型又分为扭索项圈、绞丝项圈、百叶项圈、篓花项圈、藤形项圈、银龙项圈等。如图3-14（a）所示为一个大银圈，大银圈下缘洒落许多银片、银铃、银吊穗等等，即为银龙项圈。银龙项圈的里层空心，银圈的外形为扁平状，表层为一个大圆环，表面的花纹是凸纹二龙戏珠图，大银圈下缘有许多串形似花、蝶、叶片的银片，皆由银链相连，在银链尾部还连着银铃，活动时会发出悦耳的银铃声。银项圈的造型芊满，工艺复杂，是苗族银饰中的精品。银项圈的主体部位是其上的大银圈，它形似一个大圆环，如图3-14（b）所示，该图为大圆环的模拟图，圆环是空心的圆形物体，可看作一个空心的圆，其中大圆半径$R=3.44$cm，小圆半径$r=2.60$cm，即两圆的面积分别为37.20cm^{2}和21.23cm^2，若要求出圆环的面积，则应拿大圆的面积减去小圆的面积，即圆环面积为15.97cm^2。银项圈中圆环的融入使之在视觉上表现得更加突出；在大银圈之下则是许多银片、银铃及银吊穗串成，其中的银片犹如一只只翩翩起舞的蝴蝶，这些蝴蝶由银吊穗串接，一个个银吊穗形似一个个小圆锥体一般，如图3-14（c）所示；在最下方则是由一个个小银铃铛结尾，如图3-14（d）所示，形似球体的小银铃铛寓意生活也如这般圆满的结尾，充分展现了数学元素与民族文化的完美融合。

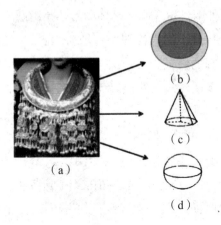

图3-14

3.2.3 苗族建筑文化中的数学元素

吊脚楼是苗族传统、独具特色的古老建筑形式。由于黔东南地区位于地形比较复杂的云贵高原与湖南山地丘陵过渡的梯形斜坡带，所以吊脚楼的后半部分在斜度较大的山坡上，前半部分用木柱子作为支撑形成吊脚柱，这种独特的建筑体系被称作为吊脚楼[①]。吊脚楼的结构体系属于穿斗式木构架，属于干栏式建筑，特点则是把所有柱子串联起来，形成一个房屋的构架。房顶的构架通常都呈三角形，利用三角形具有稳定性的性质，房顶的构架完成后则用许多瓦片来拼装而成，瓦片可以起到防风遮雨的用处。通常建造三层的木制楼房，一楼用于圈养猪、牛等家畜，二楼则用于住人，三楼用来存放自家收获的粮食等。

1.苗族泥瓦"盖顶"中的数学元素

古代老的吊脚楼通常用茅草或树皮"盖顶"，随着时代的进步，如今的房顶大多都是用泥瓦铺盖。泥瓦"盖顶"是苗族常见的一种建筑方式，一般采用拱形的瓦片，以灰色为主，由泥土烧制而成，是一种重要的屋面防水材料，木制的吊脚楼加上灰色的泥瓦"盖顶"，形成了一种独具特色的美感。如图3-15（a）所示，苗族吊脚楼上的盖顶由一片片泥瓦拼搭而成，在顶端拼成了象征苗族的标志性图案，如图3-15（b）所示，犹如四

---

① 罗云昊.苗族吊脚楼建筑研究［J］.文艺生活，2016（02）：170.

片花瓣环绕，中间形似反比例函数 $y=\dfrac{1}{x}$ 与 $y=-\dfrac{1}{x}$ 的函数图象，如图3-15（e）所示。泥瓦"盖顶"不仅能隔热防雨，而且美观整洁。

2.苗族"花式"柱子中的数学元素

苗族的房屋建筑都是整体对称和局部细节对称而建造的，这种建筑风格形成了苗族特有的建筑文化，如图3-15（a）所示，该类型的木房结构为上木下砖吊脚楼，建造结构呈正方体或长方体，二楼外沿有柱子吊着，在这些吊着的柱子上雕刻了各种图案，如图3-15（c）和图3-15（d）所示，从图中我们可以看出木柱子已经被雕成了球体、正方体还有四棱台等，图3-15（f）、图3-15（g）、图3-15（h）为它们的几何模拟图，设球体的半径为 $r=4.24\text{cm}$，球的体积公式为：$V_{球}=\dfrac{4}{3}\pi r^{3}$，所以得到球的体积约为319.13cm³。如图3-15（g）所示为一个四棱台，四棱台的底面与顶面均为正方形或长方形，侧面都是等腰梯形，四条棱的延长线能够交于一点，是一种特殊的梯形体。在这些立体图形旁边还雕刻了三角形等图形，因为三角形的角都是尖的，所以苗族人民以这种带有尖刺的图案来预防鬼怪进屋，并以此来守护自己房屋及家人的安全，寓意平安。这些数学元素的应用完美地把数学中的元素融入了建筑之中，展现出了苗族人民无穷的智慧。

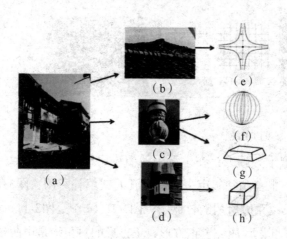

（a）　（b）　（c）　（d）　（e）　（f）　（g）　（h）

图3-15

3.2.4 苗族生活中的数学元素

1.苗族竹艺中的数学元素

苗族的同胞一般生活在偏僻的山村，他们的生活基本上都是自给自足的，其部分生活工具材料取自大自然，经过自己巧妙的双手来完成，图3-16（a）所示这个物品是用单竹编织而成，名叫鱼篓，是一个装鱼的工具。因为单竹的韧性好而且资源丰富，竹节较长，所以这些工具是用单竹经过师傅精细地剖成一根根很细的竹条然后精心地编织而得［图3-17（a）是竹篓的正面图，图3-16（a）是竹篓的底面图］。从这两个图我们来分析，这个鱼篓可分为四部分，第一部分由图3-16（a）来观察，上面部分是一个等腰梯形（上底比下底长），第二部分是图3-16（a）中间部分，仍是一个等腰梯形（下底比上底长），在这两个等腰梯形中上面部分的等腰梯形的下底与中间部分的等腰梯形的上底相等，第三部分由图3-17（a）来观察鱼篓的底部是由18根竹块叠加在一起，竹块的外围是由一根根细小的竹条围绕竹块而围起来的圆，这些圆都是以底部18根竹块共同的交点作为圆心的同心圆，第四部分是图3-17（a）的外围，是用竹条由圆渐变成椭圆围绕竹身而形成，经过以上对图3-16（a）、图3-17（a）的分析我们得到它们相应的截面几何图形如图3-16（b）、图3-17（b）所示。

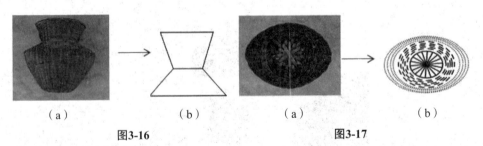

（a）   （b）   （a）   （b）

　　　　图3-16　　　　　　　　　　　　　　**图3-17**

苗族的同胞十分勤劳，在生活中他们耕田种地，当粮食、蔬菜成熟以后他们会把蔬菜、粮食拿到集市去卖，得到的钱填补家用，图3-16（a）是苗族妇女在集市上卖蔬菜时所用的竹篮子，图3-16（b）是图3-17（a）底面的几何简图，竹篮的底部设计成一个正方形，正方形的对角线是由两条竹子组成，把竹篮底分为四个相等的等腰三角形，篮子的底部和侧面是由竹条交叉编织而成的网状结构，天气炎热蔬菜容易被晒枯，在蔬菜上浇水可以防止其被晒枯，但浇水时水会积到篮子的底部浸泡篮子底部的蔬菜，竹篮可以防止底部的蔬菜被泡烂，竹篮底部为竹条编织的网状结构，可以漏掉多余的水分，竹篮的手提部分是由8根竹条紧密地缠绕在一起而形成的。

图3-18（a）所示为簸箕，同样是用细小的竹条和竹块编织而成，一般是用来去除米糠以及一些杂物，图3-18（b）是图3-18（a）中蕴含的一些几何图形，我们可以看出里面的图案由许许多多的小正方形组成，边上是一个正八边形，这个正八边形有两组对边刚好与里面的小正方形的对角线又截得许多的小三角形，簸箕的边是由藤条包裹竹块形成一个圆而收尾。

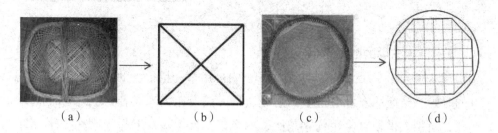

（a）　　　　　（b）　　　　　（c）　　　　　（d）

图3-18

图3-19（a）所示是一个装鸡、鸭、鹅等禽类的笼子，一般用于把鸡、鸭、鹅等禽类带到集市上卖，好处是通风，用于装鸡、鸭、鹅等禽类时不会使它们缺氧而死，由这个笼子侧面的竹条编织情况我们可以这样假设得到图3-19（b），设线段a与线段b平行、线段c与线段d平行、线段e与线段f平行，在这六条线段中它们所围成的几何图形有六边形、三角形、菱形、平行四边形，而笼子的底部见图3-19（c），基本上是以正方形的图形作为框架，这种笼子的底部基本上都是两根竹条交叉编织而成（当提起笼子时笼子底部受到的力最大，防止笼子底部的竹条折断），笼子的侧面主要以一根竹条为主、两根竹条为辅（也有的以两根竹条为主，一根竹条为辅）。

图3-19（d）所示是一个装粮食的盒子，名叫饭包。它也是用单竹分成竹块编织而成，因为这个盒子是用竹条编织而成所以难免会漏水，所以这个饭包只能装一些干粮，比如：米饭、酸菜等。饭包分为两个部分（上盖和下盖），上盖和下盖的盖口都是圆形，下盖的盖口比上盖的盖口稍微小一点，恰好能盖严，上盖和下盖的底部都分别有两只"耳朵"，可以用绳子把四只"耳朵"穿在一起，可以防止携带饭包时把粮食打翻，饭包的上下盖底部的四个角都有向外的突出，呈正方形，然后向盖口的方向逐渐以圆形的形状一直编织到盖口。

图3-19（d）所示是小型的饭包，只适用于一两个人的食量，还有另一种大型的饭包，饭包的底部有四只"脚"，而且"耳朵"比较大，可以直接用手提"耳朵"，适用于装几个人的粮食。

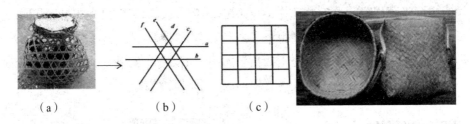

（a）　　　　　（b）　　　　　（c）

图3-19

2.苗族木艺中的数学元素

图3-20（a）所示物品名叫倒升子，它是用来计量粮食的工具，以前办喜事的时候，亲戚朋友没有过多的财礼送，人们会送大米或者谷子，当时很少有秤，向别人借粮食会用到这东西，如今借粮食等基本上是用称直接秤，图3-20（b）是它的几何简图，由图形整体结构可以看出除了底面是正方形以外其他4个面都是等腰梯形，中间隔开的木板也是一个等腰梯形且与底面和前后的等腰梯形属于垂直关系，与左右的等腰梯形属于平行关系。

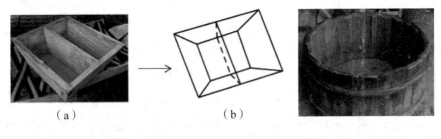

（a）　　　　　　　　（b）

图3-20　　　　　　　　　　　　　**图3-21**

图3-21所示物品名叫酒阵，是一个用来制作酒的工具，苗族的同胞热情好客，远方的客人来到家里，他们会拿家里好吃好喝的招待客人，苗族的酒文化历史久远，他们生活在山里，绿水青山空气清新没有污染，粮食长得好再加上甜美的山泉，酿出的酒自然清香，图3-21中的酒阵是用22块长方形木板（根据木块的大小来定）围成的一个圆柱体，上底面比下底面稍窄一些，经测量得到下底面的直径是82cm，上底面的直径是64cm。

在偏僻的山村以前没有过多畜类的劳动力也没有机器设备，但依山傍水河流多,水资源丰富,水族人民借助水的力量来带动其他设备为他们干农活。碾子〔见图3-22(a)〕、水车〔见图3-22(c)〕这两个工具是一套利用水资源做功的工具,这套工具帮助他们解决了不少的农活。水车是我国古老的农业灌溉工具,是珍贵的历史文化遗产,也叫天车,车轴支撑着18根木辐条,每根辐条的顶部都装有刮板和水斗,刮板主要用于刮水,水斗用于装水,利用水的运动状态把水装在水斗里,再把水灌溉到农田里。苗族地区还利用水车加上碾子作为一套类似打米机的设备,当水车转动时会带动碾子上的碾砣(圆石)转动,在碾子的圆槽中放入谷子,随着碾子上的碾砣(圆石)在圆槽中顺时针不停转动把谷子的壳碾碎,这样他们才有香喷喷的米饭吃,同时也有米糠喂家禽,其也用来碾玉米、小米、小麦等等。碾子是由碾槽、碾砣(圆石)和碾架三部分构成。碾槽是由若干节的弧形石槽链接而成的大圆槽,碾砣(圆石)是用石头打磨成车轮状的两个石轮合并而成,再由坚硬的树干作为碾架,碾架主要起固定的作用,能够让碾砣在碾槽里稳定地滚动。碾子的轨道是一个圆,从俯视的角度来看碾子可得到圆石滚动运动的轨迹,如图3-22(b)所示,它的运动轨迹是以一定点(点O)为圆心,以一定长(OP)为半径绕圆心转动而得到。水车的形状是两个同心圆,在水车的圆形中以转轴为圆心,图中是由18颗木板把圆分为18个等大的扇形,同时也可以理解为由一个圆心角为20°的扇形在圆里旋转18次而得到,如图3-22(d)所示〔图3-22(d)是图3-22(c)的侧面图〕,现在随着科技的发展这些工具逐渐消失,只留有模型。

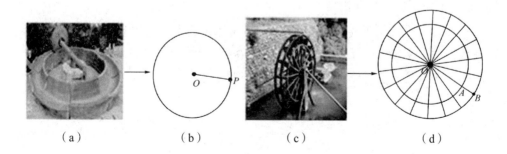

(a)　　　　　(b)　　　　　(c)　　　　　(d)

图3-22

3.3 苗族文化视角下的数学教学

课例1 苗族文化融入"乘法公式"的教学设计[①]

七年级学生刚刚经历了数与式的承接，已经初步体会了用字母表示数的数学思想，在整式这一章前半部分的学习中，已经初步掌握了多项式加减法和乘法的一般运算法则以及相关概念，能够运用多项式与多项式相乘的法则对任意多项式乘法进行计算，并能对计算结果通过合并同类项进行化简。同时在学习多项式乘法的过程中体验了如何用图形的面积关系来说明多项式乘法的法则，有了初步的数形结合意识，这些都为这节课的学习奠定了基础。

在本节课的学习中，需要学生能够根据特殊的多项式与多项式相乘的结果进行归纳和总结，形成规律，并用语言表述，得出平方差公式和完全平方公式，同时能抓住公式特征进行初步的选择、运用，要求学生具备一定的观察能力、归纳能力和数学语言表达能力。而在运用图形的面积关系说明公式的过程中，对学生的空间想象能力和动手操作能力有一定的要求，这也是学生学习中遇到的一个难点。乘法公式是初中数学教学中最基本也是最重要的教学内容之一，它既是对特殊整式乘法的规律进行描述，又为今后学习运用公式进行因式分解打下基础。乘法公式是继多项式与多项式相乘法则学习之后进一步研究具有一定特征的多项式相乘，其结果具备特殊的形式。

1.复习旧知，导入情境

师：上节课我们利用苗族背带的图案（如图3-23所示）探究了平方差公式，请大家回忆一下我们是怎么研究的？（老师用多媒体展示图3-23、图3-24，并做进一步解释；学生回忆，进一步思考）

---

① 杨孝斌，黄晚桃，罗永超，等. 苗族服饰图案中的乘法公式——民族数学文化进课堂的教学设计与实践反思[J]. 中小学课堂教学研究，2017(03)：14-18.

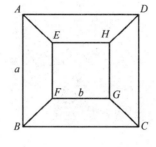

图3-23　　　　　　　　　　　图3-24

生：我记得老师是利用"四个梯形面积之和等于两个正方形的面积之差"来解释的。

师：很好，谁来具体推导一下？

生：可以假设大正方形 $ABCD$ 的边长为 a，小正方形 $EFGH$ 的边长为 b，得到梯形的上底是 b，下底是 a，高是 $\dfrac{a-b}{2}$。根据梯形面积公式计算，每个梯形的面积为：$S=(a+b)\dfrac{a-b}{2}\div 2=\dfrac{(a+b)(a-b)}{4}$，于是四个相同的等腰梯形的面积和为 $4\times\dfrac{(a+b)(a-b)}{4}=(a+b)(a-b)$。然后，我们又知道四个等腰梯形的面积之和是两个正方形的面积之差，也就是大正方形 $ABCD$ 的面积减去小正方形 $EFGH$ 的面积，这样就得到平方差公式：$a^2-b^2=(a+b)(a-b)$。

师：很好。除此之外，我们还给出了下面的图形（如图3-25所示），进一步帮助大家理解平方差公式。大家再回忆一下。

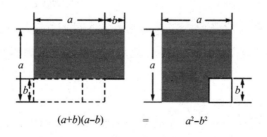

$(a+b)(a-b)$　　　$=$　　　a^2-b^2

图3-25

师：图3-25的右半部分可看成两个正方形与两个相同的长方形的组合，如图3-26所示。同学们，你们在生活中见过类似的图形吗？

图3-26   图3-27

师：我这里有一件我们苗族同胞的衣服，所用布料如图3-27所示。你能在当中找到如图3-26所示的几何图形吗？大家试着找一找，并画出其几何图示。

（学生细心观察，动脑思考，动手操作，画出图形；教师巡视）

师：我观察了一下，大多数同学能从图3-27中找到需要的图形，并做出其几何图示。如图3-28、图3-29所示。（多媒体演示）

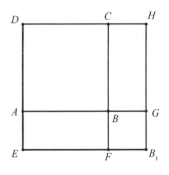

图3-28   图3-29

利用民族文化引出新知，引导学生从图形中找到a与b的和的平方，提出问题：如果是a与b的差的平方，又该怎么办呢？以上课程很好地将民族文化与教学联系起来。

2.公式应用，巩固练习

师：大家还记得刚才我出示的那块布料吗？我们可以画出它的完整的几何图示，如图3-30所示。

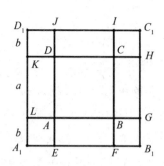

图3-30

师：大家想一想，图3-30又表达了一个什么样的代数式？（停顿）还记得我们刚才是怎么假设的吧，我们假设$AB=AD=a$，$BG=BF=a$，根据对称性应该有$AE=AL=b$，于是我们就得到了正方形$A_1B_1C_1D_1$的面积为$(a+2b)^2$，这个结果应该是多少呢？

（此时有很多同学拿出纸笔开始计算）

师：不要忙着动笔算，先观察一下图形，或者借助公式$(a+b)^2=a^2+2ab+b^2$看看不计算行不行？大家思考一下。

（停顿2分钟，学生思考）

生：我知道了，$(a+2b)^2=a^2+4ab+4b^2$，我是从图形中看出来的。

生：老师，我是利用公式$(a+b)^2=a^2+2ab+b^2$，把其中的b换成$2b$，也得到$(a+2b)^2=a^2+4ab+4b^2$。

师：非常好！这个问题可以从几何的角度观察得出结论，也可以从代数的角度进行代换，这两种方法你们都掌握了。

设计意图：将民族数学文化引进中学数学课堂，利用民族学生所熟悉的服饰材料创设数学问题情境，让学生在观察、思考、联想等过程中学习数学知识，使学生体验到生活中处处有数学，让学生很好地理解完全平方公式的几何意义，发展学生的几何直观，并进一步感悟数学的思想方法。

课例2 苗族文化融入"一元一次方程组"的教学片段设计[①]

1.融入苗族蜡染文化新课引入

以扬武镇蜡染艺人杨芳和员工制作染料蓝靛的图片（见图3-31）创设情境，吸引学生眼球，引入精心设计的问题。

教师：扬武镇蜡染事业发展很快，苗族蜡染艺人杨芳每天要用30kg蓝靛。她的作坊现存蓝靛估计超过1 200kg而又不足1 500kg。将这些蓝靛用完的时间范围是多少天？请同学们想想，以小组为单位，得到结果的小组派代表举手回答。

图3-31

设计意图：复习一元一次不等式组的解法，为引入新的内容做好铺垫。

学生1：老师，本小组同学会做了。

教师：太好了，你到讲台上当一回小老师给同学们讲解。大家欢迎！

学生1：设蓝靛用完所用的时间为x天。我把本小组同学列出的不等式组展示给大家看一下。学生1把本题的解题过程用投影仪展示如下（见图3-32）：

解：设蓝靛用完所用的时间为x天，

根据题意得

$$\begin{cases} 30x > 1\ 200 \\ 30x < 1\ 500 \end{cases}$$，解得$40 < x < 50$，即蓝

靛可用的时间在40到50天之间。

图3-32

教师：其他小组同学还有不同的算法吗？

学生2：可用除法直接运算。

教师：怎么算？

学生2：用1 200除以30得40，用1 500除以30得50，就知蓝靛可用的时间是40到50天。

[①] 杨霞,肖绍菊,王琴,等. 苗族文化渗透农村中学数学课堂的教学实践——以"一元一次不等式组的拓展"教学为例[J]. 凯里学院学报,2015,33（06）:171-175.

教师：很好！对于这个问题可以用不同的算法，你喜欢用哪种方法计算都行，这个问题用除法计算要简单些，不过有的问题不是一眼就能看出来的，还是需要用列不等式组或方程解决。

2.问题和解答

问题1的解答：

教师：老师让大家上周末做什么作业？

学生：编一道关于一元一次不等式组的实际应用题。

根据学生回答教师板书本堂课的课题"实际问题与一元一次不等式组（拓展）"。

教师：大家编得如何？请第1组代表展示你们的问题。（学生3把题目用投影仪展示出来，见图3-33、3-34）

图3-33   图3-34

设计意图：用学生编制的应用题来进行一元一次不等式组的拓展教学，首先让学生互相交流讨论，接着派1个学生上讲台来展示成果并讲解，然后教师订正。

学生3：老师，我们还把银饰带来了，让大家欣赏一下？

教师：好的。（学生4带银饰上台）

学生3：漂亮的银饰让我们第1组的同学们得到灵感编了这道题，请同学们大声读一遍题目（自豪的表情表露无遗）。

教师：请同学们边读边思考本题的数量关系。请各小组长做好分工，一起合作完成这个问题。

教师：同学们做好了吗？先请第2组派同学来说一说，你们是怎样解这道题的？

学生5：（1）我们小组把人数设为x人。

（2）用x的代数式：$3x+8$表示银饰的数量。

（3）我们组通过讨论，这道题里与$3x+8$有关系的有2种情况，如果按每人分5件，因为最后1人分不到3件，所以去掉1个人，则有$3x+8 \geqslant 5(x-1)$；如果把3件加进来，则$3x+8 < 5(x-1)+3$。所以我们得到了1个不等式组。

教师：你说得很完整，请到讲台上展示你的解题思路与大家一起分享。

学生展示解题过程如下：

解：设参加苗族舞蹈的有x人，得

$$\begin{cases} 3x+8 \geqslant 5(x-1) \\ 3x+8 < 5(x-1)+3 \end{cases}$$，$5 < x \leqslant 6.5$，故$x=6$，即：一共有6人，这批银饰一共是26件。

教师：第1组的小发明家出的题很有代表性，第2组的小老师表现也很突出，请大家点赞。（学生一阵热烈鼓掌）

问题2的解答：

教师：对第1组的解题还有不理解的同学请举手，（教师耐心等待近20 s）没人举手说明大家已经弄懂了，请第2小组代表闪亮登场，为大家出示他们编写的关于一元一次不等式组的实际问题！

学生6：因为我们在蜡染室制作了蜡染口袋工艺品，很高兴，就用它编出了本组的数学问题，请看。（如图3–35所示）

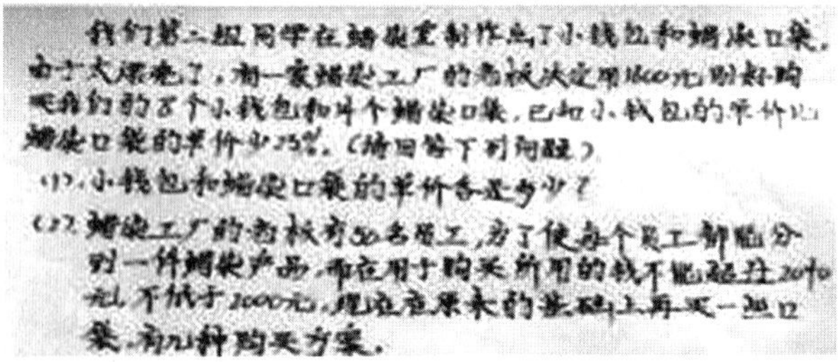
我们第二组同学在蜡染室制作出了小钱包和蜡染口袋。由于太漂亮了，有一家蜡染工厂的老板决定用1600元刚好购买我们的[illegible]个小钱包和[illegible]个蜡染口袋，已知小钱包的单价比蜡染口袋的单价少25%。（请回答下列问题）

(1)小钱包和蜡染口袋的单价各是多少？

(2)蜡染工厂的老板有30名员工，为了使每个员工都能分到一件蜡染产品，而在用于购买所用的钱不能超过2040元，不低于2000元，现在在原来的基础上再买一些口袋，有几种购买方案。

图3-35

教师：请认真看题，告诉老师如何解决问题？

学生7：第1个问题应该用二元一次方程组才能做。

学生8：第2个问题是在第1个问题答案得出来之后用一元一次不等式来完成的。

教师：真棒！

教师：同学们，刚才我们的初步理解很肤浅，请小组认真分工讨论，咱们看看哪个小组又快又准地把问题解决了。

（学生交流，教师巡视指导）

教师：请第3组派1名同学上讲台来说一说，你们是怎样解决这道题的第1个问题的呢？

学生9：通过讨论，我们发现在第1问中，可以设1个钱包的单价为x元，1个蜡染口袋单价为y元，根据买8个钱包和14个口袋刚好用完1 600元和钱包的单价比蜡染口袋的单价少25%，所以我们是这样做的（用笔在白板上做题）。

解：（1）设1个钱包的单价为x元，1个蜡染口袋单价为y元，得：

$\begin{cases} 8x+14y=1\ 600 \\ x=y-0.25y \end{cases}$，解得$\begin{cases} x=60 \\ y=80 \end{cases}$，即：一个钱包要60元，一个蜡染口袋需要80元。

教师：做得准确，好！还有其他方法吗？

学生10：也可用一元一次方程来做，设1个蜡染口袋单价为x元，1个钱包的单价就为（$x-0.25x$）元，得方程$14x+8（x-0.25x）=1\ 600$，也可用此方程求出蜡染口袋和钱包的单价。

教师：嗯，很好！请第2组代表上来当小老师讲解第2问。

学生11：这道题是我们组出的，课前我也做了，可以设买a个蜡染口袋，则钱包买（$28-a$）个，根据所用的钱不能超过2 040元，可得不等式：$80a+60（28-a）\leq 2\ 040$，再根据所用的钱不低于2 000元，又得不等式$80a+60（28-a）\geq 2\ 000$，于是解题过程如下：（用投影仪出示解题过程）

（2）设买a个蜡染口袋，得

$\begin{cases} 80a+60（28-a）\leq 2\ 040 \\ 80a+60（28-a）\geq 2\ 000 \end{cases}$，

解得$16\leq a\leq 18$。

所以有3种购买方案：①当$a=16$时，可买16个蜡染口袋，12个钱包；②当$a=17$时，买17个蜡染口袋，11个钱包；③当$a=18$时，买18个蜡染口袋，10个钱包。

教师：第2组同学出的题很棒，综合性强，既体现了方程组的应用，又体现了一元一次不等组的知识，非常具有代表性。以后类似这样的实际问题会经常遇到，大家要掌握好解题方法，请大家再次表扬他们杰出的智慧结晶！（学生鼓掌）

问题3的解答：

教师：前面2个组表现突出，相信第3组会更精彩，请第3组代表带题目上讲台来。

学生12：同学们天天做用芦笙音乐伴奏的锦鸡体操，于是我们就出了这么一道题，请欣赏（见图3-36）。

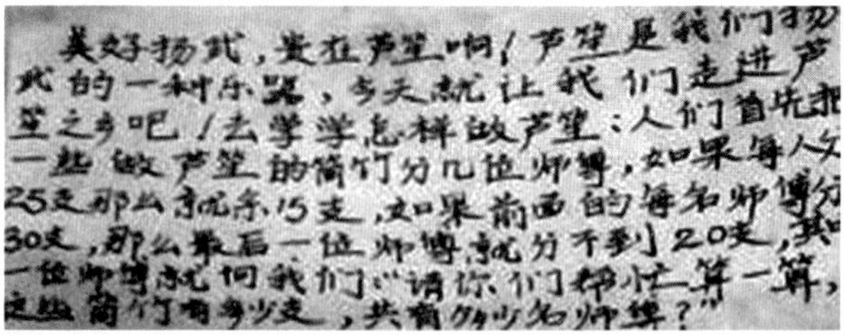
美好扬武，爱在芦笙响！芦笙是我们扬
武的一种乐器，今天就让我们走进芦
笙之乡吧！去学学怎样做芦笙：人们首先把
一些做芦笙的筒竹分几位师傅，如果每人分
25支那么就余15支，如果前面的每名师傅分
30支，那么最后一位师傅就分不到20支，某
一位师傅就问我们"请你们帮忙算一算，
这些筒竹有多少支，共有多少名师傅？"

图3-36

教师：通过解决前面的两道实际问题，我们看第3组的题与前面哪个组出的题类似？

众学生回答：与第1组的类似。

教师：好，那大家现在就尝试做一做。

（老师巡视，几分钟后教师让学生展示结果）

教师：谁来说说你是怎么列一元一次不等式组的？（第3组的同学暂时除外）

学生13：我是这样列不等式组的：（学生上讲台用投影仪展示）

解：设需要x名师傅，得

$\begin{cases} 25x+15 \geqslant 30(x-1) \\ 25x+15 < 30(x-1)+20 \end{cases}$，解得$5<x<9$，故$x=9$，则这批竹筒一共是240支，共有9名师傅。

教师：对，不过在设未知数时最好说明这批竹筒有$25x+15$支。有没有不一样的方法？

众学生：没有了。

教师：第3组同学编的题既简单又有代表性，能用一元一次不等式组解决身边的实际问题，真棒！瞧，第4组的同学有点迫不及待了，老师很期待他们的表现，请第4组同学出场。

问题4的解答：

第4组两位代表充满自信地带着他们的蜡染衣服和编好的题目来到讲台。

学生14：这道题是我回家看小姨做蜡染衣和苗衣时得到的灵感，回来跟本组同学们一起编的题，顺便也把小姨做的衣服也带来了，大家请看（见图3–37）。

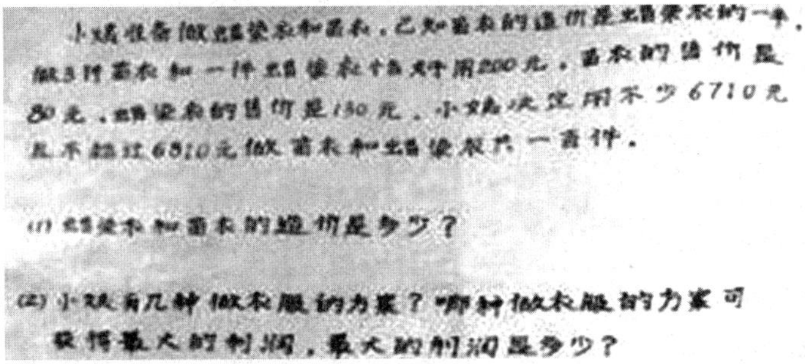
小姨准备做蜡染衣和苗衣，已知苗衣的造价是蜡染衣的一半，做3件苗衣和一件蜡染衣恰好用200元，苗衣的售价是80元，蜡染衣的售价是130元，小姨决定用不少6710元且不超过6810元做苗衣和蜡染衣共一百件。

(1) 蜡染衣和苗衣的造价是多少？

(2) 小姨有几种做衣服的方案？哪种做衣服的方案可获得最大的利润，最大的利润是多少？

图3-37

教师：大家认真读一下这道题，有没有发现它与哪一个组同学出的题有类似？

学生：第2组。

教师：哦，请大家拿第4组同学编的题作为今天的课外作业题。

3.课堂小结

教师：今天这节课你有什么收获？

学生15：我会与同学利用身边的实际问题编关于一元一次不等式组的应用题了。在解决实际问题时，要找到数量关系，才能列不等式，可以用笔把重点语句画出来分析。

学生16：跟同学们一起用身边事例编题解题，原来学数学是这么有趣……

教师：其实，只要善于观察，从现实问题中寻找数学问题，并注意到它们之间的数量关系，我们就可以轻松列出一元一次不等组，并解决这些现实问题。同学们可以在课后再尝试尝试。

设计意图：整个教学过程突出了学生的主体性，教师起到了很好的引导作用。课堂上学生给出的题型层层深入，正好配合了教师的启发诱导。许多学生自告奋勇举手，强烈要求到黑板上去讲解，希望能跟同学们分享自己成功的快乐。这堂课师生充满了激情，互相配合默契，同学们学习兴趣高涨，这样的教学既巩固拓展了所学知识，又培养了学生对知识的获取能力和解决实际问题的能力。更为难能可贵的是这堂课融入了苗族文化元素作为教学的题材，让学生自己编题，自己解决问题，从而渗透了苗族文化，使学生在自己熟悉的文化背景中进行数学学习。

课例3 苗族文化融入"百分率"的教学设计[①]

本单元主要包括百分数的意义和写法，百分数和分数、小数的互化以及用百分数解决问题等内容。百分数是在学生学过整数、小数，特别是分数概念和用分数解决实际问题的基础上进行教学的。百分数实际上是表示一个数是另一个数的百分之几的数，因此，它同分数有密切的联系。百分数在实际中有广泛的应用，如发芽率、合格率等。因此，这部分内容是小学数学中重要的基础知识之一。它的意义和实际应用与分数有所不同，为了使学生更好地掌握这部分内容，教材把它单独编为一章。我们可以将其与苗族银饰的含银量的百分率结合教学。

1.联系生活，情境导入

观看黔东南简介视频，从中了解黔东南的人口和地理环境。视频出现如图3-38所示画面时，师生共同介绍银饰，分析苗家女子来自哪里。

图3-38

---

① 周秋嘉,罗红梅,肖绍菊.苗族银饰文化在百分率教学中的应用[J].凯里学院学报,2017,35(06)：174-176.

苗族银饰由银匠手工精心制作而成，苗家女子逢年过节或遇上喜事都会身着盛装佩戴银饰。图3-39左图是凯里、雷山一带的苗族盛装，她们头上戴的银牛角宽大而且长，中间的长方形花片短；右图是台江、剑河一带的苗族盛装，她们戴的银牛角相对来说要窄些，但中间的花片高出银角且花形复杂。

师：同学们，除了视频中的这些资料，你们对我们的家乡黔东南还有哪些了解呢？请你们逐个介绍我们的家乡。请学生当小导游介绍家乡的特色。有的介绍酸汤鱼，有的介绍习俗，有的介绍西江苗寨，还有不少同学介绍了苗族银饰（教师播放图3-39）。通过谈话了解不同银饰的硬度与它的纯度有关（银饰中银的含量越高，硬度越低；银的含量越低，硬度反而越高），让学生感受银的纯度与含银量有关，怎样表示银的纯度呢？由此引入课题。

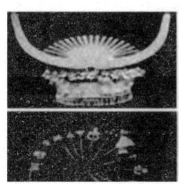

图3-39

课件展示图3-40，不同的6种银饰图片分别标出了它们的总质量和纯银质量。

图3-40

师：根据图中信息，你能提出什么数学问题呢？

生1：知道了每一件银饰的质量和含银量，如何用百分比表示银的纯度？

生2：求出含银量的百分率是多少？

师：什么是百分率？

生3：表示一个数是另外一个数的百分之几。

师：那么，要求出含银量的百分率，怎么求？（教师解释含银量的百分率即含银率，并同时板书本节课的课题——百分率的应用）请同学们到黑板上写出含银率的公式。

（许多同学纷纷举手，教师抽了1名学生在小黑板上书写）

生4：写出了如下公式：

$$含银量 = \frac{纯银质量}{总质量} \times 100\%$$

师：请算出这些银饰的含银率。

学生汇报算式及结果，课件随后出示答案。

接下来教师设计3道变式题。

（1）变式题1：手镯总重量40 g，含银率是99%，纯银是多少克？

师：已知手镯总质量及含银率，如何求纯银质量？

生：将含银率公式变形为"纯银质量=总质量×含银率"。

解答过程：40×99%=39.6（g）

答：手镯纯银是39.6 g。

（2）变式题2：纯银重53.9 g，含银率是98%，手镯总质量是多少克？

师：已知纯银质量及含银率，如何求纯银质量？

生：将含银率公式变形为"纯银质量=总质量×含银率"。

解答过程：53.9÷98%=55（g）

答：手镯总质量是55 g。

（3）变式题3：银匠要将一对500 g纯度为99%的银手镯重新制作成含银率为90%的银项圈，需加入合金多少克？

师："将已知质量的银手镯重新制作成含银率为90%的银项圈，需加入合金多少克？"我们需要知道什么？

生：银项圈的总质量。

师：如何求银项圈的总质量？

生：题目已知银项圈含银率为90%，银项圈总质量=纯银质量÷含银率。

师：银手镯的纯银重是多少克？

生：由"一对500 g纯度为99%的银手镯"，用公式"纯银质量=手镯总质量×含银率"可求出来。

师：需要加入多少克合金呢？

生：加入合金质量=银项圈总质量－银手镯总质量。

解答过程：

500×99%=495（g）

495÷90%=550（g）

550－500=50（g）

答：需加入合金50 g。

设计意图：变式题1和变式题2让学生应用含银率的变形公式解决问题，公式中的三个量知道其中任意两个，便可求第三个量，培养学生转换思考问题的角度，做到举一反三。变式题3是一道关于含银率的综合题，意在开发学生的逆向思维，帮助学生具备清晰的逻辑思维能力解复杂问题。

2.举一反三，生活应用

师：本节课我们共做了几道题？

生：9道。

师：你做对了多少道题（没做完的题算错误）？请你计算一下你做题的正确率。

教师巡视，抽2名同学起来回答。

师：错误率又怎么求呢？

生1：错误率=错误题数总体数×100%。

生2：错误率等于百分之百减去正确率。

师：除了含银率、正确率、错误率，你还知道生活中还有哪些百分率？老师话音刚落，有学生抢答。

生：发芽率、出勤率、成活率、合格率……

师：什么是发芽率？

生：若有100颗黄豆，其中85颗发芽，则发芽率是85%，发芽率=发芽种子试验种子数×100%。教师请学生逐个说出了出勤率、成活率、合格率等百分率的意义，学生都做出了正确的回答。

设计意图：由含银率到正确率、错误率，再到生活中的发芽率、出勤率、成活率、合格率等百分率的学习，培养学生用数学的眼光看世界，运用发散思维，将百分率应用于生活中。

课例4 苗族文化融入"轴对称图形"的教学片段设计

本节主要介绍轴对称图形、轴对称的概念、轴对称的根本性质等内容。通过本节的教学，要求学生通过丰富的实例认识轴对称，体会轴对称在现实生活中的广泛应用和它的文化价值，能够识别简单的轴对称图形及其对称轴，探索发现轴对称的根本性质，并能够做出轴对称图形或成轴对称的两个图形的对称轴。

1.创设情境，引入新知

师：展示图3-41图片资料，由学生观察，并说一下它们分别是什么？

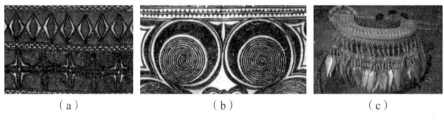

（a）　　　　　　　（b）　　　　　　　（c）

图3-41

设计意图：用苗族生活中学生常见的事物来导入新课，学生会感到有熟悉感，达到激发学生的学习兴趣的目的，用提问的方式来提升学生的参与度，活跃课堂气氛，调动学生积极性，使学生积极地参与该节课的学习课堂。

生1：第一幅是我们苗族的刺绣。

生2：第二幅是苗族蜡染图案。

生3：第三幅苗族银梳子，这个银梳子很值钱的！

师：真棒！看来同学们对我们的民族物品都很熟悉。那么请同学们再观察这些图形，它们有什么特点呢？

设计意图：抓住学生对生活的熟悉感，引导学生去思考发现图形中的共同点，进一步给学生灌输左右"对称"的思想。培养学生的观察能力和动脑积极性。

生：我发现它们都是对称图形。

师：对，这些分别是我们苗族的苗绣、蜡染和银饰，它们都具有对称性。

师：请同学们根据图形特点对图3-42的图片进行分类。

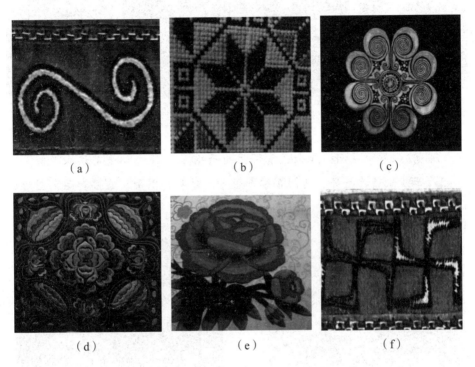

（a）　　　　　　　　（b）　　　　　　　　（c）

（d）　　　　　　　　（e）　　　　　　　　（f）

图3-42

生1：我把（a）（b）（c）（d）（f）分为一组，它们都是由一个图形绕一点旋转而成。

生2：我把（b）（c）（d）分为一组，它们都是关于其中一条直线对称的图形。

师：两位同学回答都是正确的，各有各的看法，但是今天我们将要学习的是（b）（c）（d）这种特点的图形。

设计意图：引出本节课的课题——轴对称。先让学生欣赏对称现象，在这一节中，内容的理解并不是一个简单的对称图形，而是引导学生了解轴对称现象，试着认识轴对称的概念，关注学生通过探索轴对称的实践特点，为学生提供个性化的学习时间和空间。预设想到学生把（b）（c）（d）分为一类的想法，不过通过对比，学生更能体会轴对称图形的规律。

2.小试牛刀

练习1：图3-43中是轴对称图形，且只有两条对称轴的是（　　　）。

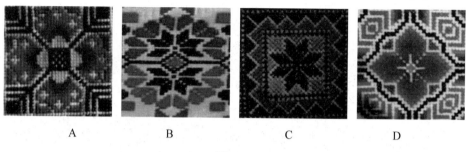

A　　　　　　　B　　　　　　　C　　　　　　　D

图3-43

练习2：下面我们一起来欣赏下面的两幅图，图3-44是苗族蜡染图，图3-45是苗族姑娘的耳环；请问哪幅图是一个轴对称图形，哪幅是两个图形成轴对称？

图3-44　　　　　　　　　　　　　　　**图3-45**

设计意图：加强和巩固轴对称图的概念，测试学生是否能区分一个轴对称图和两个图形成轴对称图，是否能识别轴对称图，找出其对称轴。也就是考察学生是否能够灵活运用概念解决问题。

课例5 苗族文化融入"椭圆方程"的教学片段设计

椭圆的标准方程是学习圆以后又一个二次曲线的实例。从知识上说，它是对前面所学的运用坐标法研究曲线的又一次实际演练，同时它也是进一步研究椭圆几何性质和双曲线、抛物线的基础。从方法上说，它为我们后面研究双曲线、抛物线这两种圆锥曲线提供了基本模式和方法。椭圆的标准方程是研究圆锥曲线方程的基础，它的学习方法对整章具有导向和引领作用。

1.创设情境，引出课题

教师用PPT展示如图3-46～图3-50所示的图片。

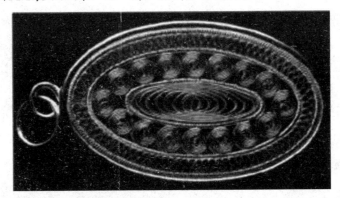

图3-46

图3-47　　　　　　图3-48　　　　　　图3-49　　　　　　图3-50

师：刚刚我们看完了上面的图片，相信各位对以上图片都很熟悉，请问以上图片在我们的生活中有哪些用处呢？请把它们的特点找出来。

生：图3-46、图3-47和图3-50都是苗族银饰，图3-48和图3-49都是苗族刺绣。图形轮廓部分都是围绕着椭圆来制作的，且都是对称图形。

师：非常好，它们都是沿一条直线对称的图形，展现了数学之美（椭圆的对称美），展现了苗族文化的博大精深。

设计意图：以苗族生活中常见的轴对称作为情景引入，让本地学生认识到即将学习的椭圆及其标准方程与其生活紧密联系，学生被教师设置的情景所吸引，增强学生对本民族（苗族）的自豪感，学习的热情高涨，感受生活中普遍存在椭圆，来触发学生的学习热情，更容易进入学习状态。

2.引导探究，获得新知

师：在高一我们已经学过圆的定义是：圆是平面到定点的距离等于定长的点的集合圆的方程：$(x-a)^2+(y-b)^2=r^2$。那么我们看看上面这四张被处理过的苗族刺绣图和苗族银饰图（见图3-51~3-54），考虑一下椭圆是不是也有和圆一样的特定的方程呢？

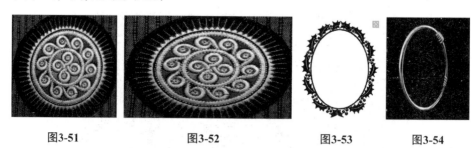

图3-51　　　　　图3-52　　　　　图3-53　　　　图3-54

师：以前我们学过圆的画法（取定一个点作为圆心，用圆规的针端固定在圆心上，取针端到带有铅笔端的距离为所需半径画圆弧即可得到圆），那么椭圆也是否有其独特的画法呢？为了解决这个问题，先给出一种画椭圆的方法，取一条一定长的细绳，把它的两端固定在画图板上的两点，用铅笔尖把绳子拉紧使笔尖在画板上慢慢移动，就可以画出一个椭圆。（找两个学生上讲台按这个方法画出一个椭圆并且说出其特点）

教师展示用几何画板画椭圆的画法，其步骤如下：

利用现代信息技术画出椭圆，并引导学生归纳总结出椭圆中所含的特征及其方程。

3.小试牛刀

例题：一苗家老板想打造一个如图3-55所示的银椭圆手饰模型，经过多番的努力他终于找到了一些制作银饰模型的数据，原来别人是用一根长为16cm的细绳,将细绳的两端固定在距离为12cm的两个定点上，用一支铅笔在绷紧的状态下画出来的椭圆银手饰的模型，如图3-56所示，求银手饰模型椭圆的标准方程。

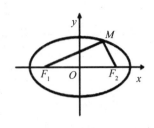

图3-55　　　　　　　　　图3-56

设计意图：设计一道关于苗族银饰手饰的题目，运用所学知识解决实际问题。加强学生的数学应用意识，让学生感受数学的价值和自己民族文化的博大精深，体会数学知识来自生活，数学的美又应用于现实生活，服务于生活。

课例6 苗族文化融入"平面直角坐标系"的教学片段设计

平面直角坐标系是学习函数及其图象、曲线和方程的基础，是沟通数与形的桥梁。这节课是在学习了数轴与有关几何知识的基础上，进行函数图象教学的第一节课，万事开头难，学生在学好平面直角坐标系的概念后，探究出特殊点的坐标特征，为以后学习函数图象打下基础。

1.复习回顾

师：同学们还记得上一节课我们学习了什么知识吗？能详细叙述一下吗？

生：有顺序的两个数a与b组成的数对叫作有序数对。

问题1：甲处表示3街与5巷的十字路口，乙处表示5街与2巷的十字路口，约定街数在前，巷数在后，则甲处和乙处可用有序数对怎样表示？

生：甲处为（3,5），乙处为（5,2）。

师：利用有序数对可以确定平面内任意一点的位置。

2.讲解新课

（1）数轴上点的坐标的定义

师：在前面的学习中，我们学习了用数轴来表示直线的点的位置。数轴上的点可以用一个数来表示，这个数叫作这个点的坐标。如图3-57所示，点A对应着数0，0就是点A在数轴上的坐标；同样，数轴上的点B的坐标为3。

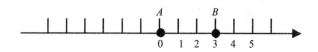

图3-57

（2）平面直角坐标系的产生

师：类似于利用数轴确定直线上点的位置，能不能找到一种办法来确定平面内的位置呢？（例如图3-58中A，B，C，D各点）

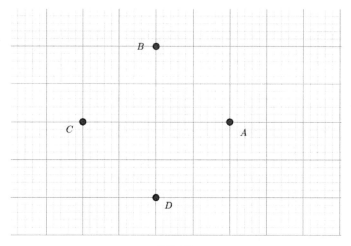

图3-59

小组讨论：根据上节课电影院的例子对比电影院的座位，行与列是互相垂直的，所以可以利用两条互相垂直的数轴。

教师总结：由平面内两条互相垂直、原点重合的数轴组成平面直角坐标系，水平的数轴称为x轴或横轴，习惯上取向右为正方向；竖直的数轴称为y轴或纵轴，取向上方向为正方向；两坐标的交点为平面直角坐标系的原点。

师：现在给它加上一个直角坐标系，图3-59中A，B，C，D各点如何表示呢？

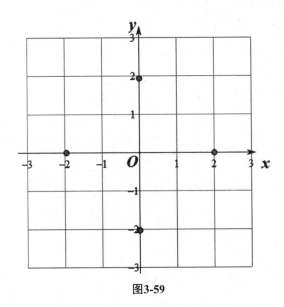

图3-59

生：$A(2,2)$，$B(0,2)$，$C(-2,0)$，$D(0,-2)$。

师：咱们班应该也有很多少数民族的同学吧？

生：是的。

师：大家认识图3-60这个图案吗？它是哪个民族的？

生：它是苗族的刺绣图案。

师：刺绣是苗族服饰文化的重要组成部分。苗族图案设计及做工涉及直角三角形、等腰三角形、菱形、八边形、正方形及等腰梯形等几何图形的应用。苗族人民把数学思想融入苗族的设计及制作过程中，并得到很好的运用，在这复杂的苗绣设计和制作过程中蕴含着丰富的数学文化。

图3-60

你能表示图3-61中点的坐标吗？

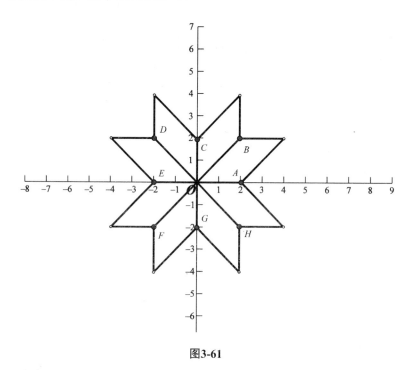

图3-61

设计意图：类比数轴确定直线上的点，确定平面内的点，再将民族文化融入教学中。

课例7 苗族文化融入"认识简单几何体"的教学片段设计

师：我们生活的空间是三维的空间，触摸到的物体几乎都和几何体相关，在小学和初中我们都接触过一些特殊的几何体，如：长方体、正方体、圆柱体、球等，在生活中我们也常见到一些建筑物，它们实际是由几种空间几何体组合在一起而形成的。今天我们一起来研究其中一些基本的空间几何体。

师：图3-62中的物体具有怎样的形状？如何描述它们的形状？在日常生活中，我们把这些物体的形状叫作什么？

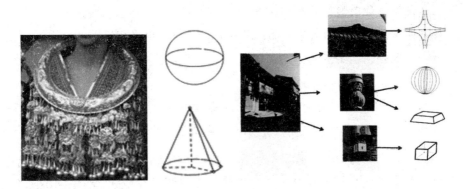

图3-62

问题：下面我们从多面体和旋转体组成元素的形状、位置关系入手，对它们进一步深入认识。首先从多面体开始。

观察图3-62中的物体，它们的每个面是什么样的多边形？不同的面之间有什么位置关系？你可以举出一些生活中与它们具有相同结构特征的例子吗？

课例8 苗族文化融入"认识等腰三角形"的教学片段设计

问题：我们学习过轴对称图形，图3-63中的三角形是轴对称图形吗？三角形的两腰有什么特点？

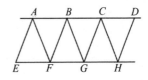

图3-63

生：是轴对称图形，其两腰相等。

现在同学们将老师给大家发的纸片对折，找出其中重合的线段和角。

生：$AE=AF$，$\angle AEF=\angle AFE$。

总结出等腰三角形的性质：

性质1：等腰三角形的两底角相等。（等边对等角）

性质2：等腰三角形的顶角的平分线、底边上的中线、底边上的高互相重合。（等腰三角形"三线合一"）

苗族的服饰、银饰、建筑是这个民族的代表物，它们都含有大量的数学元素。在少数民族地区实施数学教育其实是一种跨文化的数学教育。只要少数民族地区广大的中小学数学教师认真领会国家数学课程标准的精神实质，以人为本，认真研究民族文化，努力开发少数民族数学课程资源，科学地将汉文化背景的数学教育跨入到少数民族文化背景中去实施，就可以让少数民族学生在自己熟悉的文化生活中学习数学，从而提高少数民族学生学习数学的兴趣，有效地拓展少数民族学生的素质，全面提高数学教学质量。

第4章　侗族文化与数学教学

　　侗族先民在先秦以前的文献中被称为"黔首"，一般认为侗族是从古代百越的一支发展而来的。侗族的建筑、刺绣、蜡染、银饰都具有民族特色。侗族文化中蕴含着许多数学元素，在侗族建筑中蕴含着许多几何图形，如正八棱锥、正八棱台、正八棱柱、三角形、矩形、直角梯形等，修建智团鼓楼时用到了等差数列及其求和公式，吊脚楼屋檐中央处的瓦片拼成一个数学中常见的星形线；侗族刺绣中的太阳纹在侗族服饰中主要以圆来表现，侗族马尾纹主要以多个平行四边形和菱形为主，在刺绣中还存在许多旋转、平移、对称、中心对称图形；银饰中的凤冠组成的心形片可以看作数学中的笛卡尔心形线，银锁中有锥体、圆、星形线等多种数学元素，铃铛中也有数学元素如星形线、球体。

　　水族文化中的数学元素可以融入中学数学中去，侗族人民在服装、刺绣、银饰、建筑方面将我们数学中的一些概念融入其中，如在侗族刺绣中，我们可以找到一元二次函数的图象，以此为切入点我们可以进行一元二次函数的图象概念教学。在侗族服装中，我们可以看到衣角处有许多的平行线条，以此为切入点我们可以进行平行线的概念教学。在侗族银饰、建筑中，我们可以看到轴对称的身影，以此为切入点我们可以进行轴对称的概念教学。在侗族蜡染服饰和建筑中，我们都可以看到与数学命题有关的图案，在侗族女孩服饰中，我们可以看到正方形的膝盖挡板，我们可以用该图形来进行完全平方公式的教学，还可以利用蜡染被面上的几何图案推导平方差公式。在侗族鼓楼建筑中，鼓楼内外都可以找到相似形与全等形，我们可以利用鼓楼来进行相关定理的教学，还可以利用侗族刺绣上的几何图形来证明勾股定理。

4.1 侗族简介

　　侗族的人口主要分布在贵州省、湖南省与广西壮族自治区的交汇处，以及湖北省恩施土家族苗族自治州[1]，此外，江苏省、广东省和浙江省也有少量侗族人口；根据2020年第七次全国人口普查统计，侗族总人口数为3 495 993人。贵州侗族人口主要集中在黔东南苗族侗族自治州，约有120万，占全国侗族总人口的41.6%。黎平县是我国侗族人口最多的县，全县侗族人口有32万人，因而，黎平被人称为侗都。[2]

　　侗族有三宝，即鼓楼、风雨桥和侗族大歌。鼓楼与风雨桥是侗族乡寨独有的建筑，鼓楼是杉木结构的塔形建筑物，底为四方形，上面为多边形，有四檐四角、六檐六角、八檐八角等不同的类型。其层数均为单层，三、五、七、九层不等，有的十几层，甚至有几十层的。鼓楼突兀高耸，在最上层还有独特的尖顶造型，其分类有多种，如尖顶、歇山顶、悬山顶等样式，顶上还有象征吉祥的宝葫芦、千年鹤等雕饰物，鼓楼的梁柱瓦檐均饰以彩绘，精致华美，整座建筑，不用一钉一铆，全部由榫槽衔接，连接牢稳，历数百年风雨依然屹立不朽。鼓楼是侗家人集会、议事的场所，也是人们休息、娱乐和青年男女谈情说爱的地方，侗族各处的鼓楼风格大同小异，侗族多处的鼓楼被列入世界物质文化遗产。风雨桥，也称花桥，分为享阁式和鼓楼式两种。侗族风雨桥是所有桥梁建筑中的"明星"，它是侗族桥梁建筑艺术的结晶。[3]桥身全用杉木横穿直套，孔眼相接，结构精密，不用铁钉连接，别具一格，桥廊设有长凳，供行人歇息、凭眺，有的还备有茶水，供过往的行人解渴自饮。风雨桥不仅可以利行便旅，也是侗家人载歌载舞、吹笙弹琴、迎宾的娱乐场所。侗族大歌，于2009年被列入世界非物质文化遗产，早在1986年，侗族大歌就在法国巴黎的金秋艺术节上登台亮相，贵州以黎平县、从江

① 牧风. 苗乡侗寨教育实现"时空穿越"——贵州省黔东南苗族侗族自治州发展民族教育纪实[J]. 中国民族教育, 2016(02): 29-31.

② 黄明光. 贵州省黔东南州人口管理与计生工作的现状及对策[J]. 南京人口管理干部学院学报, 1999(03): 64.

③ 吴秀吉, 罗永超. 侗族风雨桥建筑艺术中的数学文化[J]. 数学通报, 2019, 58(05): 10-13.

县为代表的侗族大歌上台表演，技惊四座，得到当时音乐家们的认可，被认为是"清泉般闪光的音乐，掠过古梦边缘的旋律"。这些都蕴藏了侗族人民在日常生活中的智慧，是一个民族的标志与灵魂。①

4.2　侗族文化中的数学元素

随着历史的发展，很多侗族文化即将面临失传，需要借助现代技术保护原有的文化。侗族文化主要体现在建筑、服饰、刺绣、银饰、语言、生活用品当中，其中这些侗族文化在形成过程中运用了很多数学元素，尤其在建筑、刺绣、银饰等方面，常常用到几何作图中平移、旋转、中心对称等多样的变换，形成丰富多彩的侗族文化，其中圆、三角形、正八边形、角、扇形等数学知识在侗族文化中都有体现。所以通过了解侗族文化中的数学元素，既可以让人们体验侗族风情，又可以促进少数民族地区数学课程的改革，推进民族地区的数学教育。

4.2.1　侗族建筑中的数学元素

建筑是民族文化的标志物、民族艺术的传承，更是一个民族与自然环境和谐相处的见证。侗族建筑中最具影响力的是侗族鼓楼。侗族文化又称为"鼓楼文化"，不仅因为鼓楼是侗族所特有而其他民族所没有的建筑，更主要的是鼓楼是侗族全部精神性的文化结晶，是最具有象征性的文化符号，以鼓楼为中心几乎可以洞观侗族文化的全部。②在侗族村寨中，有的村寨有一座鼓楼，有的村寨有几座鼓楼，而且每座鼓楼意义不一，比如黎平县肇兴侗寨有五座鼓楼，由上寨至下寨分别为仁团鼓楼、义团鼓楼、礼团鼓楼、智团鼓楼、信团鼓楼，它们又代表着肇兴侗寨的五大姓氏房族。

如果说鼓楼是聚会的场所，那风雨桥就是侗家人外出的桥梁。因侗族人民生活于山区，交通不发达，古时的桥梁是用单块木板拦小溪，但是对于大河却无能为力，常年靠船渡河，家禽也不能过，不仅时间缓慢而且费人费力。于是建筑师通过计算河的宽度、统计常年的积水高度等一系列工作，建成了现

① 杨光白. 贵州原生态音乐的审美和保护浅析——以侗族大歌为例[J]. 大众文艺（理论），2009（03）：175-176.

② 罗永超，张和平，肖绍菊，等. 侗族数学文化与数学教育研究[J]. 凯里学院学报，2012，30（06）：11-15.

在的风雨桥，用杉柱联排，相互交叉层层排列至桥需高度而形成倒四棱台体桥柱，再用百年的大杉树跨河排列，修建雨亭、长廊。在每一个建筑过程中都需要建筑师精确的计算和敏捷的空间思维能力，形成现在侗族不可缺失的文化。建筑师在设计建筑的过程中，需要清晰的二维空间和三维空间图形思维，对建筑的立体图形需要全程设计，鼓楼、风雨桥、吊脚楼这些建筑需要建筑师们常年积累技能，面对空间中的立体建筑，更需要精确的计算。

1.侗族鼓楼中的数学元素

在侗族人民的生活中，鼓楼是侗族文化的灵魂，其主要形状为宝塔形，这与侗族生活的地理环境有关。鼓楼全部用百年杉树凿榫衔接而成，主要分成上、中、下三个部分，鼓楼的建造层数也很有讲究，侗族人认为偶数属于阴数，奇数属于阳数，所以鼓楼全部为奇数层。如图4-1所示为黎平肇兴侗寨信团鼓楼，楼顶部分由一个正八棱锥、一个正八棱台和正八棱柱组成。侗族工匠巧妙地利用棱锥作为楼顶，不仅外观精美，而且解决了排水问题，利用棱锥作为建筑楼顶，还能够使鼓楼区别于村寨的其他建筑。

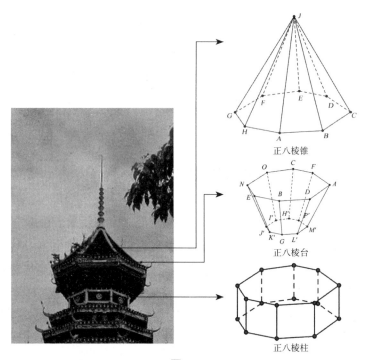

正八棱锥

正八棱台

正八棱柱

图4-1

如图4-2所示肇兴信团鼓楼楼顶由两个圆台串联组成，七个圆台组由下至上逐次减小。建筑师通过精确计算和测量，形成侗族鼓楼楼顶既可防风防雨，而且还抗震美观的功能，使楼顶与侗族来源之树的形状完美结合，融合了数学的几何知识与侗族的文化。

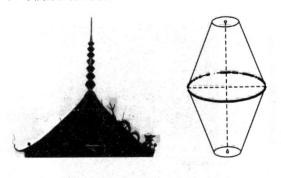

图4-2

鼓楼不仅在立体几何图形方面蕴含很多的数学元素，鼓楼楼冠（正棱台）上的花瓣更是体现了平面与平面的位置关系。如图4-3所示肇兴侗寨的智团鼓楼和其他四座鼓楼楼顶不一样，其他四座鼓楼都是攒山顶（正八棱锥），而智团鼓楼是歇山顶。如图4-4所示智团鼓楼中的直角扇形共有五层，其中每层面与面交角共4个，单面第一层（底层）有22个，四面第一层共92个；单面第二层共25个，四面第二层共104个；单面第三层有28个，四面第三层共116个；单面第四层有31个，四面第四层共128个；单面第五层有34个，四面第五层共有140个；如果第一层至第五层直角扇形个数分别记为a_1，a_2，a_3，a_4，a_5，那么有$a_2-a_1=12$、$a_3-a_2=12$、$a_4-a_3=12$、$a_5-a_4=12$，可以得出a_1，a_2，a_3，a_4，a_5构成一个等差数列。鼓楼建筑师能在施工前准确无误地计算出来，他们是用等差数列及其求和公式实现的，尽管他们没有文字而无法表达其计算公式，调查中，发现他们大多应用公式$S_n=na_1+[1+2+\cdots+(n-1)]d$进行等差数列求和的运算。[①]针对四边形鼓楼楼冠等差数列公式成立，六边形、八边形同样也是等差数列。并且鼓楼自下而上每层的正八边形的半径也是等差数列。[②]

如图4-5所示的楼冠为正四棱台，其侧面装饰精美，可以看作由两个平面

① 罗永超.侗族数学文化面面观[J].数学教育学报，2013，22（03）：67-72.

② 张和平，罗永超，肖绍菊.研究性学习与原生态民族文化资源开发实践研究——以黔东南苗族服饰和侗族鼓楼蕴涵数学文化为例[J].数学教育学报，2009，18（06）：70-73.

$\alpha \perp \beta$合成基底，三个直角扇形g_1，g_2，g_3组成一朵花，镶嵌于平面α和平面β，并且与平面β相交于直线OA，垂直于α。为了使三个平面衔接美观，需使得平面β与平面g_1、平面g_1与平面g_2、平面g_2与平面g_3、平面g_3与平面β之间的夹角都为45°。

图4-3

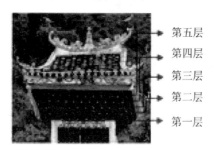

图4-4

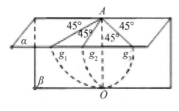

图4-5

在历史长河中，初期建造的鼓楼中心部分是由一个大柱子作为主干，再凿出边串联起来，形成像杉树一样的形状，有主干、枝干等。在比较冷的冬天，由于鼓楼楼心是一个主干柱，不能达到生火取暖的条件，为了改善这个情况，侗族建筑师设计出以四柱为主的构架，替代了以一柱为主干的结构，在鼓楼正中央修建火池，使在鼓楼下生火取暖成为侗家生活常态，如图4-6所示黎平肇兴侗寨信团鼓楼的中部由八层正八角形逐层缩短而成，其内侧正是数学中常见的正八边形。

图4-6

2.侗族吊脚楼中的数学元素

侗族生活在依山傍水的地区或半山腰上，因此，在此环境下主要以吊脚楼为居民房，与大自然和睦相处。侗族吊脚楼主要以穿斗式和井干式为主，在建造方面，有的房子一排三柱落地，有的房子一排五柱落地，显然五柱落地更为稳定安全。侗族吊脚楼一般为两层半，全用杉树板镶嵌，第一层主要养殖牲口，人居住在二楼，随着人口的增加和生活的需要，很多房子建成三层半，生活区域在第一层，与牲口隔墙生活，第二层作为客厅，第三层主要为休息间。如图4-7所示为黎平肇兴吊脚楼，在侗族吊脚楼中蕴含着大量的数学元素，例如，如图4-8（a）所示吊脚楼屋檐中央处的瓦片，用八块瓦片拼成四个鱼形叶片，再以四个叶片首尾相连，拼成一个数学中常见的星形线，又如图4-8（b）所示，呈一个五叶图形，不仅美观，而且通风顺畅，达到稳定屋檐的效果。如图4-8（c）所示窗子是一个矩形$A_1B_1C_1D_1$与正方形$AGEF$相交，得到小正方形$IEHA_1$，其中H，I为小正方形两边中点。

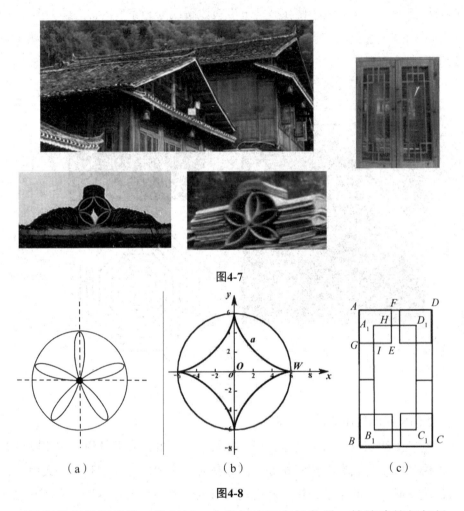

图4-7

（a）　　　　　　　（b）　　　　　　　（c）

图4-8

吊脚楼和鼓楼建筑工具相似，古代侗族没有量角器，鼓楼建筑师仅凭一把直角刻度尺（鼓楼建筑师通常称其为"角尺"，较短的直角边带有刻度）和一只竹笔。[1]而吊脚楼一样使用"角尺"设计，如图4-9所示从排面分析，建筑师在设计时，主要画房屋倒水图，如确定$\triangle ADL$的AD、DL长度，再绘制等比长，使得AC分成相等的七段，这正是数学常见的等比分割，而房子的楼层高

---

① 杨孝斌, 罗永超, 张和平, 等. 侗族建筑中的数学元素 [J]. 凯里学院学报报, 2013, 31（06）: 1-4.

度可以根据需要取值。吊脚楼中的*DJ*与*AC*的延长线相交于点*L*，而吊脚楼巧妙地利用*EC*作底边，使得*AC*有弧度变得更加美观，*JH*就是房子的吊脚，并且可以直观地看出吊脚楼是一副典型的对称图形，图中*AO*为对称轴，两边为对称关系。在建筑中，存在着三角形、矩形、直角梯形等，如△*ADL*、△*GEC*、△*IUC*，矩形*MKND*、*MKHJ*，直角梯形*ADFG*、*GEUI*、*ANHI*。

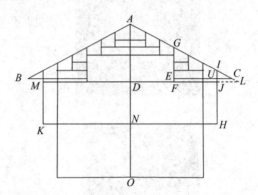

图4-9

4.2.2 侗族刺绣中的数学元素

侗族是一个热爱大自然、勤劳耕作的民族。因侗族没有自己的文字，所以侗族生活中的部分文化以刺绣的方式记录下来，也成为侗族文化中不可缺失的部分。在侗族刺绣中，刺绣纹样是指由描绘对象、线条、色彩等内容组合而成的图案，往往表现出一个民族特殊的文化内涵或精神信仰。[①]黎平地区的侗族刺绣可以分为太阳纹、龙蛇纹、蜘蛛纹、鱼纹、动物纹和植物纹等多种纹样，这些纹样蕴含丰富的数学元素。

1.侗族刺绣太阳纹中的数学元素

太阳纹在侗族服饰中主要以圆来表现，再用丝线缠绕圆突出耀眼的色彩，主要绣于儿童的背带和女性的腰裙。如图4-10（a）所示太阳纹由四个共圆心的圆组成，内圆由八个螺旋填充，让人联想到数学中的阿基米德螺线，利用这些图形可以联想出数学中圆的位置关系等，体现侗族妇女对圆的审美观。而图4-10（b）中由一个大太阳纹周围排列着同样大小的八个小太阳纹，此九

---

① 康凯.侗族刺绣的纹样类型与美学特征［J］.大舞台,2014（07）：227-228.

个圆都呈外离，互不相交，九个圆内绣图和外围光泽不同，直观上有圆与圆相离的美感。如图4-10（c）所示太阳纹中的图案其在数学中叫柯奴螺线，也叫羊角螺。

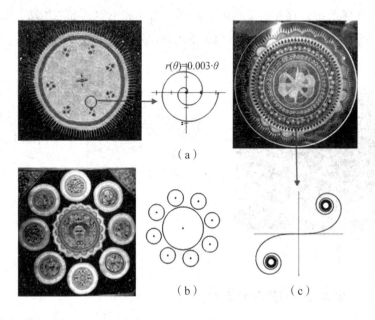

图4-10

2.侗族刺绣马尾纹中的数学元素

侗族的马尾纹与水族的马尾绣不同，侗族马尾纹主要以多个平行四边形和菱形为主。如图4-11（a）所示马尾纹由菱形*ABCD*和*EFGH*镶嵌形成新的菱形*EJCI*，其中多边形*DABJEI*和多边形*HICJFG*填充黑色菱心的白色边缘小菱形。如图4-11（b）所示红色图案是数学中常见的旋转、平移、对称、中心对称图形，也可以看作无盖正方体展开的图形，对数学几何图形有重要的研究意义。在黎平县传统村落地区，相传头昏眼花的时候，侗家人认为是被天上的天马所踢，所以人们会用带刺有马尾纹图案的腰带或腰裙盖在头上，可以消除疼痛（笔者亲身体验），当然，现在科学发达，万事需要科学才能真正达到"消灾解难"。可见，侗族人民对于传统文化的信仰、自然环境的热爱已成为侗族文化中不可替代的一部分。

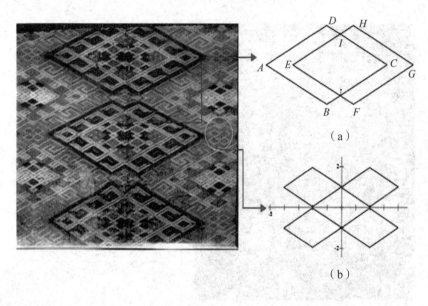

（a）

（b）

图4-11

3.侗族刺绣动植物纹中的数学元素

侗族是一个热爱大自然的民族，侗族人民善于在生活中模仿动物的声音。比如侗族大歌《蝉之声》就是模仿夏蝉的声音，唱出与大自然和谐相处的声音。因为侗族村寨中的建筑都是用杉树建成，比如侗族鼓楼、吊脚楼、风雨桥等，所以杉树在侗族的村寨里尤为重要，对侗族村寨的作用非常大，侗族人民把对树的热爱用各种方式表达出来，如侗族鼓楼就建成杉树形状，还以刺绣的方式刺在侗族男性背部，女性腰带等地方。如图4-12（b）所示有16个同心圆，经测量，其半径从0依次增加0.3cm，最大圆半径为4.8cm，18个螺旋互相相切，围成圆的外圈，让人联想到阿基米德螺线由双线组成，图4-12（a）与图4-10（a）单线螺旋一致，其参数方程为$\rho=a\theta$（$a>0$）。

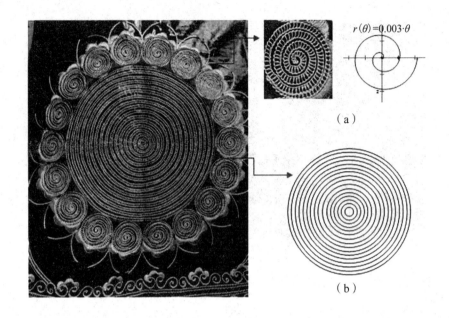

$r(\theta) = 0.003 \cdot \theta$

（a）

（b）

图4-12

　　侗族生活环境中处处存在对称美，如图4-13（a）所示，其中鱼纹和蝴蝶纹是典型的对称图形，有一条对称轴，侗族人民的心中，鱼是他们的吉祥物，因侗族生活以农业为主，故在水稻田中放入鱼苗，以期为农业带来丰收的福音。动物的图案纹在侗族儿童背带上，也存在着大量的数学元素，如图4-13（b）、图4-13（c）和图4-13（d）所示分别是4个全等的梯形、4个全等的直角等腰三角形、三叶玫瑰线。

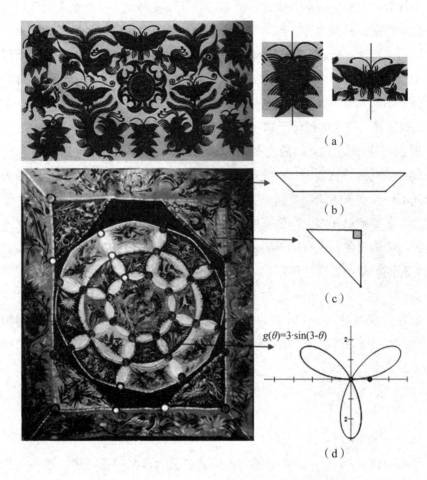

图4-13

4.2.3　侗族银饰中的数学元素

侗族是一个典型的山区稻作民族，侗族文化以农耕文化为主体，因此侗族银饰上多绣有谷粒纹、桂花纹、花瓣纹、浮萍花、田螺花、水车花等植物纹样，还有鱼骨纹、虾纹、龙纹等。[①]侗族银饰种类丰富，且蕴含着丰富的几何知识。黎平侗族银饰不是纯银，放置时间久时便会出现"变色"现象，平日不戴盛装银饰，只有在重大节日或者重要活动时才穿，大多数侗族银饰主要戴于

---

① 张国云. 贵州侗族服饰文化与工艺［M］. 苏州：苏州大学出版社，2011.

女子出嫁时。黎平地区侗族银饰种类多样，在黎平西北方向尚重周边区域侗族银饰最为耀眼，品种多样，而黎平东南方向的肇兴周边区域种类较为简单，水口地区与龙额地区交界处的侗族银饰也较为丰富多彩，与苗族银帽较为相似，银饰中主要有头饰、凤冠、头簪、银梳、耳环、银项圈、银锁、银链、背饰、银镯等。不同季节不同场合，侗族女性所戴的银饰不一。

1.侗族银头饰中的数学元素

所谓侗银头饰就是侗族女性头上所配置的各种银饰，包括银帽和吊饰等。侗族妇女穿着盛装时，必定有若干件银质头饰。[①]黎平地区女性所戴头饰的款式不一，在肇兴镇纪堂侗寨主要以银帽为主，肇兴侗寨主要以简式银帽插鹅毛为主，黎平双江镇黄岗侗寨的头饰则由银梳、凤冠、头簪相互搭配组成，各地区的银饰佩戴方式有所不同，但是头饰上都含有鱼、花、鸟类等图案，文化寓意相同，象征着吉祥如意。

如图4-14（a）所示凤冠由5朵花、4个吊吊构成，一朵花由3个叶片和3个心形片共点组成，心形片可以看作数学中的笛卡尔心形线，水平方向和竖直方向的极坐标方程分别为 $\rho=a(1+\cos\theta)$ 和 $\rho=a(1-\sin\theta)$，其中 $a>0$、$0\leq\theta\leq2\pi$，参数方程为

$$\begin{cases} x=a(2\cos t-\cos 2t) \\ y=a(2\sin t-\sin 2t) \end{cases}$$

其中 $-\pi\leq t\leq\pi$ 或 $0\leq t\leq2\pi$。

如图4-14（b）所示侗族银帽为半圆式，分为八马一花一吊、八马二花一吊、八马三花三吊，其弧长有8马弧长（41cm）、10马弧长（50cm）、12马弧长（59cm）三种，帽身高度12cm，160g左右。其中的一吊和三吊是银帽前排的吊饰，是由多个相等的圆锥吊成一排挂在银帽前，使得银帽亮丽光滑。

如图4-14（c）所示耳饰中的银面由1个圆和5个圆锥组成，其中的圆面可以看出是正八角星，有两个正方形 $A_1B_1C_1D_1$ 和 $A_1B_1C_1D_1$ 重叠成45°角，AB、AC、BC、DC 的延长线交 A_1B_1、B_1C_1、C_1D_1、D_1A_1 的延长线于点 E、F、G、H、I、J、K、L 构成一个平面正八角星。

---

① 李泊沅. 侗族银饰及其文化内涵[J]. 艺术科技, 2015, 28（01）: 100.

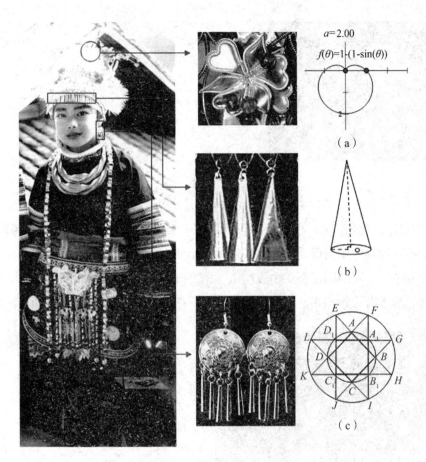

图4-14

2.侗族银胸颈饰中的数学元素

侗族胸颈饰分为棱、纹、细印、盘四种，最大的是银锁形，其刻印着多样的图腾。银锁分为小银锁和大银锁，经过调查测量，小银锁高21cm，宽17cm，7组喇叭吊，21个喇叭，6组铃铛吊，18个铃铛；大银锁高25.5cm，宽23cm，12组喇叭吊，36个喇叭，11组铃铛吊，33个铃铛。有些银锁为了更加美观，由小银锁和大银锁连接而成，其中蕴含着椎体、圆、星形线等多种数学图形。如图4-15（a）所示三个铃铛连接处是一个星形线，而图4-15（b）所示铃铛是典型的球体。

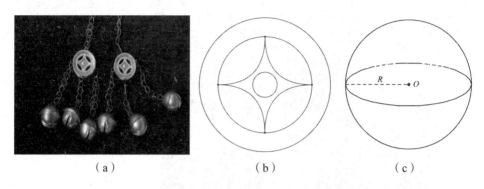

（a）　　　　　　　　　（b）　　　　　　　　　（c）

图4-15

　　如图4-16所示实心项圈六棱银饰由两个大小相等的六棱柱（中间粗两边细）相互绞旋弯曲而成，中间为四棱柱，用两个反向旋转的螺旋作为反扣。在自然界中。一切的图案都是由点构成，图案种类的多样性与点的排列、大小、组合、远近有直接关系，不同的组合有着不同的数学美。

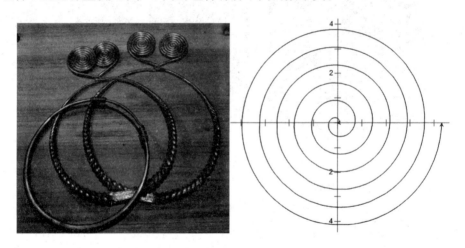

图4-16

　　如图4-17（a）所示在颈前挂花饰可以看作由圆和曲线构成，小圆内切5片小花瓣和5片大花瓣相重叠而成，颜色均为蓝色，让人联想到数学中的五叶玫瑰线，其中两个函数方程分别为$f(\theta)=2\sin 5\theta$和$g(\theta)=4\sin 5\theta$；如图4-17（b）所示小圆外侧与大圆内侧由4个圆两两外切形成一朵花，再经过平移、旋转得到12个相同的图形；大圆外侧由在平面内的"U"形曲线AB平移32次，再连接A，C两个端点形成。如图4-17（c）所示也可以看是由正弦函数函数的绝对值绘制成的32个"U"形曲线，再进行首尾相连，吊坠下排是15个"U"形曲线共一直线，其也可以看作由正弦函数的绝对值绘制成。

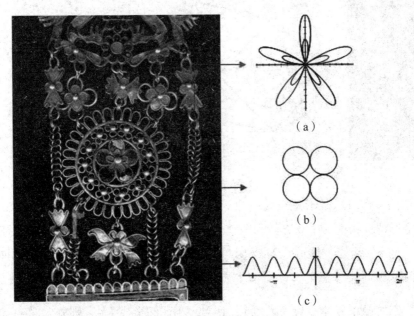

（a）

（b）

（c）

图4-17

3.侗族银背扣饰中的数学元素

背饰也称为背扣链，主要作为侗族女性肚兜的扣链，挂于背后，其装饰玲珑细腻，巧妙精美，主要分为立体背扣和锥形螺纹扣。例如，如图4-18所示我们可以看出立体扣是由一个正方体$ABCD\text{-}A'B'C'D'$切八角而成，不妨设正方体棱长为a，E，F，G，H，I，J，K，L，M，N，O，P分别是12条棱长的中点，通过计算得：$PM=ME=PE=\dfrac{\sqrt{2}}{2}a$，$QE=\dfrac{\sqrt{6}}{4}a$，所以$S_{\triangle EPM}=\dfrac{\sqrt{2}}{2}a^2$，$S_{正方形\,EMFI}=\dfrac{a^2}{2}$，得到立方体的表面积为

$$S_{总}=8S_{\triangle EPM}+6S_{正方形\,EMFI}=a^2\left(\sqrt{3}+3\right)$$

因为在正三棱锥$A'\text{-}EPM$中，$A'R=\dfrac{\sqrt{3}}{6}a$，得$V_{棱锥A'\text{-}EPM}=\dfrac{a^3}{48}$，而立方体正是由8个全等的正棱锥切割正方体而成，可以得出立方体总体积为

$$V_{总}=V_{正方体ABCD\text{-}A'B'C'D'}-8V_{棱锥A'\text{-}EPM}=\dfrac{5}{6}a^3。$$

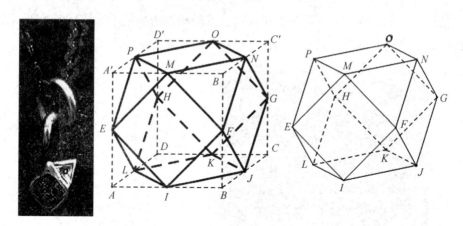

图4-18

　　如图4-19所示锥形螺纹扣一般为老式背扣，其上大部分为平面螺纹，其中，锥形螺纹扣由一个立方体和两个"几"形螺旋圆锥组成。从立体图形角度观察，是由一个正方体$ABCD$–$EFGH$的八角A，B，C，D，E，F，G，H同时被8个球挤压所得，其中I，J，K，L，M，N，O，P，Q，R，S，T都是12棱长的中点，不妨设正方体棱长为a，那么$AI=\dfrac{a}{2}$，小球的半径为$\dfrac{a}{2}$，则$S_{扇形AMU}=\dfrac{\pi}{16}a^2$，$S_{星形RMIN}=a^2-4S_{扇形AMI}=a^2\left(1-\dfrac{\pi}{4}\right)$，因为8个角镶嵌面的面积之和就是一个半径为$\dfrac{a}{2}$的小球的表面积之和，得到$S_{球}=a^2\pi$，所以可以计算出立方体的表面积为

$$S_{表}=S_{球}+6S_{星形RMIN}=a^2\pi-6a^2\left(1-\dfrac{\pi}{4}\right)=a^2\left(6-\dfrac{\pi}{2}\right)$$

　　容易观察出，8个角的体积之和就是一个半径为$\dfrac{a}{2}$的小球体积，经计算得

$V_{球}=\dfrac{4\pi}{3}g\left(\dfrac{a}{2}\right)^3=\dfrac{\pi}{6}a^3$，立方体的总体积为：$V_{总}=V_{正}-V_{球}=a^3\left(1-\dfrac{\pi}{6}\right)$。

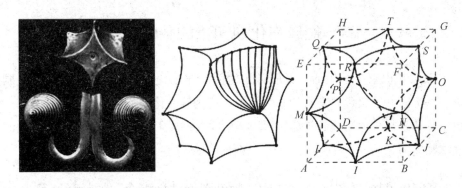

图4-19

图4-20（a）所示为由螺旋圆锥挤压成的平面螺旋背扣，螺旋圆锥背扣与苗族的四螺旋圆锥相似，其流行于尚重、平寨等地区，而平面螺旋主要流行于肇兴、水口、龙额和从江洛乡等地区。通过测量，平面螺旋背扣长约13cm，宽约9cm，中间连接呈"S"形，其形状让人不由联想到阿基米德螺线。又如图4-20（b）所示螺旋圆锥背扣中，我们不仅可以大致作出其三视图，正视图和左视图为正三角形，俯视图为螺旋线，还可以计算其线长。无论是侗族头饰、胸颈饰、背扣饰，都可以从中发现出许多的数学元素，特别是立体几何图。

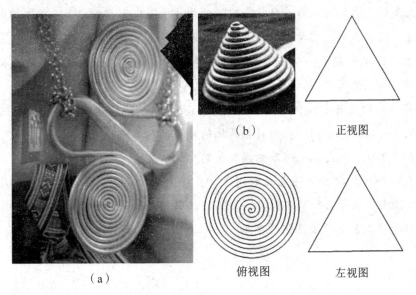

图4-20

4.3　侗族文化视角下的数学教学

数学知识来源于生活，又服务于生活。在侗族的建筑、服饰、银饰、刺绣、手工艺品中蕴含着丰富的数学元素。将侗族文化融入数学课堂教学，在少数民族地区是一种新颖的举措，可以激发学生的学习兴趣，有利于侗族文化的继承和发扬。

课例1 侗族文化融入"二次函数图象增减性概念"的教学片段设计

本节课内容属于人教版数学教材九年级上册第二十二章，在本节课之前是二次函数$y=ax^2$和$y=ax^2+k$的图象与性质，并且之后是函数$y=a(x-h)^2+k$的图象与性质，本节课的内容有着承上启下的作用，所以掌握本节课的知识不仅能让学生更深刻地理解二次函数的性质，而且这个知识点在后续的学习中也是非常重要的。

1.概念引入

师：图4-21是一幅精美的侗族彩色刺绣，十分精致，图片中央是由曲线连接而成的，我们可以看看每一个单独的曲边（图中圈指部分），同学们由此可以想到它像我们之前学过的什么函数的图形呢？

生：可以看成是一个一元二次函数的图象，图中既有开口向下的图象，又有开口向上的图象。

师：同学们非常棒！从图4-21中我们抽象出一元二次函数的图象研究其增减性，开口方向不同，在对称轴两侧的增减性就不同，哪位同学来说一下开后方向的不同，一元二次函数的函数值的变化情况。

生：一元二次函数图象开口向上时，一元二次函数的函数值先减后增；一元二次函数图象开口向下时，一元二次函数的函数值先增后减。

师：同学们通过看图记住了吗？

侗族文化与数学教学

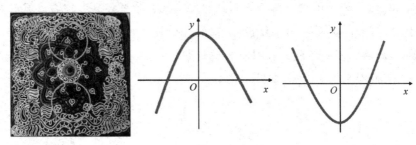

图4-21

师：侗族刺绣是我们侗族人民非常宝贵的文化遗产，上面有许多精美的图案。如图4-22所示，框指部分类似于一个一元二次函数$y=ax^2+bx+c$（$a\neq 0$）的图象，已知该图象上有两点$A(x_1,y_1)$、$B(x_2,y_2)$，且$x_1>x_2$，同学们能分别讨论出y_1与y_2的大小关系吗？

图4-22

生：首先，我们得考虑a的正负以及x_1，y_1与对称轴的距离关系。然后分情况讨论。

师：同学们说得对！如表4-1所示，共有四种情况可讨论，同学们小组讨论一下，随后老师请各小组进行分享。

表4-1

$y=ax^2+bx+c$（$a\neq 0$）			
$a>0$		$a<0$	
x_1，x_2在对称轴同侧①（同左/同右）	x_1，x_2在对称轴异侧②	x_1，x_2在对称轴同侧③（同左/同右）	x_1，x_2在对称轴异侧④

小组1讨论①：此时函数值在对称轴左侧是递减的，在对称轴右侧是递增的。所以当$x_1>x_2$时在对称轴左侧有$y_2>y_1$，当$x_1>x_2$时在对称轴右侧有$y_1>y_2$〔见图4-23（a）〕。

小组2讨论②：由于一元二次函数的图象是关于对称轴对称的，所以讨论在对称轴异侧x_1，x_2对应的函数值y_1，y_2的大小关系时，我们要先考虑x_1，x_2与对称轴的距离，可以看到距离对称轴越远所对应的函数值越大，所以有$y_1 > y_2$或$y_2 > y_1$两种情况［见图4-23（b）］。

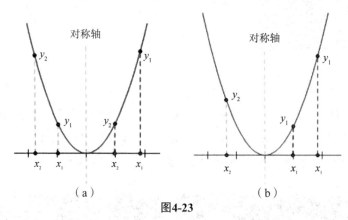

图4-23

小组3讨论③：此时函数值在对称轴左侧是递增的，在对称轴右侧是递减的。所以当$x_1 > x_2$时在对称轴左侧有$y_1 > y_2$，当$x_1 > x_2$时在对称轴右侧有$y_2 > y_1$［见图4-24（a）］。

小组4讨论④：由于一元二次函数的图象是关于对称轴对称的，所以讨论在对称轴异侧x_1，x_2对应的函数值y_1，y_2的大小关系时，我们要先考虑x_1，x_2与对称轴的距离，可以看到距离对称轴越远所对应的函数值越小，所以有$y_1 > y_2$或$y_2 > y_1$两种情况［见图4-24（b）］。

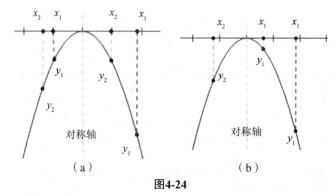

图4-24

设计意图：数学来源于生活，又服务于生活，以侗族刺绣为出发点，让学生有熟悉感，通过有实际意义的问题吸引学生的注意力，让学生积极主动参与课堂的学习探究。在小组谈论探索的过程中发现一元二次函数的增减性，符合建构主义的教学方法，学生自主发现知识、学习知识、掌握知识。

课例2 侗族文化融入"平行线的概念"的教学片段设计

本章是在学生学习了图形的初步知识——相交线、平行线及平移变换等的基础上，进一步探索平行线的有关事实，从现实的情境出发，抽象出"三线八角"的几何模型，并在直观认识的基础上，概括出三类角的概念，进而探究平行线的判定方法与平行线的特性。平行线与相交线是同一平面内两条直线的基本位置关系，平行线的相关知识是学生今后进一步学习三角形平行四边形等知识的重要基础，是几何"大厦"中不可缺少的基石。

概念引入

师：图4-25所示是侗族人民的民族服装，充满了侗族民族气息，显得尤其的庄重！通过放大衣角同学们发现这些直线有什么关系吗？

生：图片中相邻几条直线没有相交。像是通过平移得到的。

师：同学们说得很对！像这样没有交点互相平行的线我们叫作平行线。侗族人民把平行线的性质用到服饰制作上，使得服饰极具视觉美感，也进一步体现了数学知识在侗族人民生活中的重要性。

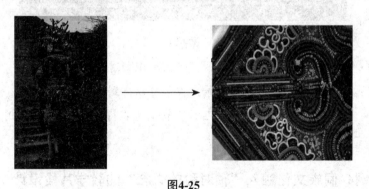

图4-25

课例3 侗族文化融入"平行线的性质"的教学片段设计

平行线性质应用

师：同学们已经学习了平行线的性质，有哪位同学能够说说平行线具有哪些性质呢？

生：两直线平行，同位角相等、内错角相等、同旁内角互补。

师：这位同学说得很对，同学们给他掌声！侗族服饰的制作工艺是十分复杂的，服饰上有许多精美的图案，侗族服饰在服饰上数学图形的装饰下显得格外的靓丽，穿上侗族民族服装整个人显得精神饱满，这与我们数学图形所呈现的视觉效果是密不可分的。同学们发现图4-26中的平行线了吗？

生：图4-26所示是服饰的肩袖，上面有一些平行线。

师：我们任取两条平行线，画出它们的一条截线，根据平行线间的同位角、内错角、同旁内角的数量关系，可以轻松地解决一些平行线间的角度问题。同学们能找到图中的同位角、内错角、同旁内角吗？

生：能！（学生小组讨论）

师：图4-26中，已知∠1=60°，那么∠2、∠3、∠4的度数为多少呢？

图4-26

生1：由两直线平行同位角相等，我们可以知道∠1=∠2=60°。

生2：由两直线平行内错角相等，我们可以得到∠2=∠4=60°。

生3：由两直线平行同旁内角互补，我们可以得到∠3+∠2=180°，所以得∠3=120°。

课例4 侗族文化融入"轴对称的概念"的教学片段设计

轴对称理论是新人教版初中数学教材二年级第十三章第一节第一课时的教学内容，是在学习完全等三角形相关内容之后所学的内容，在初中数学几何图形课程当中，轴对称现象普遍存在，它与我们的生活紧密相连，为以后学习轴对称的性质、图形变换、等腰三角形等相关知识打下了坚实基础，同时也让学生深深感受到轴对称在我们的日常生活当中所发挥的作用以及它的价值所在。

1.概念引入

师：侗族银饰是侗族人民又一大智慧的结晶，侗族女孩穿戴上这些银饰显得格外漂亮，原因就是它们体现了轴对称的特点。

师：如图4-27（a）所示，有同学知道这是什么吗？它的构成有什么特点？

生：这是侗族女孩服饰上的一个背扣，以直线AB划分，左右两边形状和大小是相同的。

师：这位同学回答得非常正确！图形的左右两部分沿着直线AB折叠可以完全重合在一起，我们就称它是一个轴对称图形，直线AB叫它的对称轴，图形中的对应点到对称轴的距离是相等的。

师：图4-27（b）是侗族女孩的一对耳环，将它们摆放整齐，同学们发现它们有什么共同点吗？

生：它们的大小和形状是相同的！不难发现这一对耳环关于直线AB是对称的。

师：任一只耳环沿着直线AB折叠可以与另一支耳环完全重合。我们就称这两个图形是成轴对称的。

生：也就是说直线AB可以叫作它们的对称轴吗？

师：是的，同学们真聪明！这是它与轴对称图形的一个共同点。

生：轴对称图形是针对一个图形而言，而成轴对称是说的两个图形。

师：没错，同学们真聪明！

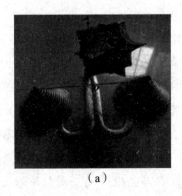
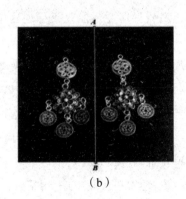

（a）　　　　　　　　（b）

图4-27

2.概念应用

师：鼓楼是侗族人民聚集的场所，也是侗族人民的三宝之一，同学们知道鼓楼有什么作用吗？

生：平日里侗族人民在鼓楼里商议重大事宜，体现了鼓楼在侗族人民心中的地位。

师：说得很对！这与我们数学的发展也是有一定联系的，数学是科学之母，万物皆数学。同学们观察一下图4-28中的鼓楼，在鼓楼第一层瓦片的两边取A，B两点，再任意取鼓楼的对称轴MN上的点P_1，P_2，P_3，P_4，P_5，并分别与A，B两点连接之后，结合前面学习的轴对称知识说一说AP_1和BP_1、AP_2和BP_2、AP_3和BP_3、AP_4和BP_4、AP_5和BP_5有什么数量关系？

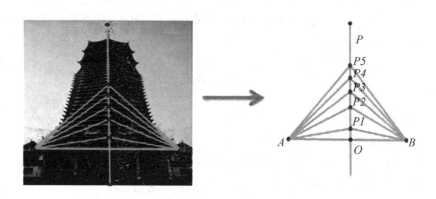

图4-28

生：很显然$AP_1=BP_1$、$AP_2=BP_2$、$AP_3=BP_3$、$AP_4=BP_4$、$AP_5=BP_5$。

师：没错！同学们能说说得到这个结论的依据吗？

生：我们发现如果把线段AB沿中间的直线对折，AP_1与BP_1、AP_2与BP_2、AP_3与BP_3、AP_4与BP_4、AP_5与BP_5分别都是重合的，所以它们分别是相等的。

师：同学们说得非常正确！那可以用其他的方法证明这一结论吗？

生：还可以利用三角形全等SAS判断定理来证明这一结论。

师：既然说到三角形全等，那同学们能够发现图中其他相等的线段和一对相等的直角吗？

生：线段AO和线段BO是相等的，$\angle AOP_1$与$\angle BOP_1$是一对相等的直角。

师：也就是说直线PO是线段AB的什么线？

生：垂直平分线。

师：对！其实这就是线段垂直平分线的性质。

课例5 侗族文化融入"完全平方公式"的教学片段设计

整式是初中数学研究范围内的一块重要内容,整式的运算又是整式中的一大主干,乘法公式则是对多项式乘法中出现的较为特殊的算式的一种归纳、总结。本节课是在学习了整式的加、减、乘及平方差公式的基础上,对多项式乘法的进一步深入和拓展,通过乘法公式的学习对简化某些整式的运算、培养学生的求简意识有较大好处。同时,乘法公式的推导是初中数学中运用推理方法进行代数式恒等变形的开端,也为后继学习因式分解、配方法等知识奠定了基础,是进一步研究一元二次方程、二次函数的工具性内容。学习它,可以发展学生的思维品质,培养学生自主学习、合作探究、合理猜想、推理论证、学以致用的能力,提高学生将现实模型数学化的能力,增强学生对数学的理解和解决实际问题的能力,体验成功的乐趣。因此,它在初中数学中有着承前启后的地位和作用。

本节课的内容来自人教版数学教材八年级上册第十四章,是学生学习了整式的乘法以及平方差公式后的延伸,为将来学习因式分解、配方法做下铺垫,有利于培养学生严谨的推理能力和钻研精神,本节课的内容在中学数学中有着广泛的应用。

渗透文化,发现公式

师:大家都知道侗族服饰十分精美。侗族女孩会在重要的节日里穿戴上侗族服饰,显得格外漂亮。在侗族女孩的服饰上,有一块围裙挡板非常引人注目。同学们观察图4-29,有什么发现吗?

生:通过观察我们可以发现,这是一个由1个小正方形和4个全等的等腰梯形组成的大正方形图形。

师:从中我们可以挖掘出数学完全平方公式的推导所需图形,从而进行完全平分公式的学习。

师:如果我们以其中的小正方形的边长为a,等腰梯形的高为$0.5b$,则可以得到大正方形的边长为$a+b$。同学们讨论一下大正方形$ABCD$的面积怎么求呢?

生:由面积法知:大正方形的面积等于1个小正方形的面积加上4个等腰梯形的面积。

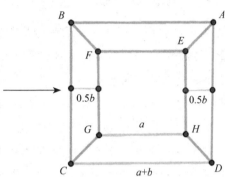

图4-29

师：真棒！所以$S_{大正方形ABCD}=S_{小正方形EFGH}+4S_{等腰梯形GHDC}$，即：$(a+b)^2=a^2+4[a+(a+b)]\times0.5b\div2$，化简得：$(a+b)^2=a^2+2ab+b^2$。

师：很显然这个公式也是可以逆推的：$a^2+2ab+b^2=(a+b)^2$。这就是完全平方公式。

师：如果我们以其中的大正方形的边长为a，等腰梯形的高为$0.5b$，则可以得到小正方形的边长为$a-b$，如图4-30所示，同学们思考一下小正方形$EFGH$的面积怎么求呢？

生：由面积法知：小正方形的面积等于大正方形的面积减去4个全等的等腰梯形的面积。

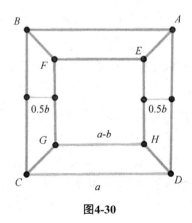

图4-30

师：真棒！所以$S_{小正方形EFGH}=S_{大正方形ABCD}-4S_{等腰梯形GHDC}$，即$(a-b)^2=a^2-4[(a-b)+a]\times0.5b\div2$，化简得：$(a-b)^2=a^2-2ab+b^2$。

师：很显然这个公式也是可以逆推的：$a^2-2ab+b^2=(a-b)^2$。这也是完全平方公式。

师：有哪位同学来总结一下完全平方公式呢？

生：完全平分公式就是：$(a\pm b)^2=a^2\pm 2ab+b^2$。

课例6 侗族文化融入"平方差公式"的教学片段设计

平方差公式选自人教版数学教材八年级上册第14章第二节内容，它是在学生已经掌握了多项式乘法之后，自然过渡到具有特殊形式的多项式的乘法，是从一般到特殊的认知规律的典型范例，对它的学习和研究，不仅给出了特殊的多项式乘法的简便算法，而且为以后的因式分解、分式的化简等内容奠定了基础，同时也为学习完全平方公式提供了方法。因此，平方差公式作为初中阶段的第一个公式，在教学中具有很重要地位，同时也是最基本、用途最广泛的公式之一。

渗透文化，发现公式

师：蜡染也是我们侗族人民宝贵的文化。蜡染之所以精美是因为利用到了不少的数学几何知识，其中一些几何知识也可以应用到数学公式的推导上。从而方便我们在数学公式上的教学。同学们观察图4-31，有什么发现呢？

生：观察蜡染背面可以发现：该图案中有一个大正方形，在大正方形的一条边上还有一个小正方形。

师：回答正确！那我们可以连接这两个正方形的一个顶点，得到了两个全等的直角梯形，如果我们需要求出图中两个梯形的面积，应该怎么去求呢？

生：可以直接求出梯形的面积然后乘2，或者用大正方形的面积减去小正方形的面积也等于剩余两个梯形的面积。

师：那我们会用到哪些求面积的公式呢？

生：要用到梯形的面积公式或正方形的面积公式。

师：我们由梯形的面积公式应如何计算呢？

生：$S_{梯形ABGF}+S_{梯形ADEF}=(a+b)(a-b)\div2+(a+b)(a-b)\div2=(a+b)(a-b)$。①

师：那我们用正方形的面积公式又该如何计算呢？

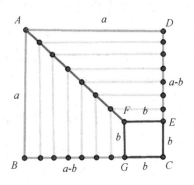

图4-31

生：$S_{大正方形ABCD}-S_{小正方形EFGC}=a^2-b^2$。②

师：最后同学们观察②式和①式有什么关系呢?

生：显然②式=①式。

师：所以我们得到：$a^2-b^2=(a+b)(a-b)$。

师：很显然这个公式是可以递推的：即$(a+b)(a-b)=a^2-b^2$。这就是平方差公式。

数学公式的推导，不光可以用代数的方式推导，还可以通过几何图形进行推导，在少数民族地区的教学中，将学生熟悉的数学元素融入数学公式的推导中，可以极大地提高少数民族地区数学的教学质量。

课例7 侗族文化融入"全等三角形的判定（边边边）"的教学片段设计

本节课选自人教版数学教材八年级上册12.2节内容，本节课的主要内容是探索两个三角形全等的条件和如何利用"边边边"的条件证明两个三角形全等，在之前学生已经学习了线段、角、相交线、平行线和三角形的有关知识。"边边边"是证明两个三角形等的重要方法之一，也是证明线段相等、角相等的重要依据。本节课的学习为今后判定探索三角形全等的其他方法和三角形相似的条件奠定基础，因此本节内容在教材中具有重要的地位。

概念引入

师：侗族鼓楼是侗族人民智慧的结晶，是侗族人民的三宝之一，鼓楼建筑中具有的数学知识数不胜数，充分体现了侗族人民与数学文化之间有着密不可分的联系。有哪位同学对鼓楼结构有所了解，与大家分享一下吧。

生：从外观上看鼓楼，鼓楼整体呈一个宝塔形状，还能看到同一层与非同一层之间有许多三角形；从鼓楼内部看鼓楼，鼓楼内部也有许多的三角形。

师：非常棒！说得很对。同学们可以在图4-32中找到全等三角形吗？

图4-32

生：我们观察鼓楼外部图片可以发现：在鼓楼的外部图片中，包含大小和形状都相同的三角形。由于鼓楼是轴对称图形，直线AD是对称轴，点B，C是一对对应点，根据中垂线的性质和特点得：$AB=AC$、$BD=CD$、$AD=AD$。

师：同学说得很正确，真棒！所以我们利用"边边边"来证明$\triangle ABD$与$\triangle ADC$、$\triangle EFH$与$\triangle EGH$是两对全等的三角形，符号表示为：$\triangle ABD \cong \triangle ADC$、$\triangle EFH \cong \triangle EGH$。

课例8 侗族文化融入"勾股定理"的教学片段设计

勾股定理是直角三角形的一条非常重要的性质，也是几何中最重要的定理之一。它揭示了三角形三条边之间的数量关系，主要用于解决直角三角形中的计算问题，是解直角三角形的主要根据之一，同时在实际生活中具有广泛的用途，"数学源于生活，又用于生活"是本书所体现的主要思想。教材在编写时注意培养学生的动手操作能力和分析问题的能力，通过实际操作，使学生获得较为直观的印象；通过联系比较、探索、归纳，帮助学生理解勾股定理，以利于进行正确的应用。

渗透文化，发现定理

师：刺绣在侗族人民家中是最常见的东西，侗族女孩的妈妈都会手把手传授刺绣的制作方式给自己的女儿，所以刺绣在侗族文化中能够经久不衰。刺绣上总会有许多的几何图案，其中三角形在侗族刺绣中组合出现的方式可以说是数不胜数。老师发现图4-33中绿色圈指部分，分别取三个菱形的一个顶点（点 A，C，E）恰好可以由此构造出一个直角梯形 $ABDE$，且图中还具有一对全等的直角三角形和一个等腰直角三角形。同学观察直角梯形 $ABDE$，发现了吗？

生：一对全等的直角三角形是Rt$\triangle ABC \cong$ Rt$\triangle CDE$。$\triangle ACE$是等腰直角三角形。

师：这位同学非常棒！那么计算直角梯形 $ABDE$ 有几种方法呢？

生：两种，第一种是直接利用梯形公式计算，第二种是算出三个直角三角形的面积加起来就等于直角梯形 $ABDE$ 的面积。

师：哪位同学可以上黑板写出两种计算方法的过程和结果呢？

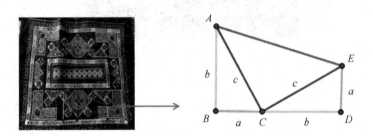

图4-33

生：由梯形的面积公式得：

$$S_{梯形ABDE}=(a+b)\times(a+b)\div2=\frac{1}{2}(a+b)^2 \quad ①$$

由三角形的面积公式得：

$$S_{\triangle ABC}=\frac{1}{2}ab,\ S_{\triangle CDE}=\frac{1}{2}ab,\ S_{\triangle ACE}=\frac{1}{2}c^2$$

显然：

$$S_{梯形ABDE}=S_{\triangle ABC}+S_{\triangle CDE}+S_{\triangle ACE} \quad ②$$

所以：

$$\frac{1}{2}(a+b)^2=\frac{1}{2}ab+\frac{1}{2}ab+\frac{1}{2}c^2$$

所以：$a^2+b^2=c^2$ ③

师：这就是我们今天要学习的直角三角形的三边满足的③式即勾股定理。

设计意图：将侗族文化融入其中，侗族学生可以直观地从图形上利用已掌握的旧知识通过整合去发现新的定理。这对我们少数民族地区的教学是十分有意义的。在此基础上，学生在学习数学时能够加深对生活中所见所闻的认识，体会数学与生活的密切关系。

课例9 侗族文化融入"正多边形和圆"的教学设计

正多边形和圆是人教版初中数学教材九年级上册第二十一章第三节的内容，它是在认识正多边形、圆的基础上更进一步的学习，在学习这个内容之前，前面学生已经学习了正方形、长方形矩形、平行四边形、圆的基础知识，对这些图形都有一定的认识和掌握。学习本节的内容，要学会将几何图形联系在一起进行研究，也为后面的弧长和扇形面积以及几何图形的混合应用打下基础，它是认识正多边形的开始，以及后面所学到的圆内接多边形的概念的生成，是在本节内容的基础上了解概念后进行学习的。圆与正多边形也是在本节的内容中不断进行深入和探讨的。本节的内容也是数学理论知识与实际生活联系在一起的体现，培养学生将抽象数学知识与实际生活建立起联系的能力，是数学学以致用的呈现，这个内容本身的学习在侗族文化的建筑中都有很多的体现与应用。

1.导入图片，创设情境

师：在前面我们学习数学知识的过程中，我们已经学习了圆和正多边形，我们常见的正多边形有等边三角形、正方形、正五边形、正六边形，而圆也是我们经常看到的，如图4-34所示，三张图片中，从左往右依次看，第一张是我们侗族姑娘们穿戴的围裙中的图案，做工精细，精美巧致，第二张图片是在侗族刺绣中经常看到的，它是由正方形通过平移，变换，连接在一起，再用细线绣上不同颜色，做成美观而又精致的图案，第三张图片是由圆和半圆共同组成的，圆也是我们在小学的时候学过的了。同学们在日常的侗族生活中还见过哪些物品有类似的图形呢？

图4-34

生：还有鼓楼、凉亭、侗族姑娘们穿戴的银饰也有正多边形的元素。

师：大家在我们侗族人民的生活中，见过哪些常见的几何图形呢？你可以列举出来吗？

生：侗族常见的几何图形有：三角形（人字形的屋顶）、正方形（鼓楼的第一层）、正六边形（凉亭）、长方形（窗户）……

设计意图：学生在欣赏图片后，会对这些图形有熟悉的感觉，展示的图片都是侗族文化中常见的建筑物和生活中常见的物体。在侗族文化的众多的元素中，要善于去挖掘侗族文化的数学元素，引导学生联想到关于数学的几何知识点，可以引起学生的好奇心和共鸣，培养学生在民族文化中学习数学知识的意识。这样可以引起学生的注意，激发他们的联想思维，检验学生对生活的观察能力，并在回答问题时逐渐进入课堂角色，引导他们联想，从而进入正多边形和圆的课堂学习。

师：同学们所想到的图形都非常好，非常细心，注意到了我们侗族文化和侗族生活的细节，是值得表扬的，那我们可不可以把正多边形和圆这两个元素一起运用到侗族的某些方面呢？这节课我们共同来探讨，来学习正多边形和圆。

2.合作探究，引入新课

师：观察图4-35，大家都非常熟悉它是什么。第一张是肇兴侗寨信团鼓楼，看它独特的建筑风格，雄伟的姿态，大家看看它有什么特点？第二张同样是肇兴侗寨的鼓楼，只不过观察的角度是从鼓楼里面向上看的，从下往上看，它有什么特点呢？可以从他的整体特征看，从数学的角度去认识它，第三张是侗族劳动人民灌溉用的水车，它体现了侗族人民的智慧结晶，从数学的角度去认识它，它又有什么样的特点，结合三张图片，我们一起看看它们有什么共同的特点呢？在哪些方面有共性呢？（对学生进行分组，每小组6个同学，叮嘱学生：小组成员间要积极地进行讨论，并在练习本上写出它们的特点是什么，每小组至少要写出6条，6分钟过后我们请两个小组来分享一下他们的答案是什么）

（经过6分钟的积极交流、激烈讨论、合作后）

生1：①都含有圆和多边形。②多边形是正多边形。③圆点到各边的距离相等。④圆点的中心也是正多边形的中心。⑤圆点中心到多边形上的顶点的距离相等且等于半径。⑥正多边形的顶点都是在圆上。

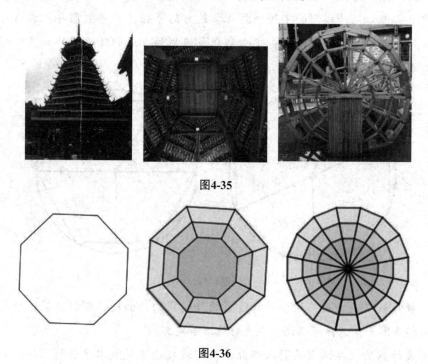

图4-35

图4-36

生2：①多边形在圆内。②圆内的多边形是正多边形。③圆内接多边形可以是很多顶点，顶点的个数是多变的。④圆心到正多边形的顶点的长度是相等的，都等于半径。⑤正多边形的边所对的圆心角是相等的，因为我们用量角器测量过了。⑥正多边形所对的圆弧的长度是相等的。

师：依据学生的回答，同学们都是非常棒的，也有善于发现问题的双眼。

引导学生发现图形的共同特点，教师再引导归纳出正多边形和圆的特点，并给出图形的平面图形，在黑板上给学生画出平面图形，对学生进行表扬，然后自己再系统地给出圆外接正多边形的相关概念及名称，在给出圆内接正多边形的一些概念时，要结合平面图形进行理解。

设计意图：让学生在给定的几张实物图中，结合自己是侗族学生，与生活实际相联系，发挥自己的发散思维，从不同的角度去发现、分析问题、归纳问题，并试着解决问题，发挥学生的主体作用，调动学生的积极性，把课堂的主动权交给学生，教师要做好方向的把握。

师：对圆内接多边形的相关概念一边说一边进行板书写出概念的定义。

定义：如图4-37所示，我们把一个正多边形的外接圆的圆心叫作这个正多边形的中心，外接圆的半径叫作正多边形的半径，正多边形每一边所对的圆心角叫作正多边形中心角，中心到正多边形的一边的距离叫作正多边形的边心距。

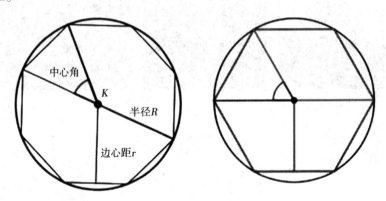

图4-37

教师板书完成后，结合正八边形的外接圆的平面图，理解正多边形外接圆的相关定义，这样可以让学生更好地理解定义。

设计意图：在课程的引入部分就用侗族鼓楼建筑和水车进行引入，让学生感受到不一样的导入方式，这样可以持续引起学生的注意，也训练他们的抽象能力，将建筑中的数学元素与自己的元认知构建起联系，进一步强化他们自我学习的能力，合作交流的学习方式，充分发挥学生的主体作用，保证学生在课堂的主体地位。图形和概念相结合，这样有助于定义的理解。

师：矩形是正多边形吗？菱形呢？正方形呢？为什么？根据这些图形来思考问题。

生：矩形不是正多边形，因为四条边不一定都相等；菱形不一定是正多边形，因为四个角不一定相等，正方形因为四条边相等，四个角也相等，所以是正多边形。

师：我们来看这个的探究题，如图4-38所示，把⊙O分成相等的5段弧，依次连接各分点得到正五边形$ABCDE$。

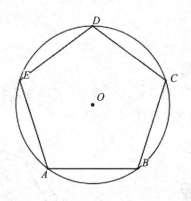

图4-38

教师分析：首先这是一个圆内接五边形，而且五条边是五条相等的弧所对的边，我们知道同弧或等弧所对边相等，这就是正五边形的由来，我们还要从角的角度来考虑，也是运用同弧或等弧所对的圆周角相等，那么这个题我们就可以解出来了，我们一起来写出这个题的解答过程：

解：$\because \overset{\frown}{AB}=\overset{\frown}{BC}=\overset{\frown}{CD}=\overset{\frown}{DE}=\overset{\frown}{EA}$ ，$\therefore \angle A=\angle B$ ，$AB=BC=CD=DE=EA$，$\overset{\frown}{BCE}=\overset{\frown}{CDA}=3\angle \overset{\frown}{AB}$，同理$\angle A=\angle B=\angle C=\angle D=\angle E$，又$\because$ 五边形$ABCDE$的顶点都在⊙O上，$\therefore$ 五边形$ABCD$是⊙O的内接正五边形，⊙O是五边形$ABCDE$的外接圆。

设计意图：运用以前学习过的知识来推导圆内接多边形为正多边形，复习圆的相关知识，用同弧或等弧所对的弦、圆周角相等这个知识点来证明本题五条线的长度是相等的，从而证明圆内接多边形为正多边形，也得到弦围成的五个角是相等的。

师：探究正多边形和圆的关系，圆的原点和圆内接正多边形的中心有什么关系？圆的半径和正多边形的半径有什么关系？引导学生一起来完成表4-2。

表4-2

正多边形	外接圆
多边形的边相等	弦相等
多边形的角相等	圆周角相等

设计意图：让学生理解和分清楚正多边形和外接圆的关系与联系，这样有利于学生对概念的深刻理解，也知道正多边形和圆有些量是相等的，如正多边形的半径和圆的半径是相等的，正多边形所有的中心角之和等于圆的周角。

3.巩固新知，提升能力

如图4-39所示，有一个亭子，它的地基是半径为4 m的正六边形，求地基的周长和面积（结果保留小数点后一位）。

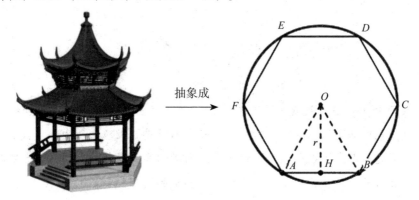

图4-39

教师分析：亭子的地基呈一个正六边形，那么我们就可以用所学知识一步一步地分析，从而算出所要求得的问题。将左边的实物抽象成为右边的正多边形和圆的平面图，这样我们就能运用勾股定理计算出来了，同学们自己动手算一下。

设计意图：通过对课本例题的讲解，学生能对类似问题的求解有所掌握，在此基础上，充分理解正多边形的定义，将课本的概念运用到实际求解的问题上。这是本节课的重点内容，也是本节课的难点。

师：观察图4-40，雄伟屹立在侗寨中央的鼓楼腰部是正八边形，本节课我们学习了正多边形和圆，那么正多边形应该怎样画呢？仔细观察正多边形的特点，它的画法和圆又有什么样的关系呢？可不可以借助圆来画出正多边形呢？思考一下，试着画出正八边形。

图4-40

生1：可以用直尺、圆规和量角器将它画出来，先画出一条射线，用量角器量出我们所需的角度，描好点，依次用虚线将所描出的点连接起来，再用圆规画出一个圆，先把圆弧与虚线的交点依次描出来，再用实线将相邻虚线与圆弧的交点连接起来，即可得到圆内接正多边形。

生2：画一个圆，算出周长，再将圆的周长除以所求得正多边形的边数，就可以得到圆内接正多边形。

设计意图：让学生在已有的认知中想一想如何来解决这个问题，引导学生思考，让学生时刻参与课堂的学习，提出问题让学生去寻找解决问题的办法，可以构建起知识间的联系，以达到更好的教学效果。

师：正多边形的画法要用到直尺和量角器，同时它也要借助圆来画出；由于同圆中相等的圆心角所对的弧相等，因此作相等的圆心角就可以等分圆周角，从而得到相应的正多边形。

图4-40中是正八边形，半径的长度没有要求，假设它的半径为2cm，那么我们先来画一个半径为2cm的圆O，用量角器画一个$\frac{360°}{8}=45°$的圆心角，它对着一段弧，然后在圆上依次截取与这段弧相等的弧，得到圆上的8个等分点，顺次连接各分点，即可得到正八边形（如图4-41所示）。

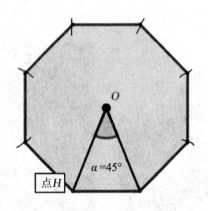

图4-41

师：对于一些特殊的正多边形也可以用直尺和圆规做出，如正六边形，由于正六边形的边长等于半径，所以在半径为R的圆上依次截取等于R的弦，就可以把圆分为六等分，顺次连接各点即可得到。再如正四边形，用直尺和圆规作两条互相垂直的直径，就可以把圆分为四等分，从而作出正方形。

设计意图：整合同学想到的解决问题的办法，教师介绍课本中解决问题的办法和思路，得到一个比较统一化的方法。形成新认知的构建，达到教学的目标。

4.课堂小结

（1）正多边形的中心、边心距、半径、中心角的概念（把一个正多边形的外接圆的圆心叫作这个正多边形的中心，外接圆的半径叫作正多边形的半径，正多边形每一边所对的圆心角叫作正多边形中心角，中心到正多边形的一边的距离叫作正多边形的边心距。）；几何图形中对圆内接正多边形面积的计算；用直尺和圆来画出圆内接正多边形以及求出圆内接正多边形的中心角的度数。

（2）将侗族文化融入数学的教学中，让数学贴切我们的生活，服务生活，一方面可以帮助我们理解数学知识，激发学习数学的兴趣。另一方面，它也有助于同学们更好地了解我们本民族的文化，并将侗族文化继承下去，发扬光大，对继承民族文化具有重要意义。

设计意图：本节知识是在侗族文化视角下进行的课堂教学，可以帮助学生理解教学内容，在一定程度上调动学生的积极性，活跃课堂气氛，更好地让学生参与和加入到课堂的交流互动，教师更好地把握学生是学习的主体，再者对所学知识以一种新颖的形式呈现给学生，可以激发学生的求知欲，教师得以发挥组织者、合作者、引导者的作用，和学生共同完成本节内容的学习。

5.布置作业

（1）正多边形都是轴对称图形吗？如果是，它的对称轴在哪里？正多边形都是中心对称图形吗？

（2）请同学们课下思考，在我们侗族人的生活中，还可以在侗族文化中寻找到哪些有关数学的知识，大家用笔记本记录下来，下节课我们一起来总结一下同学们的成果，看哪位同学找到得越多又好。

设计意图：可以将侗族文化通过课堂教学的形式让学生得到初步的理解，第二个小题的作业既可让学生探索侗族文化，又可以激发学生的观察能力，巩固学生所学的内容；这样可让学生在教学中得到发展，在发展中得到教学，把握学生在教学过程中的主体地位。

课例10 侗族文化融入"柱体、锥体、台体的表面积"的教学片段设计

柱体、锥体、台体的表面积与体积是新人教版高中数学必修二第八章第3节的第一小节。本节内容是在学生已从结构特征和视图两个方面感性认识空间几何体的基础上，进一步从度量的角度来认识空间几何体，它属于立体几何入门的内容，所以教学的目的在于使学生了解空间几何体的表面积的计算方法，但不要求记忆公式，并能进一步计算简单组合体的表面积。

创设情境，引入新课

师：同学们观看图4-42，大家知道这是什么吗？我们经常会在哪里看见它？

生：是鼓楼，在我们的寨子就有，这个鼓楼应该是黎平肇兴唐安鼓楼。

师：是的，这是我们都非常熟悉的鼓楼。鼓楼是我们侗寨的标志性建筑物，是我们侗族的象征，它凝聚了侗族人民的智慧和心血。

师：请大家仔细观察，鼓楼是由哪些几何体构成？你能画出它们的立体结构图吗？

生：最上面的楼冠是一个正八棱锥，鼓楼的每一层都是正八棱台，最下面是一个正八棱柱。

图4-42

师：对！鼓楼可以看成由一个正八棱锥、一个正八棱台、一个正八棱柱修建起来的建筑物，它们的立体结构图如图4-43所示。

师：若修建此鼓楼顶每平方米大约需要40块瓦片，你能估算出修建此鼓楼顶需要多少瓦片吗？

生：学生窃窃私语。

师：这就要用到我们这节课即将学到的柱体、锥体、台体的表面积知识。

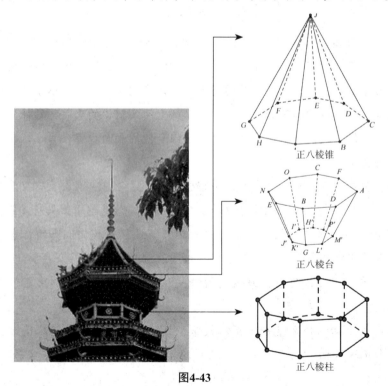

图4-43

　　设计意图：侗族鼓楼是学生们都很熟悉的侗族标志性建筑物，鼓楼是由立体几何中常见的几何体构成，所以可以利用学生熟悉的侗族鼓楼创设数学情境，设置恰当的相关数学问题，逐步引入课题"柱体、锥体、台体的表面积"，从而使学生认识到数学源于生活又应用于生活，由此激发学生的学习兴趣，激活学生的数学思维。

　　侗族人民日常生活中有许多常见的精美的服饰、刺绣、银饰等，它们做工精细，所呈现出的视觉美感往往与数学知识息息相关。其中，侗族人民在服饰、刺绣、银饰、建筑方面的制作将我们数学中的一些数学概念与之融入，其展现出来的数学图案在我们初中阶段所学的数学知识中有一定的涉及，所以我们可以将侗族人民生活中与数学知识有联系的物件应用到数学概念教学中来，可使数学课堂更加生动有趣，让少数民族地区学生倍感亲切，增强学生学习数学的自信心和积极性。还可以将侗族人民的民族文化与数学文化结合起来，应用到数学命题的教学中去，这将会使得少数民族地区的学生不再畏惧数学命题知识的学习，从而使得教师能够更好地传达数学知识给少数民族的学生。

第5章　布依族文化与数学教学

布依族是中国西南部的一个少数民族。他们的主要风俗文化包括建筑风俗、服饰风俗、饮食风俗等，布依族的民居有楼房、半楼房和平房等多种类型。布依族建筑通常使用圆木建造，蕴含数学中的正方形、长方形以及利用三角形的稳定性、立体几何的平行性等数学知识，还蕴含有正弦函数、余弦函数、圆等数学元素；布依族的服饰蕴含旋转、平移、相似、位似、平行线、同心圆、阿基米德螺线、漩涡纹、圆点纹等数学知识；背扇芯中有伯努利双纽线、四叶玫瑰线、三叶玫瑰线、心形线等等。

布依族文化中蕴含丰富数学元素，将布依族文化有效融入民族地区中学数学的某些概念、命题、定理教学中，有助于激发学生学习数学的积极性与主动性，有利于民族文化的继承和发扬，可以更好地践行新课改要求。

5.1　布依族简介

布依族以农业为主，有"水稻民族"之称。勤劳智慧的布依族先民创造了属于自己的民族语言和文字，布依语属汉藏语系壮侗语族壮傣语支，与壮语、泰语（傣语）有密切的关系。根据语言学分类，布依语与我国壮语的北部方言是同一种语言。布依族按照语言发音、声调大致分为三个土语：第一土语（黔南土语）、第二土语（黔中土语）、第三土语（黔西土语）。

布依族历史悠久，秦以前，布依族称"濮越"，两汉六朝税"濮僚"，魏晋南北朝时期，布依族与壮族合称"俚僚""蛮僚"或"夷僚"。唐代称"西南蛮"，由于布依族善于耕种水稻，耕种水稻文化有"种人""种家"等，到宋元时期籍中有"蕃""仲家蛮"之称。明清史籍称布依族为"种苗""仲蛮"和"古仲"等，据《弥勒州志》载："种家亦作仲家"。民国年间，布依族还被称为"夷家""夷族""水家""水户""土人""土边"等。但布依族始终按照古老的族称，自称为"濮越"（依）、"濮僚"（饶）（第一、二土语区）和"濮俚"（夷）（第三土语区），这些自称保留有"族""人"的意思，含有民族自尊之意。

新中国成立后，国家开始进行民族识别，并在民族地区开始推行汉文。为尊重布依族人民的意愿，1953年8月，中央人民政府民族事务委员会以〔1953〕字第77号文函，废除"仲家""水户""夷家""土边"不妥的称谓，根据布依族自称的历史，以"濮"与"布"、"越""俚""与"依"读音相近，统一用"布依"为本民族的族称，正本清源，恢复了布依族族称的本来面目，确定统一用"布依"作为民族名称。

根据《中国统计年鉴2021》，截止到2020年，中国境内布依族的人口数为357.675 2万人，其中贵州271.06万人，占布依族全国人口总数的75%以上，是布依族最主要的聚居地。布依族是我国少数民族中人口较多的民族之一，居住在贵州、云南、四川等6省市区的近百个县内。

在贵州省内，布依族主要聚居在黔南和黔西南两个布依族苗族自治州、安顺市、六盘水市和贵阳市郊区。贵州其他地区和云南、四川两省部分地区也有少量分布。因有传言"说布依话读不好书"，越来越多的布依族家长不再教孩子布依语。语言失传后，服饰、风俗等民族文化也随着消失，至此，这些村寨便遗失了本民族的文化传承。近年来，越来越多的人呼吁保护民族文化，然而很多"布依寨"早已不再是曾经的布依族村落，有的布依村寨老老少少没有一人会布依族语言，甚至除个别老人外就没人了解一点点本民族的习俗及文化，在文化传承都没了的村寨里，谈"保护民族文化"，怎么保护？保护什么样的民族文化？值得我们深思。

5.2　布依族文化中的数学元素

建筑作为生活及美学的一部分，既丰富了人们的生活又体现了民族的特色。服饰作为一种艺术，归根结底是由生产力和生产关系决定的。布依族服饰的发展变化，虽然受到其他民族文化的影响，但是其社会内部生产力和生产关系的变化，始终是布依族服饰发生变化的决定因素。民族服饰是在历史长河中逐渐形成的，是民族文化的重要组成部分，吕传汉先生曾说过"数学教育必须科学地处理好数学文化与民族数学文化的关系"[①]。所以，将布依族文化与数学课堂教学有机结合，体会数学文化的民族性，在提升数学素养的同时既能起到对布依族文化传承的作用，也能在传承过程中弘扬民族传统文化。

使用数学中立体几何和平面几何的研究方法，对布依族地区的建筑文化、服饰文化、生活习惯进行介绍，目的是让其他民族对布依族的生活生产习惯有所了解，与此同时，在传承、发展和保护布依族文化的过程中，促进布依族地区经济发展，增强民族之间的凝聚力。

5.2.1　布依族建筑中的数学元素

1.布依族建筑结构的特色及其蕴含的数学元素

在《布依族风俗志》中这样写道："布依人在建造房屋时，要找好向山和靠山的地势，向山要选择二龙戏珠、二龙抢宝的地方，靠山要青龙环护、贵人座椅的地势。"[②]布依人民的建筑采用平行线的诸多性质，在图5-1（a）和图5-1（b）中可以看出整体呈三层式，看起来非常大气，采取垂直建法，整体是一个椎体。其中，第一层通常是用来圈养牲畜的，采用的是地楼式，在图5-1（d）中四周是用方块石头砌的，里面构成一个长方体的空心框架结构，只留有一个长方形的门，没有窗户，非常稳固。上面是用木板、石灰来密封的，木板在密封的过程中采用的是木匠常说的"丝牙加固"，其原理是用特殊工具做成的凹槽与凸槽的结合，凹槽是用工具推成的长方体凹槽，凸槽是用工具推成的长方体凸条，两个木条的合拢和石灰粉的结合，既达到密封的效果，又能防止棉虫。这样一来，第一层的牲畜的异味就不会影响第二层，可以说，第一层的固定是建第二层的基础。整个平面结构完成，如图5-1（c）中的长方形结构，它的长为18m，宽为14.6m。前面的一间宽为7m，长为5m。中间的堂屋是一个边长为8m的正方形，是一个重要的传统设计，非常讲究。第二层和第三层则是人居住的。第二层是一个大型的长方体框架，在固定好这四根柱子后，中间还会增加许多的圆形木柱，柱子之间用侧面是等腰梯形的四棱柱木块连接，然后用一个圆柱形木钉从侧面横穿固定。从实物图（见图5-2）和平面图

① 吕传汉，张洪林.民族数学文化与数学教育[J].数学教育学报，1992（01）：101-104.
② 马启忠.论安顺布依族的服饰文化[J].安顺学院学报，2009，11（02）：4-6，14.

（见图5-3）可以看出这样的结构使柱子之间成为一个强有力的整体，从数学的角度看，是一个结构复杂的几何体。第三层与第二层紧密相连，工匠们采用长方体与三角形的结合，因为三角形具有稳定性，既美观又实用。房屋的侧面是第二层与第三层的结合体，下面是几根平行的圆柱，中间用长方体木板补充完整，上面则是一个大三角形，用上述的棱柱体法加固柱子之间的连接。

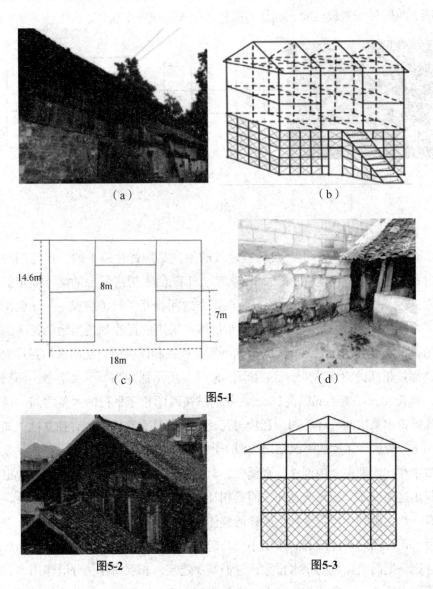

（a）

（b）

（c）

（d）

图5-1

图5-2

图5-3

在房屋的图5-4（a）所示部分结构中，为了保证房屋结构的稳定性，其内部分解时采用了立体几何学，如图5-4（b）所示，圆柱与圆柱之间，用长方体的木板贯穿，长方体的侧面的长为20cm，宽为6cm，它的贯穿长度由具体的圆柱之间的长度而定。当木块的位置确定后，木匠会在如图5-4（c）所示处凿出一个以等腰梯形为侧面、以圆柱直径为长的槽，再用和梯形槽相似的木钉进行加固，将圆柱与木板之间、圆柱与圆柱之间连接成一个整体。

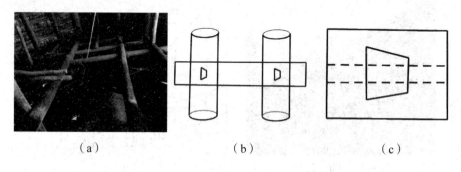

（a）　　　　　　　　　　（b）　　　　　　　　　　（c）

图5-4

1）屋顶中的数学元素

如图5-5和图5-6所示，布依族建筑的屋顶是用瓦片铺盖的，房屋的顶上可看作两个矩形平面。在铺盖瓦片之前，工匠们先把房屋上的檩条固定好，如图5-6所示檩条采用长的木条，两两木条之间相互平行，组成一条条的平行线。木条之间的距离不超过15cm。布依族所采用的瓦片都是当地的瓦窑烧出来的，主要有黑瓦和红瓦。因为采用的制瓦模板相同，所以烧出来的瓦片大小形状都是相同的，如图5-5（a）和图5-5（b）所示瓦片为弧平面造型，两端翘起，弧长20cm，厚1cm，高18cm。分别搭在两两相互平行的木条之间，通过瓦片使得木条之间环环相扣，瓦片与瓦片之间既具有整体性也有独立性，如图5-5（b）所示，瓦片的平面结构类似于正弦函数和余弦函数图象。在正、余弦函数中存在周期性、单调性、奇偶性、对称性，在房屋的顶上瓦片侧面中也不难找出这些性质。瓦片与瓦片之间是相辅相成的，但是由于自身的独立性，即使有一片瓦破裂或严重受损，屋顶的整体结构却不会受到很严重的影响。总体来说，瓦片凸起要比凹起的作用小。凸起的瓦片是往两边弧面排水，而凹起的瓦片则是把两边瓦片的积水排除，它们顺次连接，相互协作，分散作用力，从而为房屋构成一个完美的保护伞。这种房屋在贵州省黔西南的布依族村落里非常常见，这里的人们把它叫作地楼式房屋。这样的房屋建造起来不会有太高的成本，住着也舒服，有冬暖夏凉的作用，寿命一般在50年左右，可以见证一代人的生活时光。在这里很多人都过着闲情逸致的生活，每逢佳节他们都会相聚一堂，山歌声在山里回荡，这样的生活多么的令人向往。

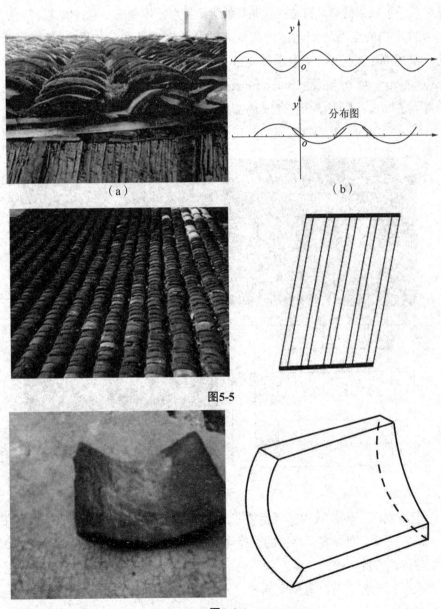

（a）

（b）

图5-5

图5-6

2）民族村寨中的数学元素

基于党的好政策和政府的有力领导，现代的建筑元素融入村寨，别墅型建筑越来越受到人们的青睐，每家每户都有自己的想法，所以保持原有的布依族特色建筑成为一大难题。基于安龙县打凼村的文化背景，政府组织集资修建了这样的一个民族村寨，打造成安龙县的旅游景点，体现出安龙布依族的特色。

打凼村的全面规划是按照布依族的风格来设计的，如图5-7所示的大门是一个混凝土工艺的大门，高有12m，中通，有3个门。大门是通车辆的，宽4m，高7m，两个侧门宽2m，高6m，供人马走动。大门的上方是混凝土做成的雕像装饰，看似平淡，实则其内部重峦叠嶂，可以说是立体几何复合体，非常壮观。大门的顶上盖有弧形的红瓦，走近一看就有一种民族气息迎面而来。

图5-7

走过大门，你会看到一条清澈见底的河流，桥上有两排平行的长凳，这是布依族人民欢迎贵客所准备的，每逢佳节会有村子里德高望重的老人坐在长凳上等待远方的客人，算得上是尽地主之谊的一种待客之道。因为民族特色，所以几乎每天都会有游客慕名而来。路面如图5-7所示，每块长方形石板砖的尺寸都是40cm×20cm，小块石板砖是用大块石板砖按照一分为二的方式切割而得。当人们走在一块块排列整齐的长方形石板砖上的时候，可以感受到非常庄严的氛围，这里的建筑多数都是三层式，第一、二层没有使用古时候的木头建筑，采用的是钢筋混凝土的矩形框架结构，这样既结实又耐用。而第三层则是用木头建的瓦房，中间是木头撑起的圆柱子，顶上是圆木架起的三角支架，如图5-7建筑区所示，这种为游客设计的游玩区，下面两层是住宿和就餐所用，使得来玩的游客在感受布依族风情的同时，能够体验生活的乐趣。

为了体现布依族人民尊老爱幼、孝敬老人的传统美德，打凼村特意为老人们建造了娱乐休闲场所，其中以凉亭和石凳为主。如图5-8和图5-9所示，凉亭外形是六根圆木支撑起的正六棱柱，地面用一根根木条围成正六边形地板，看起来既干净又整洁，非常的雅致，老人们没事的时候就会来这里畅谈过去。

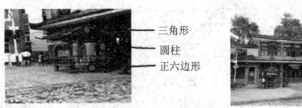

图5-8   图5-9

2.栏杆中的数学元素

布依族是一个历史悠久、具有深厚文化内涵的少数民族。几千年的历史年轮驶过，布依族人民取得了物质文化及精神文化的创新性发展，从而形成了鲜明独特的楼居建筑文化。布依族楼居建筑文化中的"干栏式"建筑，举世闻名，源远流长。"干栏式"楼居建筑有"落脚型干栏"和"吊脚型干栏"两种。布依族的"干栏式"楼居建筑是布依族人民在历史长河中，物质文化及精神文化积淀之深厚的集中体现。从人类学的角度来看，"干栏式"楼居建筑是布依族人民为了正常生产和生活的需要，建造的"上人下畜"的"干栏式"楼居建筑。因地而异的建筑形式反映了布依族人民对自然的适应和改造能力。从美学的角度来看，布依族的"干栏式"楼居建筑典雅、古朴，无论是大门、窗户、栏杆、走廊、楼梯，还是屋面到屋顶的装饰都别具特色，工艺精湛，给人以美的享受。

布依族的楼居，如图5-10（a）所示，"干栏式"楼居屋顶形状大都以相似三角形为主，三角形具有稳固、耐压的特点，著名的埃及金字塔、埃菲尔铁塔也正是应用了三角形的这一性质。任意选择屋顶中的一个三角形作图分析，如图5-10（b）所示，三角形屋顶的两侧均由几个小三角形交叉排列组合而成，这样的做法一方面增加了屋顶的稳定性，另一方面也增加了屋顶外观上的对称、和谐美。

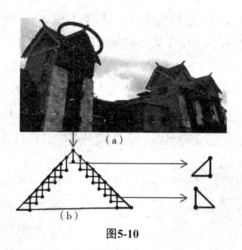

图5-10

"干栏式"楼居屋顶也有梯形形状的［见图5-11（a）］，屋顶面的装饰中有着类似蜡染纹样图案中的"流水纹"，如图5-11（b）所示，以正弦函数或余弦函数为框架，与圆相组合装饰屋顶面。屋顶面上还有外围以有限循环的等腰三角形构成，内以半圆形呈现，形似半个太阳，有限循环的等腰三角形包裹着半圆形［见图5-11（c）］，放眼望去，犹如熊熊燃烧的火焰，体现着布依族人民火辣辣的热情。

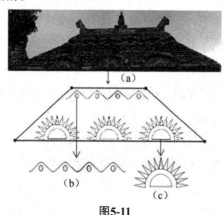

图5-11

在布依族的栏杆中一般以几何图形为主，比如圆、平行四边形、矩形、菱形等。如图5-12（a）所示，整个栏杆是以矩形［见图5-12（b）］和菱形［见图5-12（c）］经平移得到的，整体不仅是轴对称图形，还是一个中心对称图形。仔细观察栏杆中的菱形，可以看作用同一个直角三角形［见图5-12（d）］，以直角C为旋转中心，分别旋转而得到的菱形，这也恰好体现了菱形对角线互相垂直且平分，并且每条对角线平分一组对角的性质。

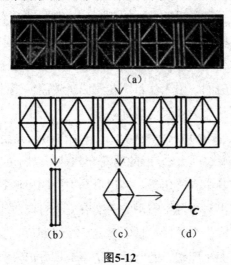

图5-12

在布依族人民的生活中常常会运用对称的数学元素，对称在数学中具有重要数学意义，亦是数学文化的重要特征之一。在古代，"对称"有"圆满""和谐"之意，给人以更集中、完美、庄重的美感，布依族建筑中充分利用了对称，使得数学与布依族建筑文化完美结合。

5.2.2　布依族服饰中的数学元素

布依族的服饰是打开布依族文化的一扇窗，是了解布依族文化的敲门砖，布依族的数学文化将从这里开始。在我们生活的这一片土地下，除了传统的节日（如三月三、六月六、七月半等）以外，比较隆重的就是结婚和老人去世。虽然许多事情都循序渐进，顺应时代潮流，但依旧有些古老的文化传统沿用至今。

服饰主要有御寒、遮羞、装饰三个方面作用。"服"指的是人们为遮羞蔽体、装饰打扮、御寒保暖的生活用品。它不仅是人们生活中的必需品，也是人类走向文明的一个重要标志，一个民族文化的外在的集中体现。"饰"是为增加人们服装外形上的美观程度，为外在形态美而存在的。其产生和演变过程与经济、政治、军事、文化以及生活习俗等均有着密切联系，相互之间存在一定影响，所以各个时代的民族之间都有各自不同的服饰特点及风格。

老人去世称为"白事"。在过去，尤其是少数民族地区，在为老人举行葬礼的当天，他的儿媳妇会穿上一件民族区域自制的衣服，这件衣服体现当地民族特色，具有很强烈的民族性，而且衣服的设计图案有不同的含义。在布依族的衣服设计里面有一种常见的花，叫刺梨花，刺梨花在农村是非常常见的，且被布依族人称为花中的"美女子"，只开于三四月份，其花香扑鼻，引起无数的蜜蜂来采蜜，花蕊成圆形，花瓣向四周展开多层奇数瓣。它的花瓣有白色和粉红色两种，非常美丽，引人注目。花瓣曲折美丽，是一种曲线美。因此，布依族人选用它的形状作为衣服的装饰。

如图5-13（a）、图5-14所示的帽子，其主体结构是由一条条带状的花边包裹成圆形的帽边缘和一块长方形的绣花布构成。帽子的边缘由做工精细的平面几何图形组成，其中有三角形、多边形、平行四边形等几何图形。即使结构复杂，也能从中找出对称轴，帽子的前端有三个对应成比例的银饰刺梨花装饰。绣花布和帽缘连成一个整体，且向后翻折，似牛角一般，表示人们对牛奉献精神的敬意。翻转面（即帽子的背面）是一个长方形。在底端有两个绣花全等三角形，三角形的斜边有条绣花条纹。布依族喜欢居住在山水之间，两个三角形就象征着两座大山，斜边的花纹代表山上枝繁叶茂的丛林，这也表示了布依族对大山、树木的崇拜之意，中间平坦的地方象征着一条宽广的大河。

如图5-17～图5-19所示的布依族的衣服做工也是非常讲究的。整套衣服和裙子不用太鲜艳的布料，依然看起来有立体感，它体现了布依族"歪襟衣"的设计理念。衣服的图案曲折有度、连绵不断，装饰的线条与正反面彰显出立体感，这也属于一种传统的制法，整体效果美观大气。在衣服的两底端偏上的地方各有一个梯形的装饰，此装饰看似普通，其实它有许多暗纹，需要近观才能发现。底端的花纹角大有来头。在普通人的眼里它只是普通的装饰，可是在布依族人们的眼里它是两把锋利的尖刀，具有杀鬼的作用。两端的尖角按照一定的比例制造，可看作两个相似角。衣袖的设计是上端两条平行线，分别绣得有黄色花纹和浅绿色花纹，下端是三条平行线，中间较宽，绣得有桃花花纹、星形。中间是盛开桃花的枝叶，线条搭配合理，色彩鲜艳。它与裙子连在一起，裙子的设计较为简单一些，它是自制的一种蜡染花纹布料做成褶皱式，具有伸缩性，走起路来很方便自然。

这种传统的服饰适合在白事或重要的祭祀活动中穿戴，是民族地区的特色之作。然而在平常待客、走亲访友、青年约会、儿童等就会穿戴喜庆一些，通常会戴一些手饰、项圈。

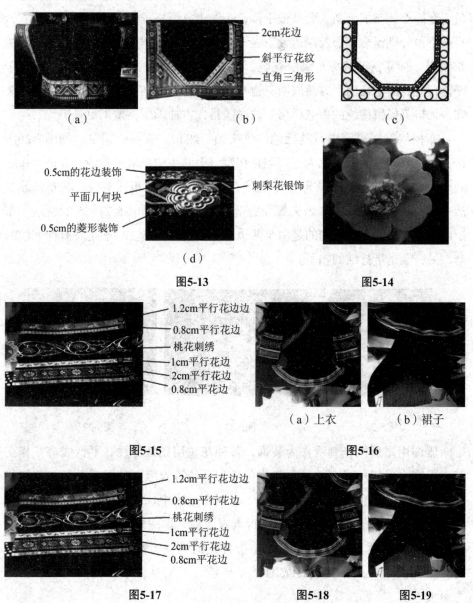

（a）　　　　　　　　（b）　　　　　　　　（c）

2cm花边
斜平行花纹
直角三角形

0.5cm的花边装饰
平面几何块
0.5cm的菱形装饰

刺梨花银饰

（d）

图5-13　　　　　　　　　　　　图5-14

1.2cm平行花边边
0.8cm平行花边
桃花刺绣
1cm平行花边
2cm平行花边
0.8cm平花边

（a）上衣　　　（b）裙子

图5-15　　　　　　　　　　图5-16

1.2cm平行花边边
0.8cm平行花边
桃花刺绣
1cm平行花边
2cm平行花边
0.8cm平花边

图5-17　　　　　图5-18　　　　　图5-19

1.布依族婚俗服饰中的数学元素

布依族婚俗是民族特色的一种重要体现。黔西南的布依族男女青年通过吹木叶、唱山歌传递情感，如果男女之间情意相通，就会继续深交。嫁女儿乃是布依族的两件大事之一，凡是家里有成年女儿的布依族人家都会提前为她准备一套嫁衣，布依族新人要戴银手镯，头缠正方形格子包布，身穿绣花短衣，衣缝下角分别镶绣花边及滚边；下身多穿蓝色百褶长裙，有的系青布围腰或绣花围裙，脚穿精美翘鼻子满绣花鞋，整套服装集纺织、印染、挑花、刺绣于一体，并在沿左衽前下方镶嵌两三道带色布边，领前结扣处喜用银泡纽扣作装饰，袖口仍保留传统的古老风格，洁净淡雅，古朴端庄，做工更是讲究。

布依族新娘服饰中最具特色的是头帕、纽扣、衣袖、裙子。如图5-20所示，布依族的头帕以蓝色为主，但是在婚俗中的头帕是格子布的，在格子布之间是以蓝色与白色的正方形方块交接，两正方形之间相互平行。在布依族生活中这类头帕象征的是新婚夫妇今后堂堂正正做人。如图5-21、5-22所示，布依族姑娘衣服的纽扣缝制的是两个两边对称的桃花图案。一端是具有伸缩性的套，另一端是带打结的扣子。

图5-20　　　　　　　　　图5-21　　　　　　　　　图5-22

服饰用星形桃花刺绣作为装饰，各种花纹用到螺旋线、平行线等互相交汇。服饰中采用点线面的结合和颜色搭配，使得衣服上的图案看起来栩栩如生，但不同的是它穿起来会有动感，在制作过程中优先考虑让人穿起来比较阳光，这要求线条与线条的连接需得天衣无缝。如图5-23（a）和平面几何图图5-23（b）所示，布依族的裙子是折叠式的越往上越窄，整体呈现梯形结构。最上面是三条平行线订成的紧缩腰带，下端是两个平行的花纹，非常秀丽大方。

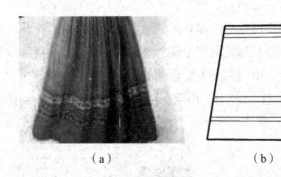

（a）　　　　　　　　　　　　（b）

图5-23

2.布依族女性服饰中的数学元素

布依族女性服饰的"五等装"系水城县猴场乡布依族"喜鹊布依"支系所特有的民族特色服饰，即特等装、一等装、二等装、三等装、四等装，属国家级非物质文化遗产名录项目。布依族的"五等装"是历代所传、不同场合穿戴的女性服饰，充分体现了布依族的礼仪道德规范和艺术审美特点，与当地的生产生活、风俗习惯及历史文化紧密联系，其服饰的设计中包含大量的数学元素。

1）布依族女性特等装中的数学元素

布依族女性的特等装，如图5-24（a）所示，为丧葬场合、祭祀、迎宾时穿戴的服饰。头上顶黑丝帕，佩戴银角，插上银花，挂贯耳竹节银耳环；上衣着黑白相间的5至8件套衣，襟长至腹下，对开叉襟，内长外短，逐层收缩，使得他人能看清所着件数，以此来展示其制作工艺及家底；外衣为黑缎子，衣领、襟边、袖口皆用红、绿、黄、蓝绸缎子贴边口。

特等装的设计中存在许多几何元素，如图5-24（b）所示，衣服的襟边上镶嵌的银饰由两个同心圆构成，再将其平移得到另一同心圆，两个同心圆的位置关系是相切。由于圆是完全对称图形，古希腊毕达哥拉斯学派认为圆是最完美的平面图形，这样赞美的原因很可能是基于圆的对称性等美学特征。[1]在古代，"对称"有"圆满""和谐"之意，给人以更集中、完美、庄重的美感。银饰下方吊有许多圆锥形状的小银饰，每个小银饰均由大小、形状完全相同的圆锥［见图5-24（c）］组成。由于布依族人民对自然的崇拜，故服饰上大

---

① 刘冰楠，代钦.蒙古族工艺美术中的数学文化——以几何图案的解析为中心［J］.民族论坛，2018
（03）：102-107.

多绣着龙、凤、鸟、鱼、白果、树叶、蝴蝶等五彩的图案，而特等装的绣花领口就绣着许多有规律性的蝴蝶，每只蝴蝶镶嵌在菱形及等腰直角三角形中，每个菱形及等腰直角三角形都是由单个菱形及等腰直角三角形连续地排列组合构成。连续与离散是数学中的两个重要数学概念，在布依族服饰中也存在着许多连续的纹样图案，如图5-24（d）所示，进一步体现了布依族文化与数学元素之间紧密的联系。

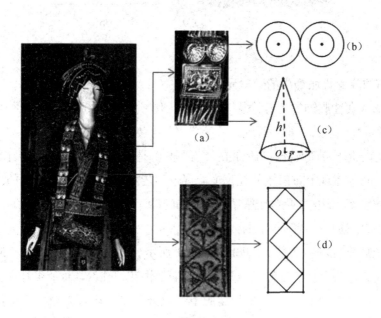

图5-24

2）布依族女性一等装中的数学元素

布依族女性的一等装，如图5-25所示，为姑娘出嫁时穿戴的服饰，头饰、银饰均与特等装无异。上衣用自织自染的紫金色细布制作而成，衣着4至8件套，黑白叠衬，逐渐缩短；长裙用8尺紫金色布料制作，裙脚用红黑丝线混织浮萍织锦；后裙、围腰等的装扮与特等装相同。布依族一等装的整体服饰中大多绣着各式各样粉嫩的花朵，好似即将出嫁的姑娘，也代表着即将出嫁的姑娘对未来生活的一种美好期盼。

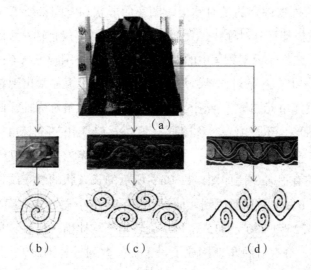

（ a ）

（ b ）　　　　　（ c ）　　　　　（ d ）

图5-25

　　一等装的围腰及袖口处出现了曲线中的螺旋线图案，形似阿基米德螺线的图案［见图5-25（b）］。阿基米德螺线，也称作"等速螺线"。当一点沿射线以等速率运动的同时，该射线又以等角速度绕点O旋转，点P的轨迹就称为"阿基米德螺线"。其首次由古希腊数学家阿基米德在著作《论螺线》中给出定义。阿基米德螺线的极坐标方程为$P=a\theta$，每条臂长的距离均等于$2\pi a$。一等装的绣花领口、围腰等多处的花边，大多是由阿基米德螺线经平移旋转而得到的图形［见图5-25（c）］，也有将阿基米德螺线按照余弦曲线或正弦曲线的轨迹方向平移旋转而得到的数学图案，如图5-25（d）所示，充分显示出了数学图案所具有的对称性、周期性和有界性的特点。给人以优美、柔和、顺畅的感受，这些光滑曲线描绘而成的数学图案，充分说明了数学既来源于社会生活实践，又作为民族文化的教学资源为社会服务。

　　3）布依族女性二等装中的数学元素

　　布依族女性的二等装，为走亲戚、吃酒场合所穿戴的服饰。头上不需要插银花，而是以红珠装扮；衣着2至4件套，彩布边绣花，外套由自织自染紫黑色棉布紧身刺绣装饰，无袖对开襟短褂（俗称马甲），领花边口刺绣白果花或竹节花等；长裙脚用红黑棉线浮萍织锦，后裙大多为紫黑色；围腰由一般黑色面料挑绣。

布依族的挑绣讲究的是对称美，图案的形状和空间都要求完全对称，故很多图案的纹样都具有对称性。大部分图案的纹样不仅是轴对称图形，还是中心对称图形，充分体现了数学中的对称美。如二等装围腰上绣着的花蝴蝶［见图5-26（c）］中有一条对称轴，属于轴对称图形。再如常出现在布依族服饰绣花领上的纹样单元图案［见图5-26（b）］中有多条对称轴，此纹样单元不仅是轴对称图形，还是中心对称图形。图5-26（b）由三个直角便构成了此图的四分之一，且形似心形图案，再由此图案分别旋转、得到纹样单元。类似这样的图案还有很多，比如图5-27（a）所示的长条状的图案纹样由纹样单元［见图5-27（b）］平移而得到，而纹样单元是由小菱形分别旋转45°、90°、135°、100°、225°、270°、315°，每次旋转角度均比前一次旋转角度大，共旋转7次而得到，每次旋转角度构成了一个等差数列，外围由9个直角三角形包围，这种有规律的图案为服饰增添了些许美感。

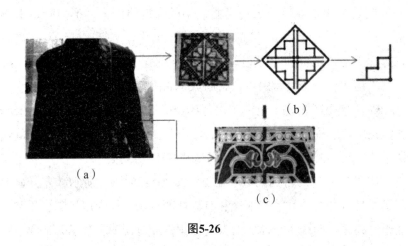

图5-26

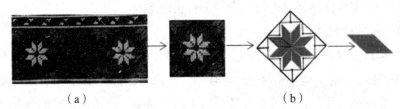

图5-27

4）布依族女性三等装和四等装中的数学元素

布依族女性的三等装，也称作青年装，为最常见的会客服饰，多在赶场或走亲戚时穿戴。其特点是左手佩戴牙骨或银质手镯，数量不限，可戴银项圈；白布对开衩襟大，领口窄，短上衣，衣襟盖肚脐，衣着2至4件套；袖口三寸（1寸≈3.33cm）左右用素色花布贴边，上接五寸左右紫黑色染青布，浅黑布镶领，外罩紫黑色对开衩襟，无袖短褂，领口挑绣着稻穗花纹等纹样；其中裙、围腰与二等装差不多，腰围上系方方正正的带子；脚穿粉底蝴蝶花夹尖鞋。

布依族女性的四等装，又称当家衣，平常或做活时穿戴，一般发髻为黑帕，银饰佩戴竹节耳环，手戴一两对牙骨手镯；穿对开衩襟，黑上衣，身着一般长裙，系满口围腰或半截围腰，后裙褶裥，边饰花边等较为随便；青年妇女多穿布耳鞋，中老年妇女穿飞蛾头夹尖鞋。

3.布依族男性服饰中的数学元素

布依族男性服饰的式样简单，制作费工少，朴素简便。就布依族男性的包头〔见图5-28（a）〕来说，是用一块长方形的布带包裹头颅，多余的布带则会斜插在男性包头的两边。整体看上去亦如一个圆柱形状〔见图5-28（b）〕，男性包头尺寸根据自身而定，而颜色主要以藏青色或黑色居多。

图5-28

布依族男性服饰的样式主要以对襟衣为主，色彩方面大多以白、黑、绿、蓝四种颜色为主，皆为宽襟，右侧开扣。成年男性的上衣由一件马褂组成，马褂上也没有大多的限饰，装饰都较为简单，但简单的装饰也包含大量数学知识，比如衣边处的花朵〔见图5-29（b）〕，可以看成由两部分构成〔见图5-29（c）〕，一部分由椭圆图形分别旋转45°、90°、135°、100°、225°、270°、315°，每次旋转角度均比前一次增加，构成了一个等差数列，共旋转7次而形似花朵的对称图形，象征着布依族人们和谐、团结和友爱的情谊。另一部分则是由两个相邻的阿基米德螺线经旋转而成，紧紧包裹在花朵外围，不仅起到了装饰的作用，更是体现了布依族人们的情谊。由于布依族人民对自然的崇拜，衣边的另一处挑绣着蝴蝶，如图5-29（d）所示，蝴蝶图案的纹样不仅是轴对称图形，又是中心对称图形，充分体现了布依族图案纹样中数学的对称美。扣子均为胸前排扣，且扣子均为七颗或九颗，裤子大多为直筒裤，直筒的裤脚，裤口大约宽八、九寸左右。裤腿的下方部分由一圈的阿基米德螺线［见图5-29（e）］，按照余弦曲线或正弦曲线的轨迹方向，经平移旋转得到［见图5-29（f）］作为装饰，点缀稍朴素简单的男性服饰，体现了布依族人们在不断地挖掘现实生活中的数学美，创造数学美。

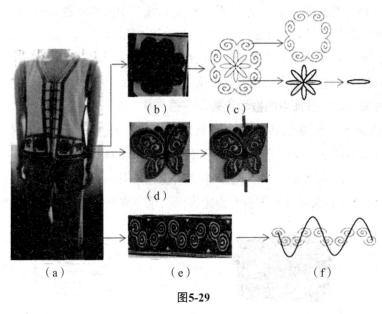

图5-29

4.布依族一般服饰及蜡染中的数学元素

　　布依族有"水稻民族"之称，勤耕织，善治田。家庭手工纺织产生历史悠久，可以追溯到新石器时代。经济基础决定上层建筑，如图5-30（c）所示，布依族妇女通过一双勤织的手，用继承下来的资源换来了物质上的富裕。布依族的衣服中纯棉材质居首位，这主要取决于棉布的制作流程，布依族人用自己栽种的散棉花通过纺线机制成棉线，再用自制的棉线固定在纺织机上，通过手工纺织做成方形的棉布，这就是数学中点动成线、线动成面、面动成体的运动过程。织的布大多为白色，有的呈条纹状，它的窍门在于线的排布。服饰都是布依族妇女用自纺、自织、自染、自绣的布料缝制而成。靛染所用的靛是用"蓼蓝草"浸泡过滤制成。人们用靛青把布染成中蓝、深蓝、浅蓝、深灰、灰、青色和月白色等色泽。染布分大缸和小缸，大缸洗染，织前染色的有花蓝格子头帕、头巾、白底花蓝格子带等。织后染色是用早晨的阳光和露水等古老方法漂白后的布料，若染青布就在家庭小缸中进行染制，若染其他颜色的需要到洗染专业户那里去染制。每个染房都会有自己的模板，据村里的老人介绍，在几十年以前布依族村寨里家家户户都有一台纺织机和一个小染缸。染料也是从山上采摘的。其中最具有特色的是蜡染工艺，蜡染是在织好的白布上面做好需要的图案，如图5-30（a）和图5-31（a）所示，蜡染的图案中以棱形、三角形、圆形居多，多采用对称式、立体式。具体的花样纹路取决于画师的设计。晾干之后才放在染缸里染，将刚染好的布拿到清澈的河里进行漂洗，使得画有花纹的地方显得明显，否则被染的布料就会是同一种颜色，如图5-31（c）所示蜡染的图案可以在服饰中得到体现，所以蜡染的技术工艺的关键点在于绘画和漂洗。

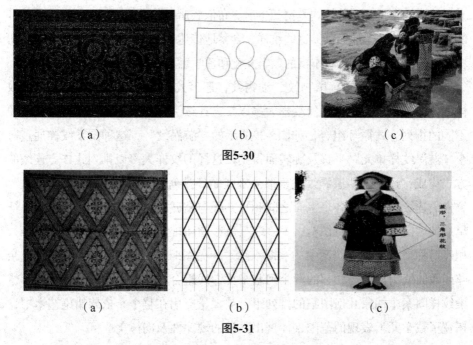

（a） （b） （c）

图5-30

（a） （b） （c）

图5-31

蜡染是一种以蜡作为防染材料来进行绘蜡染色的传统手工防染技艺，古时称蜡染为"蜡缬"，是我国古老而珍贵的民间手工染缬艺术，与古代的夹缬、绞缬共称为我国三大印花技艺。[①]贵州自古素有"蜡染之乡"的美称，不仅是我国蜡染艺术最为先进与集中的省份，还是最具研究价值与代表性的省

---

① 刘文良，韦江娜. 贵州布依族蜡染图案艺术探究［J］. 湖南工业大学学报（社会科学版），2018，23（02）：115-123..

份之一。根据历史文献记载,贵州的蜡染文化最早可追溯到2 000多年前的先秦、西汉时期。而布依族人民大多在贵州生活,作为贵州的本土少数民族之一,古老的布依族文化,随着历史的年轮不断前进,经过岁月的沉淀,越来越焕发着魅力和活力。布依族人民巧妙地运用蜡染艺术文化,向子孙后代们传递着本民族的生活常识、思想观念及历史文化等,从而形成了领异标新、匠心独运的蜡染图案。

布依族蜡染的图案蕴含丰富的自然图腾文化,其中龙蛇图腾就是布依族蜡染纹样中较为流行的一种图案纹样,因为布依族大部分地区对龙十分崇拜,追溯其根源,与古越族的蛇图腾有关,据史料记载,布依族源于古越人,属于百越族系中的一支骆越人。据相关传说,蛇变成的蛇郎,心地善良,与人间妇女结婚生子,给该妇女带来了美好的爱情和生活。布依族蜡染艺术是一门弥漫着浪漫情怀的传统民间艺术,他们借助这些纹样,含蓄地传达着本民族的生活生产常识、历史文化等,其中也蕴含着丰富的数学文化和理学意蕴。

蜡染图案的纹样有植物纹、动物纹,还有几何纹等纹样,就蜡染图案纹样的几何纹来说,这些几何纹样大多以二方连续为主导,不同的几何纹样按照不同的排列方式循环组合,如图5-32所示的"漩涡纹",这种图案纹样通过每个"漩涡纹样单元"平移及旋转而得到,这样的纹样大多以排列式二方连续的方式构成,还有一些漩涡纹呈菱形分割式循环排列(见图5-33),"漩涡纹"纹样的连续性代表着各个宗族之间和平共处与精诚团结。在纹样图案中有象征星辰的"圆点纹"(见图5-34),以三角形循环排列组合,点线面相互组合,相互对称。蜡染纹样图案中的"流水纹"(见图5-35)是以正弦函数曲线或余弦函数曲线为框架与相邻的两个阿基米德螺线组合,构成曲线式循环排列。蜡染纹样图案中抽象几何图案的排列组合被大量应用在整个布依族蜡染艺术中,拓宽了数学元素表现的范围,体现出数学的规律性及韵律美。

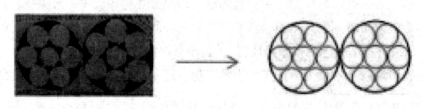

图5-32

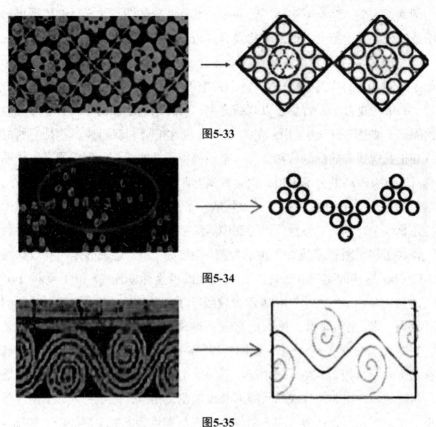

图5-33

图5-34

图5-35

5.2.3 布依族其他文化中的数学元素

1.布依族背扇芯中的数学元素

背扇，即用于背负孩子的"襁褓"，俗称背带，是贵州布依族妇女所使用的重要生活用品。在孩子出生后的两到三年内乃至更长的时间中，背扇使得母亲在赶场、节日赶会、走亲访友、从事家务或田间劳动的时候，也能背着孩子照常进行，让孩子在母爱的滋润中茁壮成长。它不仅承载着家中孩子婴幼儿阶段的美好记忆，也背负着一个母亲在孩子成长过程中所付出的艰辛与磨砺。贵州的布依族妇女，无论家境富裕或贫寒，她们对后代的昌盛繁衍，都怀有殷切期望和深深的爱。在她们未结婚之前，就会提前一针一线地绣制精美的背扇用以迎接新生命的到来，秀丽的色彩图案，精巧的手工工艺，浓郁的民族特色，不仅体现了母亲的心灵手巧，也包含了母亲对孩子的爱。因此，在丰富多彩的刺绣、挑绣、蜡染等生活工艺品中，唯有背扇的图案纹样最能体现出妇女们浓浓的爱，其中蕴含着最温柔的爱意，最撩人心弦的文化艺术。

背扇整体呈长方形，一共有五个部分，分别为背扇口、盖帕、背扇芯、背扇手、背扇尾，其中背扇芯是整个背扇的主体部分，位于整体背扇的中心位置，一般为正方形。背扇芯以刺绣为主，而背扇芯的刺绣中含有许多美妙的几何图形。如图5-36（b）所示的双纽线，也称伯努利双纽线，它是卡西尼卵形线和正弦螺线等曲线的特殊情况，是一种特殊的曲线，是形成漂亮纹样图案的基石，具有较高的艺术价值，也是背扇芯刺绣的主要几何曲线。该函数图形轮廓像阿拉伯数字中的"8"，"8"是一个简单的有理数，它不仅是一个偶数，还是一个合数、立方数。因为和中国汉字中"发"谐音相同，故有发财之意，蕴含了母亲对孩子美好人生的祝愿。图5-36（c）展现的是四叶玫瑰线，图5-37（b）展现的是三叶玫瑰线，玫瑰线的极坐标方程为 $r(\theta)=n\sin(a\theta)$ 或 $r(\theta)=n\cos(a\theta)$，其中 n 表示玫瑰线叶子的长度，a 表示玫瑰线叶子的个数和周期。若 a 是有理数，则长度有限，该玫瑰线是封闭的。其中，若 a 是奇数，则该玫瑰线就有 a 个叶子，如图5-37（b）所示；若 a 是偶数，则该玫瑰线就有 $2a$ 个叶子，如图5-36（c）所示。若 a 是无理数，则长度无穷大，该玫瑰线不是封闭的。背扇芯的玫瑰曲线图形与玫瑰花朵相似，像是一位母亲期待着一个小千金的到来，也代表着家人对家庭新成员即将到来的美好期盼。如图5-38（b）所示，心形线是一个圆上的固定一点在它绕着与其相切且半径相同的另外一个圆周滚动时所形成的轨迹，因其形状像心形而得名。著名法国数学家笛卡尔先生出生在法国，流浪到瑞典，某天在斯德哥尔摩的街头与美丽的瑞典公主克里斯汀浪漫相遇，之后成为公主的数学老师，两人每天如影随形，渐渐地便对彼此产生爱慕之情，国王发现后极力反对，笛卡尔日日给克里斯汀公主写信，在寄出第十三封信后就气绝身亡了，在这第十三封信中，内容只有短短的一个数学方程式：$r=a(1-\sin\theta)$。公主看到信后十分激动，立马把方程式的图形画了出来，明了恋人的意图，原来方程式是一颗心的形状，这就是著名的"心形线"。如图5-38（a）所示为背扇芯上的心形曲线，勤劳的布依族人民喜爱在背扇芯的设计上构造心形曲线，以此来寄托布依族人民对爱的向往和期待。

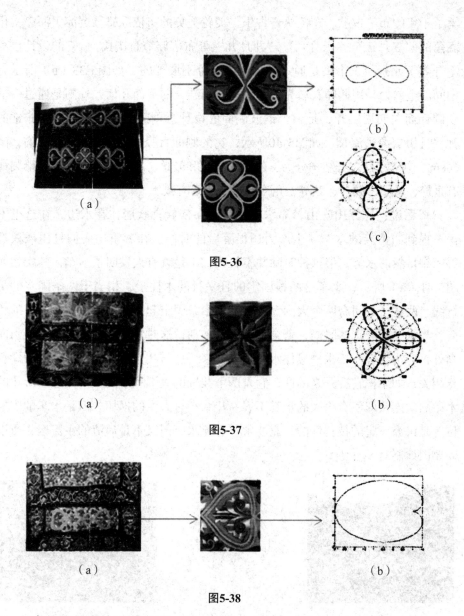

图5-36

图5-37

图5-38

2.布依族村寨的民族广场

布依族村寨里的民族广场，那里的建设充满着民族气息，一个个的里程碑记录着过去布依族人民的生产生活，是外来游客了解布依族人民的一个途径。在这里生活的人都知道布依族民族广场是村寨里面祭祀、聚会、唱山歌、跳舞等常用之地。这里民族风情古朴，村内有最具传奇色彩的"三绝三谜"，有传承了千年的布依古歌、布依八音古乐、美轮美奂的布依歌舞，沉淀了深厚文化底蕴的"三月三""六月六""九月九"等布依族节日庆典[①]，它的设计也离不开数学元素。正中央是通过一个十二星分别展开的，如图5-39（a）所示，中间的空白处是用鹅卵石填充的，采取点面结合的平面几何，外围是通过一个个圆环面向四周展开，是一个铜鼓侧面的设计。铜鼓在人们的生活中非常的神秘且历史源远流长，如图5-40所示，它的侧面直径为126cm，中间凹陷，高66cm，中空，其鼓身结构分为：鼓胸、鼓腰和鼓足，表面上有立体的浮雕装饰有垂檐、晕圈、鼓耳、弦等，角度各异、错落有致。

俗话说："靠山吃山，靠水吃水"，布依族喜欢居住在水边，在这里不得不提到布依族的水车。生产力还很落后的时候，在春季，人们打田插秧都得依靠自然的水势，但这种时间并不长久，于是就有人发明了水车，其实物如图5-41（a）所示，水车是两根固定的且平行的木柱子，相当于两条固定的平行线。两柱子之间有两个大圆盘，分别用木条固定起来，圆盘之间有空心的竹筒，当水冲击圆盘的时候，就会带动圆盘转动，这时竹筒就会把水从低处引向高处，旁边会有一个水槽接住水车引入的水。这与我们的立体几何和动力学息息相关，如果把它拆开来的话，它是两个共轴的大圆和小圆，中间是成等比的木条顺次连接即使有再大的水都不容易让水车有太大的损坏。但是水车的安放位置是讲究一定的技巧性的，它要常年有流水，但又不是河流的主流区，所以需要因地制宜。

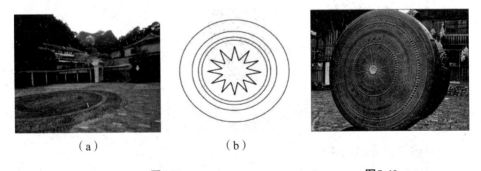

（a） （b）

图5-39 图5-40

---

① 周国茂. 布依族服饰［J］. 艺文论丛, 1996（04）：42-59.

水车侧面图

（a）   （b）

图5-41

5.3　布依族文化视角下的数学教学

课例1　布依族文化融入"台体的表面积与体积"的教学设计①

本节内容取自普通高中教科书数学必修第二册第八章——立体几何初步，这是在学生已从结构特征和视图两个方面感性认识空间几何体的基础上，进一步从度量的角度来认识空间几何体，它属于立体几何入门的内容，所以教学的目的是使学生了解空间几何体的表面积和体积的计算方法，但不要求记忆公式，并能进一步计算简单组合体的表面积和体积。

开始上课时，教师播放布依族民众挑起木桶在田间劳动的场景，背景音乐是本土歌曲《走进黔西南》，并逐渐呈现木桶的特写镜头。教师顺势提问：这是什么物品？你家有吗？它是怎样制作的？

所上班级学生绝大部分来本地农村，熟知布依族木桶，七嘴八舌地谈论着对木桶的认识，教师根据学生的回答，简单地介绍了布依文化的表现形式。在此过程中，学生学习情绪高涨，课堂气氛异常活跃，实现了学校教育与布依文化的有效对接。

布依木桶（如图5-42、图5-43所示）是布依族人们采用多块轻质杉木加工而成的容器，并在木桶的内外侧涂上桐油，使其油光可鉴，经久耐用。根据它的用途可分为水桶、油桶、灰桶、米桶等。一般木桶可装水约30L，成对使用。

---

① 孙健. 布依族数学文化视角下的教学本土味思考——以黔西南州为例[J]. 兴义民族师范学院学报，2017（06）：18-22.

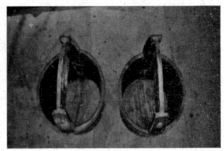

图5-42　　　　　　　　　　　　　　　图5-43

让同学到黑板上展示如图5-44和图5-45所示的数学模型图。引导学生提出问题，集中展示几个有代表性的问题。

学生通过画布依木桶直观图等数学活动，帮助学生理解布依木桶中蕴含的数学元素，形成关于圆台模型的数学直观，为后面的问题解决做了很好的铺垫。

数学问题：根据数学情境，你能提出哪些问题？

问题1：什么叫圆台？它有什么特征？

问题2：制作这个布依木桶需要多少侧板（面积）？

问题3：布依木桶能装多少升水？

让学生分组讨论提出的问题，探求解决办法，最后每组派代表到黑板上展示解题过程，教师逐一进行点评。之后，结合导学案内容，让学生自主探究解答相关问题。教师在总结时，还专门和学生分享了"木桶中的短板理论"的现实意义，让大家懂得布依木桶蕴含的数学文化价值和它的教育意义。此外，老师还强调，生活无处不数学，让学生再列举一些布依人家还有的圆台型物件。学生根据生活所见，提出还有"甑子"（布依族用来蒸饭的炊具）、石缸、圆堡粮仓等。

在问题解决和小结等环节，教师始终围绕布依木桶情境展开，强调布依族本土文化中蕴含着丰富的数学知识，学生在学习数学知识的同时，体会到布依族人民的智慧，感受到数学其实就在自己的身边。最后教师还安排了关于布依族本土数学问题的课外探究活动，学生表示一定积极参与，完成任务。

问题解决：（略）。

巩固小结：（略）。

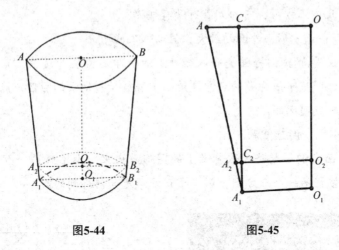

图5-44   图5-45

课例2 布依族文化融入"数学归纳法"的教学设计[①]

1.创设情境，目标导入

师：背带是我们大家比较熟悉的，小时候父母常常用背带背我们，背带对我们有着特殊的意义，下面让我们一起来了解一下布依背带文化。

师：（播放小视频）大家看视频的时候思考一下背带做工有什么样的特点？

生：背带做工精巧、工整、对称。

师：我们来欣赏一下这一副背带绣品（如图5-46所示），看能不能从中找出一些数学元素。

图5-46

生：正方形。

① 师东利，丰良周.布依文化中的数学元素教学应用——利用布依背带进行数学归纳法教学[J].兴义民族师范学院学报，2019（06）：98-104..

师：有几个正方形，它的大小有没有规律？

生：有4个正方形，外面的最大，里面依次减小。

师：对，本节我们将围绕布依背带上的数学元素展开讨论，完成以下学习目标：通过探究布依背带的数学情景，了解数学归纳法的原理；能用数学归纳法证明简单数列问题。

2.问题引入，温故知新

师：下面我们一起将布依背带上的图形画出来。大家观察一下图5-47有什么特征，依据第一个正方形，第二个正方形是如何得到的？

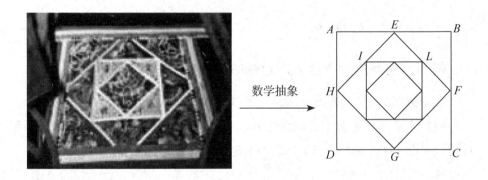

图5-47

生：取第一个正方形的中点，然后顺次连接，得到第二个正方形。

师：若设最大的正方形（正方形$ABCD$）的边长为a个单位（$a>0$），则最大的正方形面积为多少？

生：a^2。

师：将这些正方形的面积看成一个数列$\{a_n\}$，最大的正方形面积记为a_1，即上图中$a_1=a^2$，正方形从大到小的面积依次为a_1，a_2，a_3，a_4，你能否计算出a_2，a_3，a_4的值？若照正方形的构成规律继续下去，第n个正方形的面积是多少？（小组合作）

生：$a^2=\dfrac{1}{2}a^2$，$a^3=\dfrac{1}{4}a^2$，$a^4=\dfrac{1}{8}a^2$，$a^n=\left(\dfrac{1}{2}\right)^{n-1}a^2$。

师：你是如何得到a_2，a_3，a_4的？又是如何进行猜想的？

生：第二个正方形的边长为$\dfrac{\sqrt{2}}{2}a$，侧面积为$a_2=\dfrac{\sqrt{2}}{2}a\cdot\dfrac{\sqrt{2}}{2}a=\dfrac{1}{2}a$，第三个

正方形的边长 $\frac{1}{2}a$，则面积为a_1，a_2，a_3，a_4，第三个正方形的边长为$\frac{\sqrt{2}}{4}a$，则

$a_4=\frac{\sqrt{2}}{4}a\cdot\frac{\sqrt{2}}{4}a=\frac{1}{8}a^2$。$a_1$，$a_2$，$a_3$，$a_4$中的值都含有$a^2$，且$a_1$中的系数为

$\left(\frac{1}{2}\right)^0$，$a_2$中的系数为$\left(\frac{1}{2}\right)^1$，$a_3$中的系数为$\left(\frac{1}{2}\right)^2$，$a_4$中的系数为$\left(\frac{1}{2}\right)^3$，所以猜想

$a_n=\left(\frac{1}{2}\right)^{n-1}a^2$。

师：这位同学回答得非常好，有理有据，有没有其他的解题思路呢？

生：（如图5-48所示）连接EG、HF，由对称性可知，第二个正方形的面积是第一个正方形面积的一半，则$a_2=\frac{1}{2}a=\frac{1}{2}a^2$，同理，可得$a_3$，$a_4$。由正方形的构造原则，可知数列$\{a_n\}$是一个等比数列，由等比数列通项公式可知，第$n$个正方形的面积是$a_n=\left(\frac{1}{2}\right)^{n-1}a^2$。

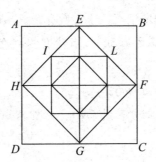

图5-48

师：这个小组发现由正方形的面积构成的数列是一个等比数列，并且后一项与前一项的比值是$\frac{1}{2}$，从而得出了数列的通项公式，做得非常好，大家给这两个小组鼓掌。

师：第一个小组从4个特殊的值推导出了一般的结论，采用的是什么推理方法啊？

生：归纳推理。

师：大家回想一下归纳推理得出的结论一定是正确的吗？

生：不一定。

师：接着我们分别取第四个正方形的中点，然后顺次连接，得到第五个正方

形，同样方法，得到第六个正方形，得到第七个正方形，可以得到 a_5，a_6，a_7 为多少？

生：$a_5=\dfrac{1}{16}a^2$，$a_6=\dfrac{1}{32}a^2$，$a_7=\dfrac{1}{64}a^2$。

师：数列 $\{a_n\}$ 中 n 可取 1，2，3，…我们能不能把它们一一考察一遍都列出来？

生：不能。

师：数列中的项数是无限的，既然我们不能一一列出，那么有没有其他的方法来解决"无限"的问题呢？

3.探究证明等比数列通项公式的方法——数学归纳法

师：下面我们来观看一下多米诺骨牌视频，想一想多米诺骨牌游戏的原理是什么？由这个原理能不能得到启发？

生：观看视频。

师：多米诺成功的关键有两点：首先是第一张骨牌倒下。假如第 k 张骨牌倒下，保证第 $k+1$ 张骨牌一定倒下。于是所有的多米诺骨牌都会倒下。

师：我们对照一下，正方形面积 a_n 有没有相似的特征？

正方形面积的特点：

（1）第一个正方形的面积为 $a_1=a^2$；

（2）假如知道第 k 个正方形的面积，能够求出第 $k+1$ 个正方形的面积：$a_{k+1}=\dfrac{1}{2}a_k$。

师：由上可知，正方形面积 a_n 的特点与多米诺原理有相似特征，故可以运用什么推理得出证明数列通项的方法？

生：类比推理。

师：通过类比推理，我们一起来完成下面表格。

多米诺骨牌游戏原理	数列 $\{a_n\}$ 的通项公式 $a_n=\left(\dfrac{1}{2}\right)^{n-1}a^2$ 的证明
（1）第一声骨牌倒下	
（2）若第 k 块倒下时，则相邻的第 $k+1$ 块也倒了	
根据（1）和（2），可知不论有多少块骨牌，都能全部倒下	

生：

多米诺骨牌游戏原理	数列 $\{a_n\}$ 的通项公式 $a_n=\left(\dfrac{1}{2}\right)^{n-1}a^2$ 的证明
（1）第一块骨牌倒下	（1）当 $n=1$ 时，左边 $a_1=a\times a=a^2=\left(\dfrac{1}{2}\right)^{1-1}a^2=$ 左边，等式成立
（2）若第 k 块倒下时，则相邻的第 $k+1$ 块也倒下	（2）假调当 $n=k$（$k\in \mathbf{N^*}$）时，等式成立，即 $a_k=\left(\dfrac{1}{2}\right)^{k-1}a^2$
	那么当 $n=k+1$ 时，有 $a_{k+1}=a_k\cdot\dfrac{\sqrt{2}}{2}\cdot\dfrac{\sqrt{2}}{2}$ $=\left(\dfrac{1}{2}\right)^{k-1}a^2\times\dfrac{1}{2}=\left(\dfrac{1}{2}\right)^{k}a^2=\left(\dfrac{1}{2}\right)^{(k+1)-1}a^2$ 即当 $n=k+1$ 时等也成立
根据（1）和（2）可知，不论有多少块骨牌，都能全部倒下	由（1）（2）得，等式对任何 $n\in\mathbf{N^*}$ 都有 $a_n=\left(\dfrac{1}{2}\right)^{n-1}a^2$

师：上述证明数列通项的方法就是数学归纳法，第一步是归纳奠基（要找准起点），第二步是归纳递推（证 $k+1$ 项是要用到递推公式），最后要写明结论。

师（总结）：对于由不完全归纳法得到的某些与正整数有关的数学命题，我们常采用下面的方法来证明它们的正确性：

【归纳奠基】（1）证明当取 n 第一个值 n_0（例如 $n_0=1$）时命题成立；

【归纳递推】（2）假设当 $n=k$（$k\in\mathbf{N^*}$，$k\geq n_0$）时命题成立，证明当 $n=k+1$ 时命题也成立。

这种证明方法叫作数学归纳法。

注：数学归纳法的重点为：两个步骤、一个结论；

具体应用 $a_k=\dfrac{1}{2}a_k$ 时要做到：递推基础不可少，归纳假设要用到，结论写明莫忘掉。

4.数学归纳法的应用

师：下面请各小组交流合作，完成前文运用数学归纳法来证明 $1^2+2^2+3^2+\cdots+n^2=\dfrac{n(n+1)(2n+1)}{6}$。

师：谁来给大家分享一下你们小组的成果？

生：我们组是这样想的，首先证明：

（1）当$n=1$时，左边$=1^2=1$，右边$=\dfrac{1\cdot(1+1)\cdot(2\cdot1+1)}{6}=1$，等式成立。

（2）假设当$n=k$时，等式成立，

即$1^2+2^2+3^2+\cdots+k^2+(k+1)^2=\dfrac{k(k+1)(2k+1)}{6}$

则当$n=k+1$时，

左边 $1^2+2^2+3^2+\cdots+k^2+(k+1)^2=\dfrac{k(k+1)(2k+1)}{6}+(k+1)^2$

$=\dfrac{1}{6}(k+1)[k(2k+1)+6(k+1)]=\dfrac{1}{6}(k+1)(2k^2+7k+6)$

$=\dfrac{1}{6}(k+1)[(k+1)+1][2(k+1)+1]=$右边

即当$n=(k+1)$时等式也成立。由（1）、（2）可知，$n\in\mathbf{N}^*$时，等式成立。

师：这个小组做得非常好，充分运用了数学归纳法的精髓，大家给他鼓掌。

5.布依背带，思考升级

师：由前面的分析可知，布依背带抽象出的数列$\{a_n\}$是等比数列。求该数列的前n项和为S_n，并用数学归纳法证明。

生： $S_n=\dfrac{a^2\left[1-\left(\dfrac{1}{2}\right)\right]}{1-\dfrac{1}{2}}=2a^2\left[1-\left(\dfrac{1}{2}\right)\right]$。

证明：（1）当$n=1$时，等式成立。

（2）假设当$n=k$时，等式成立，即$S_k=2a^2\left[1-\left(\dfrac{1}{2}\right)^k\right]$

则当$n=k+1$时，

$S_{k+1}=S_k+a_{k+1}=2a^2\left[1-\left(\dfrac{1}{2}\right)^k+\left(\dfrac{1}{2}\right)^k a^2\right]$

$=2a^2\left[1-\left(\dfrac{1}{2}\right)^k+\left(\dfrac{1}{2}\right)^{k+1}\right]$

$S_1=a_1=a^2=2a^2\left[1-\left(\dfrac{1}{2}\right)^1\right]=2a^2\left[1-\left(\dfrac{1}{2}\right)^{k+1}\right]$

即当$n=k+1$时等式也成立。

由（1）、（2）可知，$n\in\mathbf{N}^*$时，等式成立。

师：这位同学做得不错，看来大家都已经掌握了数学归纳法的运用。通过数学归纳法可以证明有关数列的问题，也用于证明与自然数n有关的命题的正确性。

课例3 布依族文化融入"轴对称图形"的教学片段设计

1.创设情景、引入新课

教师打开投影，展示PPT课件首页封面（见图5-49）。

图5-49

师：对称现象在我们的生活中无处不在，从自然景物到艺术作品，从建筑物到交通标志，甚至日用品中，我们都能从中举出许许多多对称的实例。请观察投影上的叶子，同学们发现了什么？想想在生活中常见到的蜻蜓、蝴蝶的两翅，同学们有什么发现？

全体学生：它们都是对称的。

师：是的，它们都是对称的，在生活中我们也还能举出许多这样的例子。在我们布依族服饰中也不例外，下面请同老师一起欣赏一组布依服饰的图片（放映课件，如图5-50所示）。

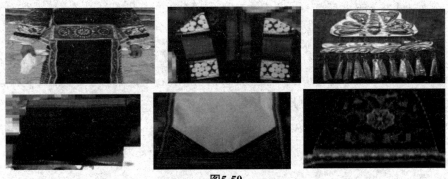

图5-50

2.小试牛刀

图5-51中的图形对称吗？请说出对称轴的条数。

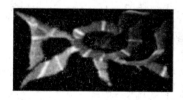 

图5-51

设计意图：通过判断布依族服饰中的图案是否为轴对称图形，不仅能让学生了解对称现象在布依服饰中的应用，还能提升学生识别复杂轴对称图形的能力。

课例4 布依族文化融入"数列"的教学片段设计

如图5-52所示是布依族的蜡染花布的图案，图案从左到右按一定的规律编织。

  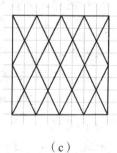

（a） （b） （c）

图5-52

问题1：花布中有哪些我们熟悉的几何图形？

问题2：右图是花布的四边形的一个放大图，它是什么图形？为什么？

如图5-53所示，在这一列图案中，第1个图案由1个四边形组成，内有8个小圆形花案；第2个图案由2个四边形组成，内有16个小圆形花案；按此规律排列，第4个图案由4个四边形组成，内有32个小圆形花案；以此类推，第 n 个图案由 n 个四边形组成，内有 $32n$ 个小圆形花案。

图5-53

课例5 布依族文化融入 "弧度制" 的教学片段设计

探究：如何用10进制的实数来表示角的大小？

问题3：根据扇形弧长公式 $l=\dfrac{n\pi R}{180}$，你能发现角的大小与什么量有关？

追问1：只确定半径能确定角的大小吗？只确定弧长呢？

【师生活动】学生观察扇形弧长公式 $l=\dfrac{n\pi R}{180}$，教师引导学生思考。

【学情预设】学生从扇形弧长公式中能知道角的大小与弧长和半径有关，但是只确定半径或弧长都不能确定角的大小，教师引导学生思考弧长与半径之间的关系。

追问2：当角的大小确定时，改变扇形的半径，有什么发现呢？如图5-54所示的风车。

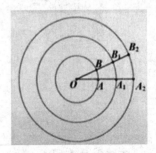

图5-54

【师生活动】学生观察、探究、思考并归纳，与同伴交流分享，教师完善。

【学情预设】学生利用扇形弧长公式的变式 $\dfrac{l}{R}=\dfrac{n\pi}{180}$，推理论证 $\dfrac{l}{R}$ 随着圆心角的确定而唯一确定。

设计意图：从学生思维的最近发展区出发，利用扇形的弧长公式引发学生对弧长与半径关系的思考，借助几何软件绘制图片进行数学探究实验后再进行推理论证，让学生经历完整的"猜想—证明"的探究过程，渗透从特殊到一般、数形结合的数学思想方法。

问题4：类比角度制，你能否利用比值 $\frac{l}{R}$ 来定义新的"1个单位"？

【师生活动】小组讨论交流并展示，教师点评。

【学情预设】类比角度制，$\frac{l}{R}=\pi$ 的角是新的"1个单位"的角。

生2：类比角度制，我们组定义 $\frac{l}{R}=1$ 时的角是新的"1个单位"的角。

追问：你定义的"1个单位"与圆的大小有关吗？是唯一确定的角吗？试着用角度来表示你定义的"1个单位"角。

【师生活动】学生在教师的引导下小组讨论回答问题并展示方案，比较不同的定义方案，得到相对比较合适的"1个单位"——取 $\frac{l}{R}=1$。

定义：我们规定：长度等于半径长的圆弧所对的圆心角叫作1弧度的角，弧度单位：rad，读作弧度。（教师板书）

说明：我们把半径为1的圆叫作单位圆，如图5-55所示，在单位圆 O 中，弧 AB 的长度等于1，$\angle AOB$ 就是1弧度的角。

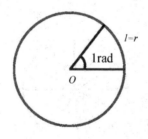

图5-55

播放弧度制视频。

设计意图：引导学生通过类比定义1°角的方法尝试对1rad的角进行定义，使得角度制和弧度制能够很好地衔接。弧度制引入之后，角的大小实际上就是一个实数，能够通过与其所对应的圆弧来表示，通过播放弧度制的小视频，让学生深度感受弧度制的基本思想与作用。

说明：从"形"上看，圆心角有正角、负角和零角之分，相应的弧也有正弧、负弧和零弧之分，如−π，−2π；从"数"上来讲，圆心角和弧度数有正数、负数和零之分。实际上圆心角和弧度数的正负只是代表"角的不同方向"。

课例6 布依族文化融入"平移"的教学片段设计

应用布依族文化巩固平移的概念。

课堂练习：图5-56可以由什么图案平移形成？

图5-56

课例7 布依族文化融入"正弦函数、余弦函数的图象"的教学片段设计

应用布依族文化巩固正弦函数、余弦函数的图象。

想一想函数$y=\sin x$、$y=\cos x$的图象，并想一想在生活中什么地方见过这种图象。

生：如图5-57所示，在我们的房屋屋檐和房顶都有这样的图象。

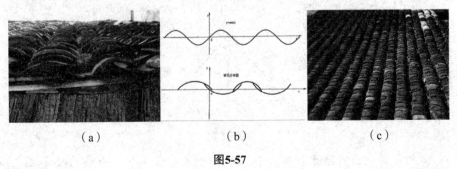

（a） （b） （c）

图5-57

课例8 布依族文化融入"等腰三角形性质"的教学片段设计

应用布依族文化引入等腰三角形性质。

师：同学们，请欣赏图5-58中这几张图片。（教师展示了学生熟悉的房屋图片）

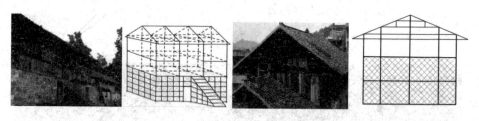

图5-58

生：这就是我们所住的木房子吗？

师：是啊，这就是我们平时居住的房子，那么你能描述出它的几何图形吗？

生：三角形、等腰三角形……

师：对，是等腰三角形。同学们，你们思考一下，为什么我们木房子的顶部要做成等腰三角形呢？除了下雨时能排雨水外，与我们的数学有哪些关联呢？

师：大家可以根据展示的图片，画出其草图研究。

在教师的引导下，大多数学生画出了图5-59。并自主归纳出等腰三角形的性质。

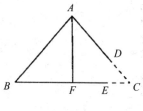

图5-59

师：大家画出的图形基本正确，木房子里包含了如此奇妙的数学文化，我们的祖先在很早就把数学运用到我们的日常生活中了，祖先就如此聪慧，我相信在座的每一位同学都会遗传到祖先们的聪明才智，都有一颗发现数学美的眼睛。

　　将布依族文化融入数学课堂，目的在于尊重和传承布依族传统文化，在跨文化数学教育理论的指导下，积极挖掘布依族数学文化，将以布依族文化为背景的教学案例引入课堂教学，有助于提高少数民族地区学生的数学兴趣，更好地培养和发展学生数学学科核心素养。此外，通过对传统民族服饰、建筑、生活用具以及习俗等做出数学描述和解释，还能激发布依族学生对本民族文化探究的兴趣，达到从数学角度思考和欣赏布依族文化的目的。

第6章　彝族文化与数学教学

彝族是我国一个古老而历史悠久的民族，作为第七大少数民族，在中国西南地区人口最多、分布最广。据2021年第七次全国人口普查显示，彝族总人口数为9 830 327人，主要居住在云南省、四川省、贵州省和广西壮族自治区。由于彝族人对自然的崇拜，他们将大自然的许多元素融入其建筑、服饰、生活用品中，这些自然元素融入彝族文化的过程中运用到很多的数学知识。通过对彝族文化中的数学元素的探析①，既可让人们感受彝族风情，又可推进少数民族地区的数学课程改革，提高民族地区的教育质量。

6.1　彝族简介

据汉文和彝文历史资料记载，彝族先民与西部的古羌人有着密切的关系，彝族主要源自古羌人。在公元前2世纪至公元初期，彝族先民活动的中心约在滇池、邛都（今四川西昌东南）两个区域。大约在公元3世纪以后，彝族的先民则从安宁河流域、金沙江两岸、云南滇池、哀牢山等地逐渐扩展到滇东北、滇南、黔西北及广西西北部。据彝文典籍记载，彝族的祖先"仲牟由"有6个儿子，这6个儿子就是彝族尊称的"六祖"。"六祖"为武、乍、布、默、糯、恒六个支系的祖先。根据贵州彝族水西土司安氏世传的父子连名谱系，自仲牟由至清康熙三年（1664年）的水西土司安坤，历传85代，由此上溯，"仲牟由"约为战国初期人。六祖分支标志着彝族先民由氏族、部落走向部落联盟阶段。1840年鸦片战争后，中国逐渐沦为半封建半殖民地社会，广大的彝族人民也深受苦难，鸦片在彝区大肆泛滥。凉山彝族奴隶主利用鸦片换得

---

① 杨庆舒，穆勒滚，申玉红，等. 德宏少数民族文化融入小学数学课堂的实践——以"数据收集整理"教学为例［J］. 兵团教育学院学报，2017，27（04）：36-39.

大批枪支、白银，有了枪支，他们又进一步向四周扩展势力，掳掠各族人民为奴隶，进而导致彝族内部的械斗日益频繁，使广大彝族陷入水深火热之中，许多彝族被迫背井离乡，向安宁河以西至丽江地区迁移。在解放战争中，路南圭山和弥勒西山的彝族在党的领导下，建立了游击武装和革命根据地，同国民党军队进行了英勇的斗争。滇南、滇东北、滇西和凉山等地的彝族与其他民族人民也建立了游击队，为配合中国人民解放军顺利进军，解放上述地区做出了贡献，许多彝族人民的优秀儿女在革命斗争中献出了宝贵的生命。

贵州省内彝族人口为959 302人，在贵州省20多个少数民族中，人口数量位居第6位，民族人口数较多，其居住特点呈大分散小聚居分布，与其他民族交错而居。民族语言为彝语，属汉藏语系藏缅语族彝语支，有北部、东部、南部、东南部、西部、中部6种方言，其中包括5个次方言，25个土语，由于彝族分布在滇、川、黔、桂四省（区）的高原与沿海丘陵之间，主要聚集在楚雄、红河、凉山、毕节、六盘水和安顺等地，居住地比较分散，因此形成了不同地区的不同社会组织和政治制度。譬如，毕节大方的水西彝族是以土司制为主。在统治者由刚开始的蛮长到罗甸王再到水西安抚使的过程中出现了一位令彝族后人歌颂的奇女子——奢香夫人，她改变了水西彝族自我封闭的局面，在几百年后的今天，她的事迹仍在水西等地广为流传。①

彝族支系繁多，其服饰也异彩纷呈，彝族服饰与彝族的宗教、历史、婚姻、丧葬、农事、节日庆典的关系极为密切。在贵州的历史进步和各民族的发展演进过程中，彝族人民创造了丰富的非物质文化遗产，传承着古朴浓郁的民族风俗、风情，如奇异的礼教习俗（宗教信仰、婚嫁、丧葬、礼俗等），缤彩纷呈、独具特色的民族节日，如火把节、彝族年、拜本主会、密枝节、跳歌节等，门类繁多的民间艺术，形式多样、色彩各异的民族服饰等，构成和诠释了贵州独特浓郁的民族民俗文化内涵与底蕴，但随着时代的发展，越来越多的少数民族被汉化，年轻一代基本不会说自己的语言，不会做自己民族的服装，甚至不知道自己的民族来源，彝族也不例外，所以保护并继承彝族文化遗产是每个彝族后代应尽的责任和义务。传奇的神话、古朴的史诗、迷人的音乐、绚丽的舞蹈、精彩的戏剧、多彩的服饰、缤纷的节日、古老的村寨、神奇的鼓楼、

---

① 郭媛媛. 彝族村庄规划的探讨——以峨边彝族自治县底底古村为例 [J]. 城市地理, 2017 (12)：57.

独特的民风民俗，都蕴藏着远古的文化奥秘，构成了贵州形式多样、内涵丰富的民族文化资源。

6.2 彝族文化中的数学元素

随着历史的发展，由于地理环境等的不同，每个民族或多或少都有其自身的文化特点及其民族特色，形成了独特的民族文化。彝族人崇拜自然，在彝族歌手奥杰阿格唱的《水西谣》中就有歌词"太阳是月亮的歌，月亮是太阳的梦"。服饰、建筑、语言等是民族文化的主要表现形式。[①]彝族文化中蕴含着丰富的数学元素，如在建筑、服饰、瓷器中蕴含对称、旋转、平移等几何变换和圆、三角形、正方形、椭圆、扇形等图形，中国人崇尚团圆美满，所以圆用得是最多的。

6.2.1 彝族服饰文化中的数学元素

彝族服饰是彝族文化的一个重要标志，它不仅仅是彝族人遮寒蔽体的物品，还是经过历史长河的沉淀遗留下来的宝物。彝族服饰样式丰富，色彩鲜明，服饰的设计处处体现彝族人的丰富情感，与彝族人生活、生产联系密切，并且彝族服饰的设计中也包含了大量的数学元素。

1.彝族女性包头中的数学元素

彝族服饰与其他少数民族服饰最大的区别就是包头，彝族女性包头整体呈圆盘状，色彩丰富，为了搭配衣服，在取色上常常取与衣服颜色相呼应的颜色，常见的有砖红色、黑色、蓝色等。彝族女性的包头中没有像苗族那样运用大量的银色物品做装饰，而是以刺绣为主，刺绣以螺旋线镶嵌在五角星内、而两边则是以图6-1（a）所示的刺绣为花边，体现了你中有我，我中有你，象征着彝族人团结友爱。花边是以数学中的两条平行线m，n中的等边$\triangle ABC$经过平移就得到的刺绣，既简单又美观，而花边的后面和前面主要以单独的螺旋线和螺旋线的对称、旋转为主，在数学中螺旋线的方程为：$r=a\theta$，当θ从0到$-\infty$时得到阿基米德螺旋线，整个的包头看起来是一个圆盘，展开是一个长方形布

---

① 姚春燕, 陈萍. 彝族数学文化中的数学元素探析 [J]. 考试周刊, 2018 (36)：60-61.

带，长方形的末端是尖角，以方便绕到最后包头时达到稳定的效果，其颜色与衣服的颜色相呼应，整体看起来协调、美观。

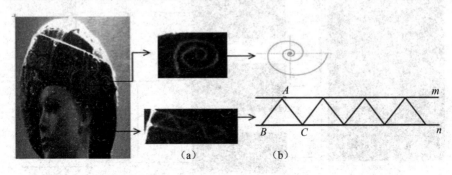

（a）　　　　　　　（b）

图6-1

2.彝族女性上衣中的数学元素

彝族人民较为分散，各地服饰也就有所不同，水西彝族地区女性上衣较完美地凸显女性的身材，整件上衣看起来像一件小褂子，如图6-2所示，领口是鸡心状的竖领，这样的设计，更易突显彝族女性脖子的细长，视觉上更为美观，也就是现在所说的天鹅颈，而光领口处的设计常见的颜色就会有砖红色、黄色、黑色、蓝色等几种颜色的交叉使用，从色彩上较吸引人的眼球。多个简单全等的三角形有限循环连续构成了领口的一部分，如图6-2（a）所示，这种连续的数学思想运用在纽扣的最外圈由一朵朵连续小花朵有限循环组成的刺绣图案中。如图6-2（b）所示，不同于当下流行服装，纽扣一般居于衣服的中间位置，彝族服装的纽扣在斜右，自上而下，在接近纽扣的一圈，由四叶草曲线［见图6-2（c）］和把四叶草曲线看成一个点时的伯努利双纽线［见图6-2（d）］交替组成，在数学中伯努利双纽线的方程为：$(x^2+y^2)^2=a^2(x^2-y^2)$，刺绣的线主要由4根细线合成，既不会导致刺绣太小被忽略，又不会太大而喧宾夺主。袖子整体呈直筒状，而袖口上的装饰物为了与领口和纽扣部分相呼应设计成领口和接近纽扣部分两者皆有的图案。彝族女性常常在腰上系上围腰，或者说背上一个彝族女性自己绣的小包，又或者系上一些其他的装饰物，把上衣和下装连成一个整体，穿上自己缝制的衣服，体现了彝族女性如花般美丽。

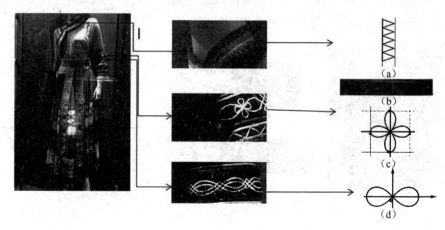

图6-2

下装则是以裙装为主，裙子的上部分是腰，下部分是裙摆，裙摆呈褶皱状，为了凸显女性的身材，腰会设计得比较细长，而裙摆比较大，这种裙子一般称为百褶裙，给人以飘逸的感觉，色彩的搭配就比较艳丽，裙子展开时，内部是一个小圆，外部则是一个大圆，两者结合形成一个圆环。

3.彝族男性服饰中的数学元素

相对于女性服饰，男性服饰就简单得多了，彝族男性的包头如图6-3所示不像女性的有很多的刺绣，但整体看上去亦如一个圆柱的填充，展开则是一块长方形的布带，男性包头的颜色主要以藏青色或黑色居多，最有特征的大概就是插在包头中类似牛角的装饰，斜插在男性包头的右边，牛角的形状类似于圆锥。像这样用牛角做装饰，充分体现了牛在彝族人民生活中的重要性，这样的尖角设计，让戴着包头的彝族男子看起来更加强壮、有力量。较有身份地位的彝族男子包头上会有一些金银打造的饰品做装饰，如图6-3（a）所示，包头上就有一个用金打造的关于中间对称的蝴蝶状的饰品，又一次运用了数学中的对称美。

彝族男性的上衣由一件长袖和一件小马褂组成，常常有披风与之相应，披风也不会有很多的装饰，或装饰得较为简单，以土黄色的披风居多，有的披风看来很有层次感，如图6-4所示，披风的中间部分是由一圈等腰三角形做小装饰，呈齿轮状，披风前面的下半部分为了体现层次性，由三层弧形的布片叠放在一起而形成披风的前半部分，起到了装饰的作用。

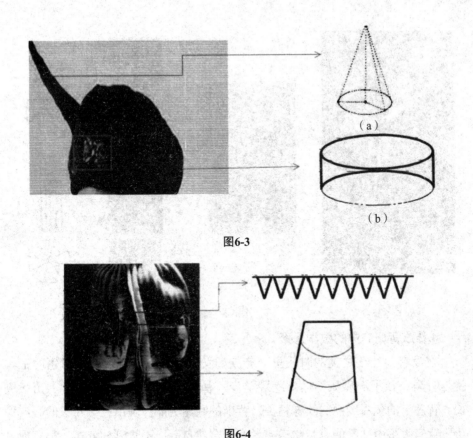

图6-3

图6-4

男性下装区别于彝族女性的是，下装是长裤，类似于现在的阔腿裤，不同的是，彝族男性裤脚有刺绣，一眼看去，映入眼帘的是一些长方形图案，像灯笼下面的须。最吸人眼球的是由三个心形构成的刺绣图案，绣成了长方形上面的灯笼，最里面的心形线经过放大可得到另两个心形曲线图案（如图6-5所示），不知笛卡尔与克里斯汀女王的爱情故事是真是假，但不管真假，都体现数学的神奇之处，连彝族男性的服饰之中都有心形的图案，也许是心爱的姑娘对情郎的大胆表白，又或者是贤惠的妻子对丈夫含蓄的情感流露，心形曲线的方程是：$r=a(1-\sin\theta)$。灯笼上面形似盖的装饰则由两个三角形和四个不规则五边形拼接而成，灯笼的右边则由8个小扇形顺次摆放成一朵绯红色的花朵。通过观察发现，男性的整体服饰中也运用了丰富的数学元素来做装饰。

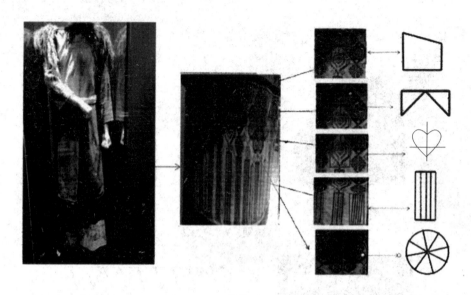

图6-5

4.彝族背扇芯中的数学元素

在没有婴儿车之类的时代里，彝族妇女带婴幼儿出行或劳作时用的工具就是背扇，孩子从呱呱坠地到蹒跚学步，基本都靠背扇在母亲的背上茁壮成长，背芯上的色彩绚丽，纹样精美，背扇的制作更能体现出一个女子的心灵手巧，背扇大多由女子的母亲赠送或者女子婚前自制，不管哪种方式，都表现了母亲对孩子的殷切期望和深深的爱。背扇整体呈长方形，背扇一共分成五个部分：背扇芯、背扇尾、背扇手、盖帕、背扇口，背扇芯一般是整个背扇的主体部分，常见为正方形或长方形，位于整体背扇的中心部分，如图6-6所示。

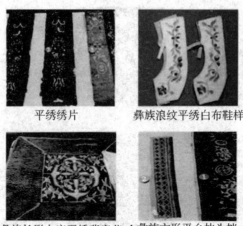

平绣绣片　　　　　彝族浪纹平绣白布鞋样

彝族长形白底平绣背扇芯　1.彝族方形平乡枕头挡
　　　　　　　　　　　　2.彝族蝴蝶型内嵌平绣花片

图6-6

　　背扇的每个部分均以刺绣为装饰，刺绣中有数学函数图象展现了三叶玫瑰线［见图6-7（a）］，每一叶的图象各不相同，每个近似于圆的图案由4个大小相同的三叶玫瑰线图案共同连接组成，背芯的图案样式繁多，不同的人制作的图案可能不尽相同。而图6-7中的色彩则偏淡粉色，可能更期待一个小公主的到来，刺绣中有五个小圆，犹如5个切片的小柠檬，稍外层是类似星形线（见图6-6）的图案把整个背芯又分为4个小部分，体现了彝族人对于对称美的独特理解。星形线或称为四尖瓣线，是一个有四个尖点的内摆线，也属于超椭圆的一种，其方程为：$x=a\left(\cos t\right)^3$，$y=a\left(\sin t\right)^3$，（t为参数）。而如图6-7所示，是使用平绣的绣法，用的丝线色彩更加鲜艳，刺绣的花栩栩如生，四种稍有区别的花样仿佛把整个背芯分成四个部分，与中心的四叶草曲线（见图6-7）图案相呼应，整体图案看起来完整、和谐，且数学中四叶草极坐标线方程为$\rho=\sin\theta\cos\theta$。最中间的小圆表现出彝族人民对孩子到来的圆满期待之意。

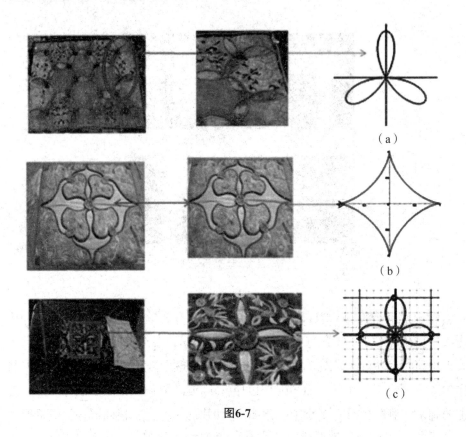

图6-7

6.2.2 彝族手工艺品中的数学元素

1.彝族耳环中的数学元素

彝族人崇拜火，传说彝族英雄支格阿龙射死了灼热的五个太阳和六个月亮，制服了肆虐的洪水，消灭了人间的各种妖魔，天神心怀不满放出蝗虫毁灭成熟的庄稼，彝族人烧了三天三夜的火把，终于烧死所有蝗虫，而这天刚好是农历六月二十四，为了纪念这一天，每年的农历六月二十四这天便要以传统方式击打燧石点燃圣火，燃起火把，走向田野，以祈求风调雨顺、来年丰收。在这一天彝族男女老少都会盛装出席，互相牵着手围绕着火把载歌载舞，不加修饰的天籁歌声，极富感染力，彝族女性的首饰叮当作响，如图6-8所示，伴随着欢声笑语，一片和谐景象。耳环整体的制作较为烦琐，整个耳环以中间部分的不规则四边形展开，四边形的顶端与三个两两相切的圆连接而成，四边形的中间则由八个与最外边相似的四边形共同组成，四边形越到中间尺寸越小，正中间的四边形*ABCD*则不进行花边的吊饰，以亮片形式呈现与区别。而四边形的下面两条邻边上则各打上与四边形相切的四个小圆环，每个圆环上连上喇叭状和平行四边形状的小银饰，彝族女性带上走路时小银饰相互撞击，发出叮叮当当的声音，使人心情愉悦。

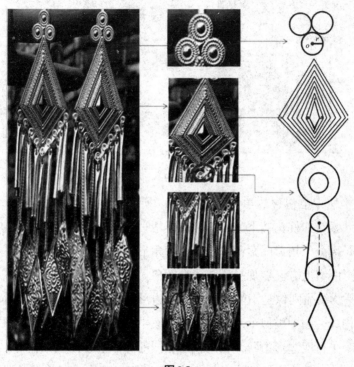

图6-8

2.彝族平绣中的数学元素

彝族女子擅长刺绣，五彩斑斓的银饰显示着精深的刺绣技艺。那银光闪闪，绣花簇簇的满襟大围腰，绣满鲜艳花朵、别致精巧的花鞋，做工精美的头帕、飘带等，都显示着彝族女子的心灵手巧。每个彝家姑娘都有一个绣制精巧的针线包。用以放花线、花边及各种绣制图案。田间小憩或其他闲余时间，她们便习惯飞针走线，绣出一幅幅精美图案。在2008年6月7日，彝族刺绣经国务院批准列入第二批国家级非物质文化遗产名录。彝族刺绣中有一种特殊绣法——平绣。平绣又称细绣，是在平面底料上运用齐针、抢针、套针、擞和针和施针等针法进行的一种刺绣。绣面细致入微，纤毫毕现，富有质感。平绣是用直线组成的绣法，多用于刺绣装饰欣赏品和较高级的日用品。平绣线条的方位、针脚的起落、施线的粗细、角色的繁简，都因物象的不同而有所区别，能逼真地绣出物象，具有较强的表现力，不注意看整体并不像刺绣，犹如渲染的画一般（见图6-9），这便是平绣的最大特点。

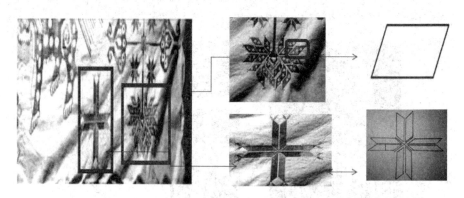

图6-9

彝族平绣中也包含数学元素，如图6-9所示，一块方形平绣枕头挡中处处渗透数学元素，如枕头挡下方的部分图案便全是由三部分不同大小的三角形图案组成，每部分三角形图案都由很多个三角形组成，体现了数学中的连续性思想，三角形图案上方又展现了正弦函数图象，函数图象上下的两直线平行。图6-10中的平绣绣品则像是不能够表达对四边形的喜爱一般，几乎整体的图案皆由四边形构成，图中类似十字架的平绣图案中，十字架图案由八个平行四边形构成，每个平行四边形由两个相同或不相同的梯形拼接而成，整个十字架的图案呈中心对称。每个平行四边形的角仿佛有两条小鱼儿在抢食，生动而有趣。十字架图案的右边平绣图案中一朵大花则由小平行四边形通过平移、对称等构成花朵的每一页花瓣或每一片叶子，不仔细看恰似一朵朵由平行四边形巧妙而成的小花争相开放热闹非凡。

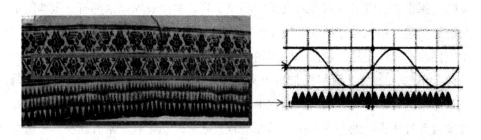

图6-10

6.2.3 彝族建筑中的数学元素

1.彝族房屋中的数学元素

彝族人民讲究"天人合一"，人与自然和谐相处，所以彝族人傍山而居。彝族民居建筑有青棚建筑、土掌房建筑、垛木房建筑、闪片房建筑、茅草房建筑、瓦房建筑等；其中瓦房以土基、树木为材料建构，用木构架承重，土基墙或土墙只用于维护结构，基本为三开间两层楼房，房顶是人字形坡面，屋脊有的呈曲线，两端翘起，有的呈直线，屋脊平整。

房屋的装饰则根据彝族人的喜好设计，屋顶的装饰常由大小不同、形状不同的瓦片堆砌，屋顶中间的装饰与屋顶两端的翘起部分有所不同，如图6-11（a）所示，屋顶中间的图案设计，首先利用光滑瓦片的凹槽，构造椭圆、半圆，再将半圆、圆等巧妙拼接构成图案，图案整体像半圆包含着牛头拱，又如盛开的花瓣，图案的最下方用了4片瓦片形成四个圆弧，同样图案的中间部分也用了4片瓦片形成了一个半圆形，而用两片瓦片的凸起就构成了牛头拱的形状，图案的最上面部分巧妙地运用两片瓦的凸起和凹槽就构造了一个被托起的小椭圆。在彝族人的生活中常常运用对称的数学元素，房梁上的装饰设计上就用了对称，为了达到房屋的两边对称的目的，一般房梁两边的翘起部分的设计不做图案装饰，或装饰设计较为简单，且两边图案设计一样，如图6-11（b）所示，中间部分翘起两边均由9片瓦片构成小椭圆，再由小椭圆简单地相切，既简单又美观。

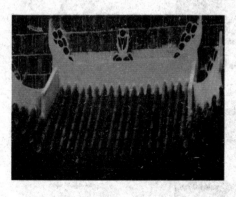
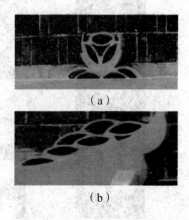

（a）

（b）

图6-11

在墙体部分的装饰则较随性些，一般彝族人会在墙上作画，或作彝族人崇拜的火元素，或作太阳的壁画，或作虎等动物的壁画，还有就是一些随着房屋形状勾勒的几何图形（见图6-12），图中的壁画就是屋顶的三角形形状，壁画主要以三角形为主，花边以有限循环的三角形组成，花边的内部是一个三角形，三角形包裹一个圆，一眼望去，如熊熊燃烧的火焰，体现着彝族人民的热情。

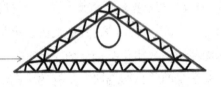

图6-12

2.彝族窗户中的数学元素

窗户上有精美的雕刻，体现了彝族人设计风格的多样化，在彝族人的窗户中除了花，还有圆、长方形、菱形、梯形等几何图形，如图6-13所示，整个窗户的内部关于窗户的中间而上下对称，而仔细观察窗户内部细节，其中的两个梯形可以看作同用一个上底，得到一个如沙漏般的形状，经过平移、旋转得到如四个漏斗般环绕在一个长方形的四周，长方形的里面部分则有一个看似两个大括号和两个小括号构成的图案，远看如四个小人儿拉扯着括号图案。而窗户的中间部分有两个菱形相抵而成的图案装饰，使得图案简洁却不显得单调，菱形的上下均由两根小木棍固定菱形，视觉上不仅看起来美观精致，还给人牢固的感受。

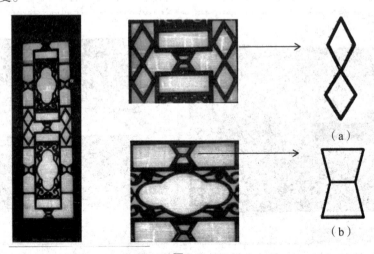

（a）

（b）

图6-13

3.彝族房屋前石柱中的数学元素

彝族人常常在房屋建筑门前修建石柱，有的石柱略微装饰，房屋整体看起来不会显得太过孤立，也使房屋整体显得较为完整。在没有现在技术发展的情况下，彝族人使用的物品大多是原始的石头或用大自然中现有的植物制成生活中所要用的东西，仅仅使用石头则显得有些单调，所以彝族人会把石头打磨成自己想要的形状，并在石头上进行雕刻，也就形成了彝族人所要的石柱，石柱的顶端雕刻着一些几何图案，整个图案是一个大圆环，大圆环的环上雕刻着四叶草线的图案。在大圆环的内部有一个八角星包裹着一个小圆环，而八角星又与外面的大圆环的内部恰好形成了8个等腰三角形，这8个三角形的底边顺次连接于圆环的内部构成，也许是数字8的音译吉祥，彝族人雕刻的图案中都用了一个又一个8，表现了彝族人对美好生活的向往。八角星包裹着的圆内部是一个星形线，星形线的中心是一个小正方形，一层一层逐层递进，依稀可以看到大圆环环上的图案与圆环内部的图案相同，达到内外呼应的效果。与古代的铜钱相似，包含了天圆地方的思想。

6.3　彝族文化视角下的数学教学

中国民族是由56个民族共同组成的，由于生活环境的差异性，民族之间存在着文化的不同。彝族人民用自己独有的数学思维，将这些图案融于彝族服饰、建筑、房屋上，达到了美观的效果。但随着城市化的快速发展，彝族学生学习的环境同以前相比有了巨大的变化，彝族的传统文化正在逐步减少。甚至在一些村庄彝族学生已经不会说彝族语言了，就连彝族服饰、建筑物中也不再含有彝族元素，学生所能接触到的彝族文化所剩无几，数学课堂上所用到的彝族文化也就少之又少，在教学过程中基本上很少考虑到彝族的文化背景。在这样的环境下，如何能保护本族祖先留下的悠久文化呢？又如何来传承和发扬本族文化呢？

在少数民族地区开展中小学数学课程的教学，不仅要体现出数学知识，也要考虑到民族文化的背景下对数学知识的了解与认识。将彝族文化融入数学课堂教学，使学生在学习数学知识时也进一步熟悉了彝族悠久的文化，课堂中出现学生较为熟悉的事物，激发学生的学习兴趣，欣赏彝族的文化，为本彝族文化所自豪。与三角形有关的线段较为抽象，需要学生有一定的理解与概括能力，通过观察、动手操作来理解定义。彝族服饰、建筑、房屋等上多出现三角形，将此灵活运用到与三角形有关的线段的课堂中去，让实际生活进入课堂，将彝族文化与数学课堂教育有机结合，使乏味的课堂变得生动起来，激发学生的学习兴趣。同时也提高了青少年对发扬彝族悠久的历史文化的意识，也让更多的人接触以及了解彝族文化。

课例1 彝族文化融入"与三角形有关的线段"的教学片段设计

与三角形有关的线段是人教版初中数学教材八年级上册第十一章第一节的内容。在学习此节内容之前，同学们已经学习过了直线、射线、线段。对平面图形和立体图形有了一定的认识。同时，本节课的学习也为后面学习四边形、圆等打下了坚实的基础。三角形在彝族服饰、建筑、日常用品等方面都有体现。本节课将用这些随处可见、随手可及的事物来引领学生去探究与三角形有关的线段，为下节课学习全等三角形做好铺垫，也让学生在学习新知识的同时能够接触到彝族文化中所蕴含的数学文化。

从初中生现有的学习能力看，同学们对图形以及部分图形构成的元素已经有了初步的了解，对事物的观察具备了一定的能力，在某些程度上也具备了抽象概括的能力，也具备了将一定的前后所学习过的知识联系起来的能力。并且，学生经常接触彝族的服饰、建筑、生活用具，对其上的三角形图案较为熟悉，对本节课所学习的内容更加有兴趣，学习积极性高，也就更容易理解和掌握本节课的内容。

创设情境，引入新课

多媒体导入如图6-14所示的图片。

图6-14

师：在小学，大家就已经认识了三角形。三角形在我们的日常生活中随处可见，同学们应该对图6-14所展示的三幅图都非常熟悉吧，从左往右看第一幅图是彝族石器，第二幅图是彝族石桥走廊，第三幅图是彝族的房屋，很明显，这几种建筑上都有我们本节课要学习的三角形。欣赏完上面的图片，同学们还能列举出生活中在不同事物上所看见的三角形吗？

生：能，例如板凳的脚、老师使用的三角尺、房屋窗户的顶部……

师：同学们很聪明，有很好的记忆力和观察力，能列举出生活中我们所看见的三角形，这节课我们就一起来探究三角形的奥秘。

设计意图：用生活中学生常见的事物来导入新课，增加学生的熟悉感，可以激发学生的学习兴趣，用提问的方式来提高学生的参与度，活跃课堂气氛，调动学生的积极性，使学生更快地进入学习状态。

课例2 彝族文化融入"三角形概念"的教学片段设计

图形与几何是义务教育阶段学生数学学习的重要领域，在小学阶段包括"图形的认识与测量"和"图形的位置与运动"两个主题。学段之间的内容相互关联，螺旋上升，逐段递进。结合低年级学生的年龄特点，充分利用学生在幼儿园阶段积累的有关图形的经验，以直观感知为主。学生在第一学段就要接触得到几何图形的概念，可以结合彝族文化针对三角形的概念一课这样设计。

观察PPT上所给出的图形，引入三角形的概念。

问题1：彝族房屋多为对称图形，其中三角形是屋顶设计中最常见的图案；观察图6-15（a）所示彝族屋顶，由抽象图向具体转化，得出具体的图6-15（b），回答下面的问题。

（a）

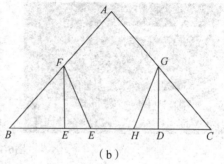

（b）

图6-15

①你能从图中找出不同的三角形吗？请把它们画出来。

②观察所画出来的这些三角形，你能发现它们有什么共同点吗？给出你的结论。

学生：画出了△ABC，△BEF，△DGH，…

共同点：都由三条线段围成，三条线不在同一直线，首尾相连……（不同学生回答不一样）

根据学生所归纳出的三角形的共同点，让学生来描述什么样的图形才能称为三角形。（通过学生之间的合作交流，各抒己见，不同的学生给出了不同的回答，部分学生能够比较正确地归纳出三角形的概念，部分学生不能完全准确地归纳出三角形概念，但是在表述正确的同学的引领下，表述不够完善的同学也能将遗漏部分补上，最终得出准确的概念）

教师板书三角形的概念

定义：由不在同一条直线上的三条线段首尾顺次相连所组成的图形叫作三角形。（教师口述强调首尾相连）

设计意图：从抽象图形转换到具体图形，能培养学生的抽象思维能力，学生自己观察图形，画出图形，并通过小组交流，合作探讨归纳出三角形的概念，符合新课标下的学生观、教师观，充分发挥了学生在课堂中的主体地位，也符合学生在学习新知识时的认知规律，教师口述强调首尾相连，做到了严格定义。

课例3 彝族文化融入"三角形的概念和性质"的教学片段设计

给出彝族衣服袖口上的三角形图案（见图6-16），抽象出具体的三角形。

 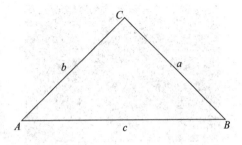

图6-16

问题1：同学们还记得平行线和角是怎么表示的吗？我们的三角形和它们

类似，你们能用类似的图形来表示吗？我们又该怎么来表示它的顶点、边以及角呢？

生：用和它们相似的图形来表示，可以用字母来表示它们的顶点、边以及角。

学生回答完三角形的表示后，教师补充学生，并板书在黑板上。

线段AB，AC，BC叫作△ABC的三条边，我们也可以用小写字母c, b, a来表示；点A，B，C叫作△ABC的三个顶点；∠A或∠CBA，∠B或∠ABC，∠C或∠ACB叫作△ABC的三个内角，简称三角形的角；顶点是A, B, C的三角形，记作"△ABC"，读作"三角形ABC"。

设计意图：回忆旧知识，引导学生用类比归纳的方法来得出三角形的表示方法和与之相关线段的表示；不但巩固了旧知识，也学到了新知识。

问题2：如图6-17所示（用PPT展示彝族石柱），彝族有着大小不同、形状不同、各式各样的石柱，每个石柱上又有着不同的图案；提出设问，一只蚂蚁想从C点爬到A点，那么它走C—A这条路线近一些还是走C—B—A这条路线近一些？请说出你从中发现的数学道理。

图6-17

师：思考路线C—A、路线C—B、路线B—A分别对应△ABC的什么？

学生：路线C—A是△ABC的边CA，路线C—B是△ABC的边CB，B—A是△ABC的边BA。

师：根据刚才的讨论，你们发现△ABC的三边有什么大小关系？

学生：$AB+BC>AC$，$AB-BC<AC$。

师：同学们很聪明，根据同学们的回答，将数学符号转换为数学语言，可以得出以下结论。

结论：三角形任意两边之和大于第三边，任意两边之差小于第三边，三角形的三边关系反映了任意三角形边的限制关系，可用此关系来判断三条线段能否构成三角形。

设计意图：由两点之间的线段最短的这个知识点，引出三角形两边之和大于第三边。

学生：蚂蚁走路线C—A近一些，因为两点间的线段最短。通过学生自己动手操作来得出结论，便于学生的理解，加深记忆。

课例4 彝族文化融入"角平分线应用"的教学片段设计

通过小学阶段图形与几何的学习，学生对立体图形和平面图形有了初步的认识。在初中阶段图形与几何领域包括"图形的性质""图形的变换"和"图形与坐标"三个主题。角平分线的性质是人教版数学教材八年级上册第十二章第三节的内容，学生在学习了全等三角形之后进而学习角平分线的性质，为后续学习几何证明打下基础。因此，本节内容对于学生建立起几何转化的思维、培养学生逻辑推理和抽象思维非常重要。彝族裙摆中含有丰富的数学元素，将其应用在教学中将会达到事半功倍的效果，参考教学片段如下。

彝族裙摆有着鲜艳的颜色以及丰富的刺绣图案，能让人记忆深刻。如图6-18所示，展示彝族裙摆，由抽象图形转化为具体图形，与三角形相关的线段除了三边，还有我们已经学过的高，从三角形ABD的顶点A向它所对应的边BD所在直线画垂线，垂足为O，所以得到线段AO叫作三角形ABD的边BD。

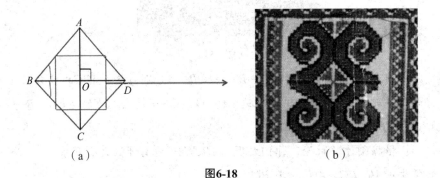

（a）　　　　　　　　　　（b）

图6-18

问题1：继续观察，$\angle ABC$的角平分线BO交$\angle ABC$的对边AC与O，我们称垂直与对边的线段为高，那么平分对边角的线段我们又称为什么呢？

生：称为角平分线。

师：同学们能具体地叙述角平分线的概念吗？请举手回答。

生：画∠ABC的角平分线BO，交∠ABC的对边AC与点O，所得的线段BO叫作三角形的角平分线。

师：很棒。答得非常正确，接下来，同学们继续观察图6-19，回答问题。

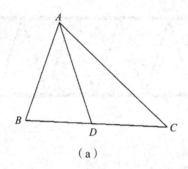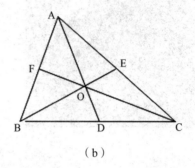

（a）　　　　　　　　　　　（b）

图6-19

师：已知图中点D是线段BD的中点，连接AD，类比与上面我们所学过的高和角平分线，我们可以称线段AD为三角形ABC的什么呢？

生：三角形边的中线。

师：非常正确，继续看图6-19（b），已知点O是三角形三边AB、AC、BC三边中线的交点，我们可以称点O为三角形的什么呢？

生：三角形的重心。

师：同学们回答得非常好，那我们请一位同学站起来将概念详细说一遍。

生：连接△ABC的顶点A和它所对的边BC的中点D，所得的线段AD叫作△ABC的边BC上的中线，三条中线的交点叫作三角形的重心。

师：很棒，现在请同学们再看一遍书上关于高、中线、角平分线的定义，加深对概念记忆。

设计意图：由彝族服饰中所隐含的三角形的高和角平分线来提高学生的学习兴趣，通过问答来活跃课堂氛围，让学生自己归纳定义，再看书上准确的定义，加深对定义的记忆与理解。

练习1：彝族服饰中最有特色的是包头，如图6-20所示，以刺绣为主，其中的一个组成部分便是由多个三角形组成的；若要刺一个周长为18cm的等腰三角形，如果腰长是底边的2倍，应该怎么刺？如果腰和底边相等呢？

　　练习2：如果一个等腰三角形的一边长为5，另一边长为4，求三角形的周长。

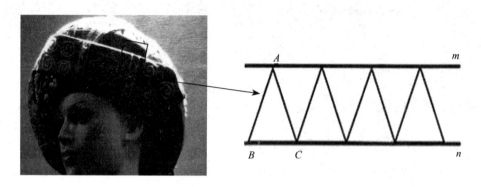

图6-20

　　设计意图：这两道题是对三角形三边关系的巩固，练习1要利用方程来解，用两边之和大于第三边、两边之差小于第三边来判断是否合理；练习2并未注明给出的两边是腰还是底边，需要考虑多种情况并判断是否合理才能得出最终的结果。

　　彝族是我国主要少数民族之一，彝族人民在建设家园过程中创造了丰富的彝族文化，在其服饰、手工艺品和建筑中都蕴含着非常丰富的数学知识。而今，数学课堂强调要引导学生感悟数学的文化价值，渗透数学文化教学，增强学生民族自豪感，激发学生的爱国情怀。教师可以就地取材，在数学课堂中渗透民族数学文化，以上几个在彝族文化视角下的数学教学片段体现了数学教学与民族文化的融合。恰当地融入民族文化在一定程度上落实了立德树人的根本任务，在发展学生的核心素养、提高学生学习兴趣、增强学生自信的同时也有助于中华传统文化的传播。

第7章 土家族文化与数学教学

　　土家族是一个生活在湘、鄂、渝、黔接壤地区的少数民族，几千年来，土家族世世代代在武陵山区这片热土上繁衍生息，他们在生产、生活、习俗等方面创造了丰富多彩、独具特色的民族文化，土家族人崇拜自然、敬畏自然、探索自然，又热爱生活。因而，土家族人会把自然和生活中形色各异、美轮美奂的图案运用在刺绣、服饰、建筑、生活用品、工艺品中[①]，这些图案的设计上运用了很多与数学相关的知识，特别是在建筑设计和服饰设计中，都蕴含了大量的数学元素，主要运用了数学几何图形和几何变换等知识。这些在土家族生活中无处不有的图纹结构，不仅记录着土家族人民悠久的历史文化和精神文化，而且还反映出数学元素与土家族文化之间不可分割的关系。

7.1　土家族简介

　　土家族的先民与古代巴人有直接的渊源关系，但其来源目前说法不一，其中一种说法为古代从贵州迁入湘西鸟蛮的一部分；另一说法是唐末至五代初年（910年前后）从江西迁居湘西的百艺工匠的后裔。史籍中将湘鄂西一带土家族称为"土人""土民"等，清末地方志中开始用"土家"这一名称。新中国成立以后，根据土家族人民的意愿正式定名为土家族。

　　现下土家族主要分布在云贵高原，湘、鄂、渝、黔接壤地带的武陵山地区，平均海拔1 000m。贵州境内的土家族主要分布在贵州省东北部沿河、印江、思南、德江、江口等县，其中贵州省德江县是土家族的发祥地之一，并且德江县拥有多个土家族聚居区，是名副其实的土家族之乡。根据2020年第七次

---

① 杨梅. 基于图文凝视的渝东南土家族文化变迁研究 [J]. 重庆理工大学学报（自然科学），2017, 31（10）：140-146.

全国人口普查统计，土家族人口总数为9 587 732人，贵州省聚集了全国土家族总人口的17%。土家族有自己的民族语言，属汉藏语系藏缅语族，接近彝语支，没有本民族文字，通用汉文。由于历史的进程，如今的土家族只保留了部分文化遗产，大多已被汉化，所以传承和发扬土家族文化，是每个土家族后代的责任和义务。

每个民族都有其自身的文化特色和民族特征，土家族人民长期的社会实践，使其不仅创造了绚丽多彩、独具特色的民族文化，而且磨炼出了许多技艺精湛、心灵手巧的民间艺人。土家族文化、饮食、服饰、住房和交通等重要的文化形式，在各个方面都体现出鲜明的民族文化特点。[①]土家族民族文化中蕴含丰富的数学元素，如合同变换、相似位似变换等几何变换和圆、三角形、矩形、圆形和扇形等，特别是圆最为多见，代表着团圆、美满、和美、圆满之意等，代表意义和其他部分少数民族类似，但在其所有的设计上，不论从整体还是局部细节都是以对称为主，这样设计出来的东西，不只从视觉上看很美观，而且还能体现出土家族不一样的智慧与思考。这些在土家族生活中无处不有的图纹结构，不仅记录着土家族人民悠久的历史文化和精神文化，而且还体现了数学元素与土家族文化之间不可分割的关系，历经漫长岁月的洗礼之后，在继承和创新土家族文化的同时，数学的运用愈来愈灵活，形成了独特厚重的土家族文化。

7.2　土家族文化中的数学元素

土家族文化的主要载体是土家族服饰，在其服饰上刺绣是为表达他们的共同信仰和文化。此外，在手工艺品中也蕴含着大量的数学知识，如在耳饰和胸饰中运用了轴对称的性质；在背篼中用到了台体的知识；在居住房屋的"屋脊瓦"运用了变换等。

7.2.1　土家族服饰中的数学元素

服饰是一个民族的重要文化标志，是一个民族无声语言的艺术传承，是

[①] 张和平. 苗侗地区民族数学文化及其教育——读张奠宙《数学教育概论》的思考［J］. 凯里学院学报，2010, 28（03）: 13-16.

一个民族区别于其他民族的标志之一。在漫长的历史进程中，土家族服饰是土家族文化的重要载体。它具有四种不同的文化内涵：一是反映土家族社会前进的重要标志；二是反映土家族文化交流的一个重要方面；三是反映土家族审美情趣的一个重要体现；四是反映土家族宗教信仰的一个重要载体。比较而言，土家族服饰没有苗族服饰那样穿金戴银，而是更接近生活型、实用型。土家族人民的纺织、绘画、扎染、刺绣、插花等都独具民族文化特色。由于土家族分布较广且居住海拔高低不同，所以形成了各个不同地方的土家族服饰文化，但土家族的服饰都一个共同点，都喜欢用几何图形和植物作为图案进行刺绣绘画。

1.土家族女性帽子中的数学元素

土家族女性帽子跟男性帽子有很大区别，通常女性的帽子是用比较鲜艳的两种或两种以上的颜色扎染而成，帽子周围用吊坠及刺绣的几何图案进行装饰，这样的装饰寓意着土家族姑娘们像公主一样漂亮，所以佩戴的多为土家族年轻女性，如图7-1所示，此帽子不但在女性的打扮上起重要作用而且还能防尘防晒，它的制作及构造都较为复杂。它是一整块边长约为80cm的长方形布通过手工制作而成，在上面手工刺绣几何图形和吊坠的串制；特别是帽子的上端蓝色刺绣的三角形图案如图7-1右侧所示，由蓝色的线手工刺绣而成，帽子的一周一般由多个全等的等腰三角形紧密相连，象征着一对恋人相亲相爱、永不分离、幸福健康、白头偕老。可以看出，等腰三角形的顶角 $\angle B=\angle C=\angle D=\angle E=\angle F=\angle G\approx45°$，都是锐角，边的关系 $AB=BC=CD=DE=EF$，两腰相等，运用了全等三角形的判定及性质等几何知识。

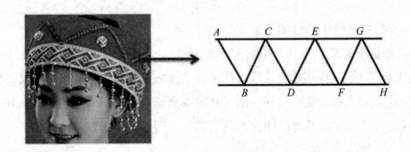

图7-1

2.土家族上衣刺绣中的数学元素

土家族服饰主要由青色、蓝色、白色和印花布制成，衣服的构造风格基于简单实用的原则，喜欢宽松简单的结构。但是土家族人在制作衣服的过程中很注重细节，衣裤较短、袖口较肥大。男女老少皆穿无领滚边右衽开襟衣，衣边领口会绣上花纹绣工精彩、色彩艳丽。[①]但男女上装又有所区别，女子右开襟袖大而短，饰花边，挂银铜佩饰，俗称"满襟"，未出嫁少女着花衣，讲究大红大绿；男穿双排七至十一纽扣的对胸衣如图7-2所示，纽扣俗称蜈蚣扣、袖口、领口末端以及衣服前胸加花边或刺绣几何对称图形，这种较古老的上衣叫"琵琶襟"，体现了土家族浓厚的民族服饰特点。如图7-2所示为男性上衣前胸的几何图案，图案是由两个同心圆和一个正方形组成的平面几何图形，并且有4条对称轴，均为五彩丝线织成，显示出土家族妇女的心灵手巧，两个同心圆寓意着土家族的人团团圆圆、正方形则体现土家族人方方正正做人的传统美德，如图7-2所示正方形的边长$a=14cm$、大圆半径$R=6cm$、小圆半径$r=4cm$，面积分别为$196cm^2$、$113.04cm^2$、$50.24cm^2$，体现了土家族人刺绣与数学的完美融合。

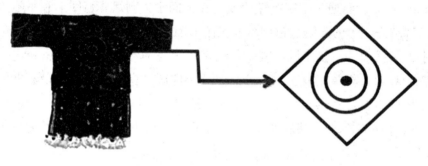

图7-2

3.土家族围腰中的数学元素

围腰是土家族服饰中极其常见的物品，许多土家族人在日常生活中也有佩戴围腰的习惯，特别是土家族女性最喜欢佩戴，围腰穿戴起来简单又方便，由围腰连接的腰带缠绕在腰间一圈，从发端到结束用打蝴蝶结的形式系在人体背部（土家族人又把蝴蝶结叫作"活牢扣"）即可，如图7-3所示。

---

① 田少煦.土家族织锦纹样初探[J].中央民族学院学报,1989(02)：90-93.

围腰的作用主要有两点：一是人们在日常的家务劳动中防止脏污直接对衣服的接触；二是人们把围腰作为打扮装饰的服饰之一，土家族女性在佩戴围腰这方面较为注重，所以为了使围腰漂亮美观，通常在上面刺绣着精妙绝伦的图案：如草、花、动物以及一些数学几何图案等。围腰的造型结构非常简单，由两个不同大小的半圆和一条腰带组成，小半圆底部有一些吊坠作为装饰；放在腰部前边的两个大小重叠的半圆如图7-3（a）所示；小半圆的半径长度为30cm，大半圆的半径长度为40cm；腰带的长度因人而异，通常为60～90cm不等，所以无论是胖的还是瘦的、成人或孩童都可以穿戴不同长度腰带的围腰。腰带及半圆底部吊坠的几何图形如图7-3（b）所示。吊坠由八个小球和一个椭圆环组成，它们穿过一条细线串联在一起，其中八个小球中的一个稍大，另外七个大小相等。然后将吊坠一串一串地围绕内半圆的圆弧平移，但吊坠在平移时必须保持整个垂直向下；腰带上主要由与五角星相似的花和一些不规则的几何图形组成，然后向右（左）平移即可，这个过程主要运用到几何变换中平移的数学知识。

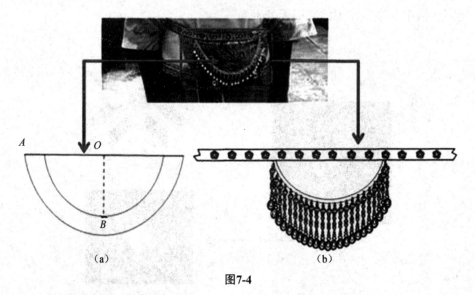

（a）　　　　　　　　　　（b）

图7-4

4.土家族布鞋中的数学元素

布鞋在土家族人中最为常见，不管男女老少都有穿布鞋的传统，在平均海拔1 000m的云贵高原，湘、鄂、渝、黔交界地带的武陵山区，气候较为潮湿，布鞋在潮湿的气候条件下有效地保持双脚的干燥。土家族人的布鞋都是以手工勾制而成，而且样式精美，心灵手巧的土家族人在鞋上勾勒出的图案更是五彩斑斓、栩栩如生，所以秀丽的布鞋是集绘画、扎染、刺绣于一身的文化艺术作品，充分展现了心思缜密的土家族人巧夺天工般的勾勒技艺和超高的艺术智慧。如图7-5所示，布鞋上的图案都是简单的平面几何图形，刺绣的几何图案规则为对称，也就是数学中常说的轴对称图形。如图7-5（a）所示图案一般刺绣于布鞋的鞋底里面，它是由外围8个指着不同方向的平行四边形和中间的一个四角星组成，象征着团结友爱，也象征着为土家族人指明了前进的目标和方向，每个平行四边形的大小、形状、颜色完全相同，组成四角星的四个三角形全等，可以看出此图案有4条对称轴。如图7-5（b）所示是土家族布鞋鞋背上刺绣的一种规则的数学几何图形，该图形的颜色为蓝色、白色、黄色，颜色搭配及形状之优美让人叹为观止，展现了土家族人的刺绣艺术以及智慧的结晶，该图形中间刺绣有一个大菱形、上下分别有一个全等的小三角形，可以看出此图案有两条对称轴，所以刺绣的如图7-5（a）、图7-5（b）涉及对称、全等、旋转、变换等几何知识，充分体现了土家族人在实际生活中对数学知识的应用无处不在。

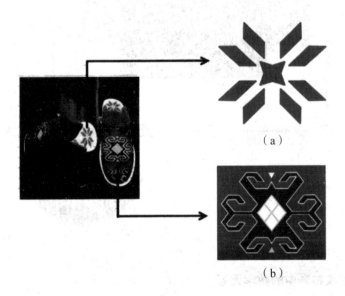

（a）

（b）

图7-5

7.2.2　土家族手工艺品中的数学元素

土家族虽然有"好吃不过茶泡饭，好看不过素打扮"的俗谚，衣服的结构款式以俭朴实用为原则，但仍然有许多相关的首饰。土家族服饰与其他民族服饰不同，但与布依族、苗族和壮族等少数民族的服饰比较相像，用许多银饰作为点缀其美之处。而土家族的人们所穿戴的服饰中，不论是帽、衣、裤还是鞋等大部分都是用布制作而成的，因此在服装设计中很少有银饰镶嵌，他们主要靠手工刺绣。关于制作银饰，随着不断汉化的原因，现如今土家族人已很少佩戴银饰，很少有人制作，许多银饰、工艺品制作手艺失传。因此继承和弘扬土家族民族文化意义重大。

1.土家族胸饰中的数学元素

胸饰包括牙扦、项圈等，如图7-6所示是胸饰的其中一种，俗称"牙扦"，牙扦挂于胸前正下方，为土家族妇女喜爱的银饰。牙扦一般质量接近200g、长68cm左右，上面安有大银圈一个，方便于套挂在胸口上，胸饰中央为手工雕凿打制的虫、鱼、鸟、兽、植物藤草及数学几何图案等，体现了土家族人巧夺天工般的雕凿艺术以及对自然万物的崇敬和热爱。如图7-6（a）所示为胸饰中央雕凿的数学几何图案放大模拟图，该几何图案是由两个同心的大小半圆和一个小圆及19个等腰三角形组成的对称图形，该雕刻的图案象征着一个快要落山的太阳，寓意着土家族人对黎明的渴望、对未知的探索、对未来美好生活的追求。胸饰下端吊有耳挖、马刀、叉、剑、针夹、铲及圆锥体等小银器物。不同的牙扦下端吊的小银器物不同，如图7-6示下端吊的类似"圆锥体"的立体小银器物，右边为放大后的几何模拟图如图7-6（b）所示，下端一共吊有体积、形状完全相同的9个圆锥体，寓意着"长长久久"，体现了土家族人对美好生活的追求。牙扦在土家族新娘出嫁佩戴时更显得意义非凡、是新娘出嫁时的必备之物，表达了土家族人对婚姻美好的祝福。如图7-6（b）所示圆锥体的高$h=2$cm、底面圆的直径$r=1.5$cm，所以圆锥体的体积$V=\pi r^2 h/3=4.71$cm^3，这样体积的9个圆锥体不大不小，跟牙扦混为一体，适中、好看、有艺术感。

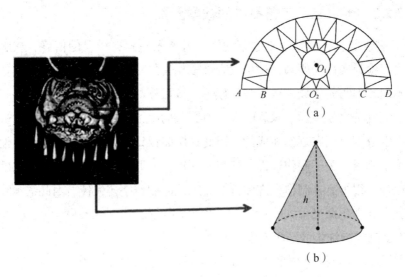

（a）

（b）

图7-6

2.土家族银饰中耳环中的数学元素

耳环是土家族女性最喜欢的银饰，且以多为美，跟其他银饰不一样，土家族女性在日常生活中也有佩戴耳环的习惯，尤其在土家族特有节日庆祝以及婚礼庆祝中，佩戴耳环更为隆重。耳环的样式多种多样，因家庭经济状况、年龄差异而略有不同。但耳环在构造、形状方面包含着丰富的数学知识[①]，尤其在耳环形状打造方面，数学几何更是体现得淋漓尽致，如图7-7所示是土家族普通家庭女性所佩戴的耳环，耳环顶端是个挂钩、挂钩下有个半径为5mm的小银球，下面吊有多个梅花形状的小银花朵，每个小银花朵都是由大小、形状完全相同的5个小银花瓣镶嵌而成的对称图形，象征着土家族人的团结、友爱、和谐的一面，图7-7（a）为小银花朵的模拟图，可以看成小银花朵是由图7-7（b）所示的小银花瓣状的图形旋转72°分别旋转5次所得。数学来源于生活、应用于生活，土家族人在生活中对数学的应用无处不在，此银饰中便运用了旋转、对称以及反射的基本性质等数学知识。

---

① 罗永超,肖绍菊.苗族银饰几何元素探析及在课堂教学中的应用[J].数学教育学报,2016,25（01）:94-98.

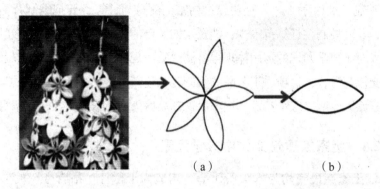

（a）　　　　　　　　　　（b）

图7-7

3.土家族背篓中的数学元素

　　背篓在土家族人的日常生活中随处可见，背篓的用途较为广泛，不同用途的背篓在编制时的材料、形状、体积也有所区别。本章主要介绍用于赶集时陈放购买商品的背篓中的数学元素，如图7-8（a）所示是来自土家族民间艺人手工编制而成的背篓，背篓的编制过程较为烦琐、耗时，一般用两种材料编制：一是用坚硬的塑料带；二是用扁平或细长的竹条编制，在背篓的其中一面固定有两条长度为80cm的帆布背带，如图7-8（a）所示。背篓的整体形状呈现如图7-8所示倒置正四棱台形状，上底是一个敞口的正方形$A_1B_1C_1D_1$，下底是封闭的正方形$ABCD$，上下底面面积不等且上底面积大于下底面积，上底边长为：$A_1B_1=B_1C_1=C_1D_1=A_1D_1=0.7$m，下底边长为：$AB=BC=CD=AD=0.5$m，面积分别为$S_上=A_1B_1 \times B_1C_1=0.7^2=0.49$m^2、$S_下=AB \times BC=0.5^2=0.25$m^2，正四棱台的高$h=0.7$m，所以正四棱台的体积$V=(S_上+S_下+\sqrt{S \times S}) \times \dfrac{h}{3}=0.214$m^3。

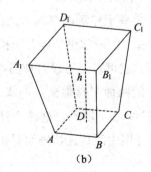

（a）　　　　　　　　　　（b）

图7-8

在编制背篼时手工艺人都要经过精密的测量与计算，要把编制背篼的上下底面边长及高控制在计算范围内，涉及正四棱台的性质及体积公式等数学知识，土家族人对于数学知识的运用体现得淋漓尽致。现在由于科学的进步以及各民族文化的交流与融合，这项手工艺品的编制工艺逐渐失传，目前会编制的只有老一辈的土家族人，所以继承和发扬这项手工艺品就落在土家族人年轻一辈身上了。

7.2.3　土家族建筑文化中数学元素

德江土家族民宅均为木头所建造，构造为干栏杆"吊脚楼"的形状，这种构造既是环境压力逼迫的结果，也是民族智慧的体现。通常是两到三层的木制楼房，但大多数是两层；楼上是人住区，楼下则用于圈养牛羊等牲畜。土家族人民勇于对大自然探索并遵循自然规律，土家族大部分住宅都建于山区，是用木材修建的。这些木制住宅通常有通风、采光、防潮、防雨、保暖等优点，具有"冬暖夏凉"的功能①，是其他建筑不可比拟的。德江土家族人民，在修房造屋时，先观察地形地貌，尤其对水、日光、通风方面要求甚高，且房屋结构多数呈对称结构，如图7-9所示，体现了对称美。土家族住宅的设计一般而言是一排三个房间，中间一间为堂屋，里有香火台，此间不住人，左右两侧分别是厨房和卧室，卧室又分隔成几个小房间和客厅。

1.土家族建筑"脊梁瓦"中的数学元素

"脊梁瓦"是土家族建筑结构中最重要的组成部分之一，并且一定要布置在屋顶居中，即垂直于堂屋中心点。土家族建筑每个瓦片呈一个完美的弧形，弧长为圆弧长的四分之一，每两个瓦片首尾相接就可以构成一个半圆。"脊梁瓦"是由许多瓦片经过设计拼装、堆放而成的几何图形形状，其大小和形状各异，是基于建筑的整体来决定其大小和形状的，使得整个建筑协调统一。"脊梁瓦"的形状更是各有千秋，如圆、五边形、三角形、五角星、花瓣儿、扇形等，它可以任意设计成自己喜欢的几何图形。如图7-9所示是土家族吊脚楼其中的两种"脊梁瓦"形状，其右边为对应放大的"脊梁瓦"图形，第一种如图7-9（a）所示，这种"脊梁瓦"的设计主要由多个叶片状的图形组成，每个叶片图由两片瓦片槽面对扣构成的几何对称图形，主体部分总共由52

---

① 石庆秘，倪霓，张倩.土家族吊脚楼营造核心技术及空间文化解读［J］.前沿，2015（06）：109-116.

片瓦构成，整体上呈等腰三角形状；中间是由4条半圆弧长相交、相切构成的四叶图形，也可以说是由一个叶片图旋转90°分别旋转4次所得。第二种，如图7-9（b）所示这种"脊梁瓦"的设计主要由五个大小形状完全相同的圆构成，每个圆由四片瓦片首尾相连构成的，右为对应的几何图形，上面三个圆排成一字相切与下面的两个相切的圆相交于三个交点，形成倒置的梯形，其寓意着和谐、团圆、完美。

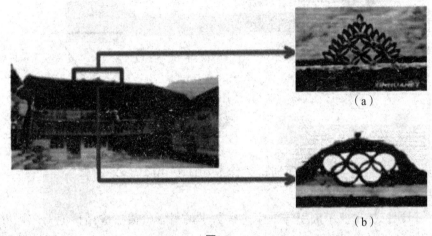

（a）

（b）

图7-9

2.土家族吊脚楼建筑中"地基石柱"中的数学元素

地基石柱主要用于土家族人在修建吊脚楼或其他木制建筑时木柱的承重，不但使木柱稳定地撑起房屋的质量，而且防止了木柱直接与地面接触受到雨水的侵蚀浸泡而腐烂，土家族人为了美观，都会在石柱上雕刻形形色色的几何图案，[①]如图7-10所示。土家族人在石柱上的雕刻是很有讲究的，一般石柱分上中下三部分进行雕刻，如图7-10所示，上部分雕刻有多个正六边形紧密相连围绕一圈如图7-10（a）所示，在石柱的中间部位整体雕刻成如图7-10（b）所示的正六面体形状，在最下端石柱的整体形状是一个正方体，正方体四面雕刻有四个全等的等边三角形如图7-10（c）所示。土家族人在制作石雕或是木雕时，都喜欢用平面图形、立体图形或是不规则的几何图形进行雕刻，充分展现了土家族人对于数学中几何知识的运用以及精湛的雕刻艺术。

---

① 张良皋.土家族文化与吊脚楼[J].湖北民族学院学报（哲学社会科学版），2000（01）：1-5.

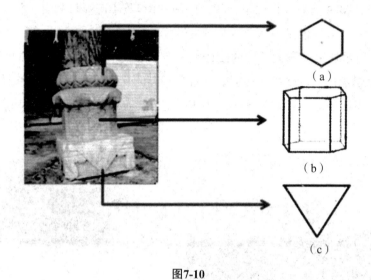

图7-10

7.3　土家族文化视角下的数学教学

新课标提出要不断引导学生感悟数学的科学价值、应用价值、文化价值和审美价值。教师应创设合适的教学情境，启发学生思考，引导学生把握数学内容的本质。而土家族文化的服饰、手工艺品和建筑物等均蕴含了丰富的数学知识。教师在教学过程中可以结合现有的数学民族文化，巧妙地将其应用到数学教学中，不仅可以激发学生的学习兴趣、内在动力，还可以使学生感受数学文化的价值，提升民族自豪感，培养学生的爱国情怀。

课例1　土家族文化融入"等腰三角形"的教学片段设计

《义务教育数学课程标准（2022年版）》要求第二学段即4～6年级学生能够认识等腰三角形，即学生知道有两边相等的三角形是等腰三角形。第三学段要求学生在了解等腰三角形概念的基础上，通过探索能够独立地证明等腰三角形的性质定理；等腰三角形两底角相等；底边上的高、中线及顶角的平分线重合。从以上课标要求足以看出等腰三角形教学的重要性。

等腰三角形是人教版数学教材八年级上册第13章第三节的内容，在学习了三角形、全等三角形以及轴对称之后，学生对几何图形有了一定的认识，在学生的已有认知中初步建立起了几何证明的概念。为高中学习立体几何奠定基础。但几何模块的学习对学生来说有一定的难度，若能够激发学生学习几何的学习兴趣，便可以克服数学焦虑从而提高学生学习效率。这就需要教师精心设计教学活动，将数学与生活紧密联系。如土家族女性帽子中就蕴含着有趣的数学知识，帽子周围的蓝色刺绣实际上是由等腰三角形通过平移得到的一条美丽的色带。这就可以用于我们的全等三角形教学。

民族文化创情境，引入课题学新知

师：同学们，我们从小就生在国旗下，长在春风里，大家知道我们国家有多少个民族吗？

生：有56个民族。

师：有同学知道老师PPT上这两幅图（见图7-11）是哪个民族的服饰吗？

生1：苗族。

生2：土家族。

图7-11

师：非常好，这是我们土家族女性帽子上的图案，看来同学们在生活中观察得非常仔细。

师：现在请同学们想想老师为什么要在数学课上给你们看土家族女性帽子的图案呢？你能发现其中用到了哪些数学知识吗？

学生作答。

师：同学们回答得都非常好，在我们生活中处处可见数学知识，数学是从生活中抽象出来的一种理想化模型。今天我们就一起来学习一下，在土家族帽子中的这种几何图形有什么样的性质，本次课结束之后我再请同学们来说说，除了土家族帽子中生活中还有哪些地方有这种图形。

师：现在请同学们看老师黑板上的这个几何图形（见图7-12），这就是从土家族女性帽子中抽象出来的，大家认为△ABC是什么三角形呢？

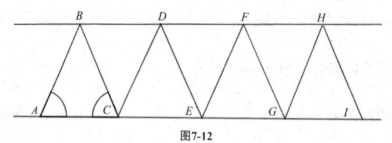

图7-12

生：等腰三角形。

师：的确，这就是我们小学学过的等腰三角形，那今天我们就一起来学习一下等腰三角形具有哪些性质。

设计意图：通过展示土家族服饰中的几何图案，引入新课，将生活中的数学元素与数学课堂紧密联系，有利于提高学生的学习兴趣，若是能始终在教学中渗透这样的思想，学生在生活中就会有意识地观察身边的数学元素，有助于降低学生在高中阶段学习数学的焦虑和恐惧。除此之外，学生还能够了解一定的民族文化，增强学生的民族自豪感和爱国情怀。

课例2 土家族文化融入"轴对称"的教学片段设计

学生最早开始接触轴对称是在义务教育第一学段，即要求学生能够直观地认识轴对称图形。随着学习的深入，学生在4～6年级能够通过实例轴对称图形的基本性质，欣赏自然界中的轴对称图形。轴对称是人教版数学教材八年级上册第13章第1节的内容。在学习此节内容之前，同学们已经学习了全等三角形，知道两个全等三角形的大小、形状相同，能够完全重合，对全等形有了一定的认识，利于学习本节课内容。轴对称图形在苗族服饰中随处可见，本节课将从土家族服饰上的图案中探究轴对称图形，让学生在学到新知识的同时也能发现生活中处处有数学，不仅可以加深对周围事物的认识，提高解决实际问题的能力，也为以后学习翻转、轮转、图形交流等知识打下良好的基础。

八年级的学生在之前就已经接触过图形的知识，对图形有一定的观察、分析能力。轴对称对他们来说虽是一个熟悉又陌生的知识，但是生活中处处有对称图，特别是我们土家族的服饰、银饰等。学生每天都处在这样的环境中，对对称图形也比较熟悉，教学时利用学生熟悉的例子，学生对该节的内容会比较感兴趣，学习积极性和理解能力自然就会提高。

展示民族文化，回顾所学知识

师：之前我们已经学习了全等三角形，我们知道两个全等三角形是轴对称图形，那么轴对称图形有什么性质呢？学习这些性质有何意义呢？今天这节课我们就一起来探讨一下。

师：对我们来说轴对称图形并不陌生，小学1~3年级我们学习了认识轴对称图形，4~6年级我们学习了如何在网格纸上画出简单的轴对称图形，这些都是直观的感受，今天我将学习轴对称图形更深层的东西。

（教师用多媒体呈现以下图片，如图7-13所示）

图7-13

师：谁能告诉老师，这3幅图是出自我们国家哪一个少数民族呢？

学生回答。

师：是的，这就是主要居住在重庆、湖南和贵州交界地带的土家族，第一幅图是我们土家族鞋垫上的刺绣，第二和第三幅图是我们土家族女性的服装。其实在我们土家族的文化中还有很多这样的图案，在生活中善于观察的同学就会发现，从古至今我们国家以对称为美的理念应用于各行各业。现在请同学们找出这3幅图片中有几种不同的轴对称图形。你还能举例说出在生活中你所看到的轴对称图形吗？

设计意图：学生在小学已经学过轴对称图形，学生通过对全等三角形的直观感受、欣赏土家族服饰上的对称花纹联结起学生对轴对称图形的已有认知，使学生能够快速地进入学习新知识的状态。通过提问对称轴的性质，引发学生产生认知冲突，建立起新的知识结构，有利于培养学生的数学抽象能力。引导学生课后去搜集生活中的轴对称图形，感受生活中的数学，有利于培养学生的观察能力，从而喜欢上数学。

练习题：

下面的图形（见图7-14～7-16）是土家族服饰上绣花和屋脊上的瓦块堆砌而成的图形，请同学们判断这些图案是不是轴对称图形，若是，请画出所有的对称轴。

图7-14

图7-15

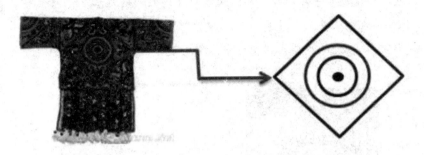

图7-16

设计意图：本练习题的设计是为了巩固对称轴的画法，图片选自土家族生活中的一些具体事物，学生会有意无意地联想到生活中的数学知识。这样既关注了学生知识能力的发展，也有助于培养学生的非智力因素。

课例3 土家族文化融入"棱柱及其表面积和体积"的教学片段设计

基本立体图形是《普通高中数学必修二》（2019A版）第8章第1节的内容，是高中必修课程几何与代数的第3部分。通过向量和复数实现将数学中的代数模块和几何模块结合起来的终极目标。因此立体几何初步在整个高中教学中非常重要。作为立体几何的起始课，本节课的效果不仅影响学生的学习兴趣，还对空间向量与立体几何的教学产生很大的影响，学习好本模块的知识能够提升学生的直观想象、逻辑推理、数学运算和数学抽象素养。

学生在小学和中学接触的都是平面几何，对于平面几何比较熟悉，现在将要学习立体几何，这对学生的空间想象能力有很大的挑战。因此，教师在设计本节课时要充分考虑学生的已有认知，在已有认知基础上引发学生的认知冲突，建构起新的知识体系，从而提升学生的数学能力。例如，在认识棱柱和棱台的教学中教师可以这样设计。

棱柱及其表面积和体积

地基石柱主要用于土家族人在修建吊脚楼或其他木制建筑时木柱的承重，不但使木柱稳定地撑起房屋的质量，而且防止了木柱直接与地面接触受到雨水的侵蚀浸泡而腐烂，土家族人为了美观，都会在石柱上雕刻形形色色的几何图案。一般石柱分上中下三部分进行雕刻，土家族人在制作石雕或是木雕时，都喜欢用平面图形、立体图形或是不规则的几何图形进行雕刻，充分展现了土家族人对于数学中几何知识的运用以及精湛的雕刻艺术。

问题1：在该地基石（见图7-17）中你能找到几种几何图形？

问题2：你找到的这些几何图形中，哪些是你已经学过的？

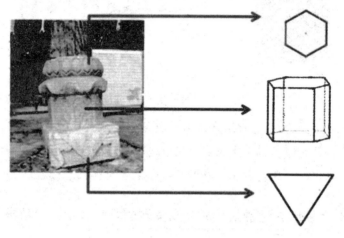

图7-17

设计意图：通过介绍土家族建筑中的数学文化引入新课，渗透数学来源于生活的理念。提出问题1旨在唤起学生的记忆和已有认知，提出问题2引发学生的认知冲突进入本节课的学习，有助于提升学生的直观想象素养。

观察图7-18中的长方体，它的每个面是什么样的多边形？不同的面之间有什么位置关系？

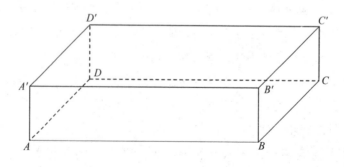

图7-18

［学生可以发现长方体的每个面是平行四边形（矩形），并且相对的两个面为平行关系，如同教室的地面和天花板一样］

一般地，有两个面相互平行，其余各面都是四边形，并且相邻两个四边形的公共边都相互平行，由这些面所围成的多面体叫棱柱。

　　图7-19所示是同学们在土家族地基石中观察到的棱柱。在棱柱中两个相互平行的面叫地面，它们是全等的多边形；其余各面叫棱柱的侧面，它们是平行四边形；相领侧面的公共边叫作棱柱侧棱；侧面与底面的公共点叫作棱柱的顶点。

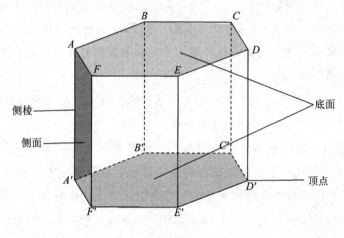

图7-19

　　棱柱用表示底面各顶点的字母表示，图7-19中的棱柱记作棱柱 ABCDEFG-A'B'C'D'E'F'G'，棱柱的底面可以是三角形、四边形、五边形……，我们把这样的棱柱分别叫作三棱柱、四棱柱、五棱柱……

　　设计意图：在给出棱柱的定义时结合土家族地基石中的六棱柱，使学生认识棱柱中的侧棱、侧面、底面和顶点这些关键元素，提升学生的直观想象能力。

　　问题3：设土家族地基石中的六棱柱为正六棱柱，侧棱为h，底面边长为a，你能求出该正六棱柱的表面积和体积吗？

　　（提示：表面积即为各个面积之和，体积是底面积和高的乘积。学生讨论完成该任务）

　　设计意图：求棱柱的表面积和体积对学生来说并不是新知识，学生小学就开始接触表面积和体积，让学生讨论完成这个知识点的求解过程，可以提高学生的课堂参与积极性，提升学生的知识迁移能力，体会分割的思想方法。

课例4 土家族文化融入"棱台及其表面积和体积"的教学片段设计

背篓在土家族人的日常生活中随处可见，背篓的用途较为广泛，不同用途的背篓在编制时的材料、形状、体积也有所区别，图7-20所示是土家族民间艺人手工编制而成的背篓，背篓的编制过程较为烦琐、耗时，一般用两种材料编制：一是用坚硬的塑料带、二是用扁平或细长的竹条编制，在背篓的其中一面固定有两条长度为80cm的帆布背带，如图7-20所示。所以在编制背篓时手工艺人都要经过精密的测量与计算，要把编制背篓的上下底面边长及高控制在计算范围内。

问题1：你能发现背篓中有哪些几何图形吗，试着在纸上画出来。

问题2：运用了这些几何图形的什么性质呢？

设计意图：通过展示背篓的图片，引发学生讨论，这种背篓在生活中很常见，但很少有人挖掘其中所蕴含的数学知识；在这之前学生没有学习过棱台，学生很难说出这个几何体叫棱台，这会引起学生的认知冲突，在已有的经验中找不到相关知识，促进学生积极思考，体会这种学习新知的思维过程。

（多媒体呈现由土家族背篓抽象出来的四棱台的动画演示过程，见图7-21）

问题3：这个几何图形与你前面所学的棱锥有什么联系？

设计意图：从具体事物中抽象出棱台，有助于培养学生的数学抽象能力，结合所学的棱锥得到棱台，符合学生的认知规律。

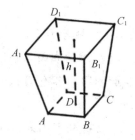

图7-20

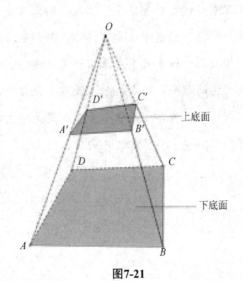

上底面

下底面

图7-21

用一个平行于棱锥底面的平面去截棱锥，我们把底面和截面之间那部分多面体叫作棱台。原棱锥的底面和截面分别叫作棱台的下底面和上底面，类似于棱柱、棱锥，棱台也有侧面、侧棱、顶点。

问题4：类比棱柱和棱锥的表面积和体积，请你推导出棱台的表面积和体积公式。

设计思路：学生已经学习过棱柱和棱锥的表面积，再来求棱台的表面积对学生来说并非难事；棱台是由棱锥被平面所截得到，关键是要找到棱台的高，考验学生将棱锥的知识迁移到棱台上从而找到棱台的体积公式。

问题5：观察棱柱、棱锥、棱台的体积公式，它们之间有什么关系，你能用棱柱、棱锥、棱台的结构特征来解释这种关系吗？

设计意图：从棱柱到棱锥再到棱台，后一个都是在前一个的基础上通过分割得到的，它们之间必然有紧密的联系，让学生通过数学模型来发现结构上的关系，有助于形成完整的知识网络，提升学生的归纳总结能力，培养学生的逻辑推理和数学抽象素养。

土家族是我国主要少数民族之一，土家族人在建设家园过程中创造了丰富的土家族文化，在其服饰、手工艺品和建筑中都蕴含着非常丰富的数学知识和原理。而今，数学课堂强调要引导学生感悟数学的文化价值，渗透数学文化教学，增强学生民族自豪感，激发学生爱国情怀。教师便可以就地取材，在数学课堂中渗透民族数学文化。以上几个在土家族文化视角下的数学教学片段体现了数学教学与民族文化的融合。恰当地融入民族文化在一定程度上落实了立德树人的根本任务，有助于发展学生的核心素养，提高学生学习兴趣，在增强学生自信的同时也有助于实现中华传统文化的传播任务。

第8章　仡佬族文化与数学教学

仡佬族历史悠久，其先祖与商周至西汉时期的"百濮"、东汉至南北朝时期的"濮""僚"都有渊源关系。"仡僚""葛僚""僚""仡佬"是隋唐以后各个时期对他们的称谓，中华人民共和国成立以后，正式定名为仡佬族。[①]每个民族都有其自身的文化特点及民族特色，基于仡佬族人长期的社会实践活动，使其不仅创造出丰富多彩、独具自身特色的民族文化，还磨炼出许多心灵手巧的民间艺人，他们技艺精湛，创作的作品美仑美奂。

仡佬族人民的生活中随处可见图纹结构，不仅记录着仡佬族人民悠久的历史文化和精神文化，而且还暗含着丰富的数学元素。历经漫长岁月的洗礼之后，在继承和创新仡佬文化的同时，数学的应用地越来越灵活，形成了独特厚重的仡佬族文化。仡佬族宗教的万物有灵信仰与生态意识是其民族艺术精神的基因，源源不断地生成仡佬族丰富的艺术文化，积淀起丰富的艺术文化资源。

8.1　仡佬族简介

仡佬族是曾经活跃在西南、中南地区的一个人口众多且支系繁多的民族，贵州省务川仡佬族苗族自治县是仡佬族的发祥之地，是仡佬族人口聚居最多的地方，有"仡佬之源"之称。仡佬族人民的居住以杂居为主，主要分布在贵州省务川和道真两个仡佬族自治县，其余分布于贵阳、六盘水、遵义、毕节、安顺、黔西南等地区，少数散居于云南和广西。据第七次全国人口普查（2020年）统计，中华人民共和国境内，仡佬族人口约有67.75万人，聚居在贵州的仡佬族人口约55.03万人，约占全国仡佬族总人口的81.23%，尤其是务

---

① 陈天俊. 仡佬族文化研究［M］. 贵阳: 贵州人民出版社, 1999.

川仡佬族苗族自治县的仡佬族人有29.81万，约占全国仡佬族总人口的44%。

仡佬族的历史发展大体上经历了"濮人""僚人""仡佬"三个阶段[①]，创造了许许多多珍贵的民俗文化，如神秘而又古老的诗歌、谚语、故事、传统游戏等。仡佬族人与古代贵州一代的"僚人"有渊源关系。[②]唐宋时，史书中开始出现"葛僚""仡僚""革老""仡佬"等名称，统称为"僚"。"僚人"可能是古代对这一地区若干少数民族的泛称。"仡佬"一名最早见于南宋朱辅所著《溪蛮丛笑》。古僚人，是西汉时夜郎国（主要在今贵州、云南境内）的主体民族之一[③]，与仡佬族有着更为直接的密切关系。

仡佬族语属于汉藏语系，有黔中方言、黔北方言、黔西方言以及黔西南方言。[④]以前，人们认为仡佬族只有语言，没有本民族文字，他们以汉字为共同文字。但2008年底，贵州仡佬学会在贵州民间发现了《九天大濮史录》，证明仡佬人有自己的文字——仡佬文。由于汉语已成为通用语，仡佬族的居住较分散，能使用仡佬语的人数很少，绝大多数仡佬族聚居地只保留了部分单词和短语，难以使用仡佬语进行正常交流，对仡佬语的继承和传播造成了很大的困难。因此，保护并继承仡佬族文化遗产是每个仡佬族后代应尽的责任和义务。[⑤]

仡佬族人们崇拜自然，敬畏自然，又热爱生活，在几千年的民族发展中始终保持人与自然的和谐相处，构建起仡佬族优美的生态环境。因此，仡佬族人常常把他们喜欢的动植物元素雕刻在建筑物、刺绣在服饰中，设计出形色各异的美丽图案。[⑥]在这些图案的设计上，运用了许多与数学相关的知识，尤其是建筑服饰等设计蕴含了大量数学元素，通过研究，发现其主要涉及几何图形及性质、图形的变化、图形与坐标等，其中三角形、长方形、圆和扇形结构较为多见，特别是圆最多，圆代表的意义和其他民族类似，在仡佬族民族文化中象征着团圆、和美、圆满。但在其所有的设计上，无论从整体还是局部细节都

---

① 付强.一句话了解仡佬族[M].务川:仡佬族文化研究院编印,2016.

② 钟金贵,仡佬族文化变迁研究[M]北京:民族出版社,2012.

③ 钟金贵,仡佬族文化变迁研究[M]北京:民族出版社,2012.

④ 付强.一句话了解仡佬族[M].务川:仡佬族文化研究院编印,2016.

⑤ 政协务川县委员会宣教文史委员会.仡佬之源:务川文史资料第十辑[M].务川:政协务川委员会宣教文史委员会,2005.

⑥ 《仡佬族简史》编写组.仡佬族简史[M].贵阳:贵州民族出版社,1989.

是以对称为主。

8.2 仡佬族文化中的数学元素

仡佬文化、衣食住行在不同领域各领风骚，各个方面都体现出十分鲜明的民族文化特色。尤以建筑文化、服饰文化以及娱乐纸牌大贰文化最为突出。对这些文化进行深入探究发现，其中都蕴藏了丰富的数学元素。无论是建筑中"脊梁瓦"、"吊瓜"、"花筒"、窗花，还是服饰中头巾布、边布刺绣、银扣、围腰和大贰纸牌，皆包含了很多几何的图形、变换和性质，比如：直线、曲线、圆、半圆、球体、椭球体、扇形、三角形、正方形、长方形、正五边形、五角星等数学元素，其中圆的运用较为广泛。从图案中可以发现，仡佬族文化运用最多最广泛的几何变换是平移、对折、旋转和轴对称变换。

8.2.1 仡佬族建筑文化中的数学元素

仡佬族传统民居布局为三道檐、轴对称的四合院式结构，呈左右对称。贵州仡佬族传统民居的早期形式是干栏式建筑。据《魏书》记载："'僚人'依树积木，以居其上，名曰'干栏'，干栏大小随其家口之数。"[1]务川仡佬族民居大多使用木头建造，其外形构造为"干栏式""吊脚楼"等结构，这既是环境逼迫的结果，也是民族智慧的体现。一般是两到三层的楼房，大多是两层，人居楼上，楼下则用于圈养牲畜。在仡佬族先祖的观念里，自然界的动植物都有灵性，这使得他们对大自然进行探索并遵循自然规律。[2]正因如此，仡佬族民居住宅大多在山区，往往都是依山、依地或依树而建造，这些利用木头建造的民居通常具有通风、采光、防潮、防雨和保暖等众多优点，有"冬暖夏凉"的作用。

民谚说："高山苗，水侗家，仡佬住在岩旮旯"，是仡佬族居住环境的真实写照。[3]仡佬族人将房屋位置的好坏与未来生活中的吉凶联系在一起，因

① 政协务川县委员会宣教文史委员会.仡佬之源：务川文史资料第十辑[M].务川：政协务川委员会宣教文史委员会，2005.
② 陈天俊.仡佬族文化研究[M].贵阳：贵州人民出版社，1999.
③ 遵义市地方志办公室.遵义文化纵览[M].上海：中国文化出版社，2010：127.

此，仡佬族民居的建造十分注重选址。在修建房屋时，他们往往会请人察看地形地貌，尤其对水、阳光、通风方面要求甚高。[①]从仡佬族居民对房屋的要求可以看出，仡佬族人民在修建房屋时还是很"讲究"的。一般情况下，仡佬族的建筑都是整体对称的，局部细节也是对称建造，如图8-1所示，这样的建造风格的设计不仅从远处看起来美观，而且近看细节也不会令人失望。仡佬民居建筑的设计一般是一列三间，中间一间为"堂屋"，里面有供神台，不住人，左右两边分别是一间厨房和一间卧室，卧室里面又分隔几个小间和客厅。[②]

1.仡佬族建筑"脊梁瓦"中的数学元素

"脊梁瓦"的设计是仡佬族建筑中最重要的组成部分之一，并且一定要设计于房顶居中，即与堂屋中心点垂直。"脊梁瓦"是由许多瓦片经过组装、堆叠而成的几何形状，大小和形状不一，根据房屋建筑的整体来决定大小，使整体上协调统一。叠成的形状有圆、五角星、三角形、花瓣儿、扇形等等，可以任意设计成自己喜欢的几何形状。这里只对其中三种设计进行分析。

第一种设计，如图8-1（a）所示，其右边为对应的几何图形。这种"脊梁瓦"主要由三个大圆、部分半圆、圆弧所组成，整体上呈等腰三角形，主体部分由38片瓦构成；瓦片呈圆滑的凹槽形状，边缘的长度是一个圆的四分之一，四个瓦片首尾顺次相接便可以构成一个完整的圆，所以，该设计用到了数学中圆的相切、圆的相交、平移或旋转。除此之外，在三角形的顶部还有一个由三个圆弧构成、类似牛角的叉形构造，这种设计也体现出仡佬族人民对耕牛的崇拜。而且，务川县的一个仡佬族聚居村桃符村的村民们遵守着一个规矩：不宰杀耕牛，也不吃牛肉。这个规矩是从清朝道光年间流传下来的，至今有170余年，桃符村的村口还立有遗存下来的禁杀耕牛的石碑。

第二种设计，如图8-1（b）所示，右边是对应的几何图形，这种"脊梁瓦"主要是由一个正五边形和五个半圆两两交叉所构成的五叶图形，又或是两个瓦片的凹槽面对扣形成叶片形状，以正五边形的中心点和叶片的其中一个端点重合作为圆心，绕其点顺（逆）时针旋转72°。正五边形的顶部也是一个类似牛角叉形的构造，和第一种的设计虽然有一点点的区别，但是两者的含义都

---

① 王朝文.清镇仡佬族［M］.贵阳:贵州民族出版社,2004.

② 罗进.论务川仡佬族民居文化内涵［J］.原生态民族文化学刊,2014,6（02）:112-115.

是一样的，且这两种"脊梁瓦"的整体都是对称图形；第三种设计，如图8-1（c）所示，右为对应的几何图形，主要由五个圆组成，上面三个圆排成一字形相切与下面两个相切的圆相交于三个交点，形成倒置的梯形，其寓意为和谐、团圆、完美。

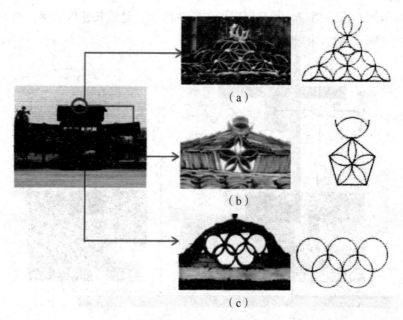

（a）

（b）

（c）

图8-1

2.仡佬族建筑落檐中的数学元素

落檐是务川仡佬族人的叫法，也叫花筒、吊瓜（还有的叫吊瓜筒）、门锤，安装的地方或者安装的方向不同，叫法也就不一样，是仡佬族建筑中较有本民族特色的艺术作品。[①]落檐的造型看起来像花、像瓜，也像一个锤，这就是仡佬族人的叫法中的含义。如图8-2所示，如果整体安装的方向是往下垂，则称为吊瓜（或者吊瓜筒）；如果整体安装是横放着（平行）的，则称为花筒。另外，如果花筒是安装在大门的顶上，则又称为门锤（门锤必须是一对，并且左右各一个）。无论是吊瓜还是花筒，在造型的设计上都是一样的，整体上呈南瓜的形状。如图8-2（a）所示，底部的外形是一个扇形绕圆心依次顺（逆）时针旋转22.5°，旋转16次所得；中心有的还设计有同心圆。圆的设计

---

① 袁媛. 传统居民及其建筑文化基因的传承［J］. 建筑与文化, 2016（09）: 234-235.

有大有小，部分仡佬族会在圆上面雕刻花或其他喜欢的图案，整个底部是呈轴对称。如图8-2（b）中椭圆标注所示，箭头方向对应的几何图形是其下垂状态的一个立体侧面。侧面是由个数扇形与个数相等的椭圆体绕底部圆心顺（逆）时针旋转360°/n（n一般是8以上的偶数）所得到的，呈对称型。图8-2（b）中用矩形框所标识的部位，其几何图形如箭头所示，是边长相等的两个对称的锯齿围成的圆，通过围绕圆旋转及平移得到。

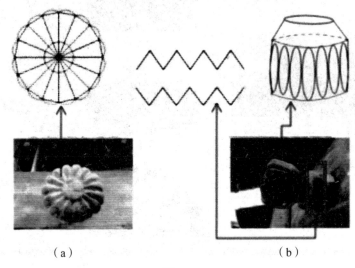

图8-2

3.仡佬族建筑中窗花的数学元素

窗花的设计在很多方面体现着仡佬族人别具一格的艺术思想，融艺术与雕刻技术于一体，把仡佬族人的技艺体现得淋漓尽致，近乎完美。很多窗花的设计完全是立体结构，仡佬族人把他们喜欢的动植物及生活交通工具融入当中。如图8-3所示，中心的正方形里面是一幅有人的马拉车，还有云朵，围绕该图再对称设计其他图案。在正方形的上下有一对相互交错的菱形，如图8-3（a）所示，通过上（下）菱形向下（上）平移至其边的中点所得。图8-3中还包含有图8-3（b）（c）的设计；图8-3（b）的设计和图8-3（a）都是同一原理，通过左（右）圆向右（左）平移所得，图8-3（c）是由中心半球体和6个大小相等的扇形组成。右边分别是它们所对应的几何图形。图8-3的中心马拉车还有很多种设计，比如中央处标记所指示的图8-3（d）的设计，其几何图形如右所示，四边形$ABCD$和四边形$A'B'C'D'$都是矩形，且E点和E'点分别是AD和$A'D'$的中点，O是EE'的中点，整个图形绕O点顺（逆）时针旋转90°。

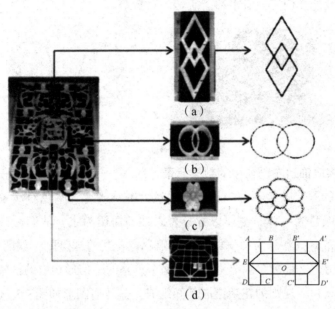

图8-3

8.2.2　仡佬族服饰文化中的数学元素

由于仡佬族人口分散，区域较为广泛，不同支系的仡佬族所穿戴的服饰颜色往往有所区别，主要分为白、红、花、青仡佬四大支系。比如，衣领、衣袖、裙边绣为红花的被称为红仡佬；用五彩色绣花边，周身缠缀着蚕茧为饰物的称为花仡佬。[①]仡佬族服饰的面料大多来自手工制作，自织自染，做工精美而细致且结实而耐用。

1.仡佬族服饰中头巾布中的数学元素

头巾布被仡佬族女性佩戴于头上，其用途主要分为两种——防尘防晒和装饰作用。它的制作及其构造都很简单，头巾布是一整块边长约为50cm的正方形布，在上面手工制作几何刺绣图形；头巾布的中端绿色刺绣的几何图形如图8-4所示，由绿色的线手工刺绣而成，犹如三片紧密相贴的叶子，象征着健

---

① 魏登云.论务川仡佬族服饰的文化内涵[J].兰台世界，2014（28）：54-55.

康、和谐、幸福；可以看作三个等腰三角形加三个半圆组成，等腰三角形的顶角是35°，并将其绕O点顺（逆）时针旋转35°所得。其边缘是不规则的几何刺绣图形，涉及的几何变换有平移、旋转、对折等。

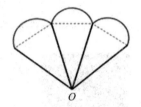

图8-4

2.仡佬族服饰边布刺绣中的数学元素

仡佬族的服装颜色不统一，但都以较为鲜艳或者为颜色对比较强的两种或两种以上颜色为一体，主要以五分短衣袖和筒裙为主。他们喜欢把花刺绣在服饰的边布上，寓意为"仡佬族的姑娘都像花儿一样美"。如图8-5所示是上衣边布刺绣，这种边布刺绣主要是由两个重叠的三角形构成的框架，再加上八角星、椭圆和不规则的花朵镶嵌其间组成。其几何图形如图8-5（a）所示，$\triangle ABC$与$\triangle A'B'C'$是两个相似的等腰三角形，$AB=AC$，$A'B'=A'C'$，AB与$A'B'$的比按5∶4的长度制作，最长边AB的长度约10cm，两底边BC与$B'C'$相互重合，两三角形底边BC与$B'C'$的长度比其所在三角形的腰长稍长，也就是$BC>AB$，$B'C'>A'B'$即可。$\triangle ABC$与$\triangle A'B'C'$内相间的部分，即AB与$A'B'$之间、AC与$A'C'$之间是由26个椭圆和15个八角星组成，其中，椭圆与$\triangle ABC$的边相切。该部分运用的几何变换过程是：首先，将一个椭圆和八角星沿AB边的其中一个端点平移至另外一个端点，然后沿底边BC上的高（等腰$\triangle ABC$的对称轴）对折可得，如图8-5（b）中的几何图形所示；底边AB下面的几何变换是不规则的几何图形和正弦（或余弦）函数图象沿着边平移得到；最后整体往左（右）平移即得完整的边布刺绣图形。

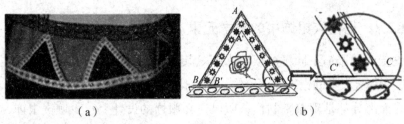

（a） （b）

图8-6

3.仡佬族围腰中的数学元素

围腰是仡佬族服饰中最常见的，日常生活很多仡佬族人也有佩戴，戴法很简单，用围腰上连接的腰带缠于腰间，从前往后绕缠一圈系上一个蝴蝶结（仡佬族人又把蝴蝶结叫作"活牢扣"）即可，如图8-6所示。围腰的造型结构很简单，由两个大小不等的半圆和一条腰带组成，小半圆的下面还有一些吊坠作为修饰；置于腰前面的一大一小的两个重叠的半圆，其几何图形如图8-6（a）所示；小半圆的半径OB长度为30cm，大半圆的半径长度为40cm；腰带的长度一般为60cm至90cm不等，这样不同长度的腰带不管是大人小孩，身形胖或瘦都可以选择佩戴。腰带和半圆下部的吊坠的几何图形如图8-6（b）所示，主要由8个小球和一个椭圆环，再由一根细线将这几个小球和椭圆环串联构成，其中8个小球中有1个稍大，另外7个大小相等，然后将整个吊坠绕内半圆的边线平移，但在平移中吊坠必须保持整体垂直向下的状态；腰带上主要是由类似五角星的花和一些不规则的几何图形组成，主要运用了几何变换中的平移，然后向右（左）平移即可。

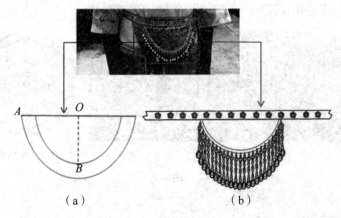

（a） （b）

图8-6

249

8.2.3 仡佬族银饰中的数学元素

仡佬族的服饰不同于苗族、水族等其他民族服饰。苗族和水族的服饰较为相似，都有大量的银饰作为修饰，而仡佬族不管是帽子、衣服、裤子、鞋、头巾等大部分都是用布来制作，所以，在服饰的设计上很少镶嵌银饰，主要靠手工刺绣。以前的仡佬族人制作银簪插在盘好的头发上，一是用于固定头发，二是起着装饰的作用。务川仡佬族，在长期与汉族及其他少数民族杂居相处的过程中，其风俗习惯、衣食住行彼此渗透，取长补短，其服饰不断出现汉化[①]。所以，现在很多仡佬族人已经不再戴银簪了，也没有人去制作，生活中基本上见不着，几乎失传，这是一个很值得关注的问题。银饰在仡佬族的生活中越来越少，目前，务川仡佬族部分服饰的设计上仍保留有少量的银饰。

1.仡佬族银扣中的数学元素

银扣一般设计在衣领的一圈，如图8-7所示，其放大图如图8-7（a）所示。银扣整体上呈圆，是轴对称图形，银扣边缘绕圆一周雕刻的是椭圆和五角星，它们互相其间，分别有8个，可看作是一个椭圆和一个五角星两部分组成的整体绕圆心 O 旋转8次所得，其旋转角为45°。图8-7（a）中红色标注的主要由两个大小不等的同心圆和8个大小相等的椭圆组成的半球体，其平面几何图形如图8-7（b）所示；整个半球体可以看作是一个椭圆绕圆心 O 点顺（逆）时针旋转8次所得，其旋转角为45°，这样便构成一个完整的银扣了。从实物图和几何图形可以看出，所有的椭圆和五角星都是朝中心点方向组成一个轴对称图形，表达仡佬族儿女团结一心，和谐相处的民族精神。

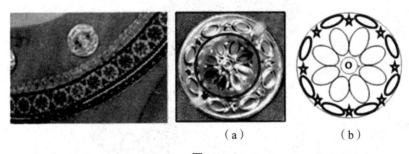

（a） （b）

图8-7

---

① 魏登云.论务川仡佬族服饰的文化内涵[J].兰台世界,2014（28）：54-55.

2.仡佬族吊坠中的数学元素

吊坠主要是由大小不等的银球用一根细线串联而成，如图8-8所示。其主要是由四个大的银圆球和八个小的银圆球相互交错构成。小银球的直径一般是4mm，表面呈光滑状；大银球的直径一般是8mm，表面有20条距离相等的凹槽，如图8-8（a）所示，又可以看作是以大银球直径为直径的圆，即以8mm为直径，以球心O为圆心，并以直径为中轴旋转10次所得，旋转角为36°。完整的吊坠几何图形如图8-8（b）所示，两个小球和一个大球组成一个组合，向下（或向上）平移3次所得。

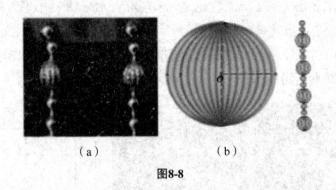

（a）　　　　　（b）

图8-8

8.2.4　仡佬族大贰文化中的数学元素

大贰是大多数仡佬族人休闲娱乐的方式。大贰纸牌总共有84张，分别是大写的"壹"到"拾"［如图8-9（a）所示］，和小写的"一"到"十"［如图8-9（b）所示］组成，各有4张，共80张；另有4张是"火石"牌，用于"打夹子和"。大贰纸牌美观大方，似画非画，似字非字，具有明显的地域性文化特征。每张纸牌都有自己独特的别称，如："大拾""大捌""大柒""大陆"四张分别被称为"天牌""地牌""人牌""和牌"。另外，"大壹"叫"四六"，"大贰"叫"猫头"，"大叁"叫"长二"，"大肆"叫"长三"，"大伍"叫"梅花"，"大玖"叫"红九"。"小一"到"小十"分别称为"幺六""古锤""二四""拐子""二五""草帽""酸菜""平八""辫子"和"丁丁"。其玩法有"打飘""扣博""打红点点""打夹子和"4种。

传统版本的大贰纸牌制作工艺复杂。其流程共分为六步：首先将数层皮纸用糨糊结成纸板，用光滑的鹅卵石将纸板反复磨压；上底色，背色一般为黑色，面色常用白色和黄色；再按16cm×3cm的规格尺寸，切成筱形牌；然后用红色的颜料书写大写的贰、柒、拾和小写的二、七、十，再用黑色的颜料书写其余的牌张；最后用桐油熬制的熟漆上漆后阴干即成。完整大贰纸牌图形形状呈长（*AC*）为16cm×宽（*AB*）为3cm的矩形图，其几何图形如图8-9（c）所示。图8-9（b）中红色圈标注的图形设计如图8-9（d），由两个大小不等的以*O*为圆心的同心圆和两个正方形组成。外圆的半径*OA*长度为1cm，正方形*ABCD*与圆相交的四个点，分别是外圆的两条互相垂直的直径与圆的交点所构成的，其边长*AB*的长度约为1.414cm，满足$OA^2+OB^2=AB^2$；小正方形是取正方形*ABCD*各边的中点首尾顺次连接而得，其边长为1cm，满足边长的平方等于$2OD^2$；小圆的半径*r*约为0.707cm，其满足$r=OD/2$。其余填充的图形是不规则图形绕圆心旋转所得。

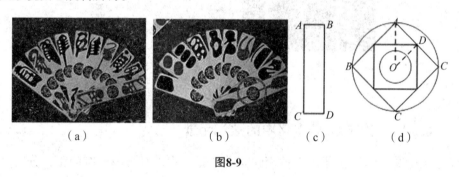

（a）　　　　　（b）　　　　　（c）　　　　　（d）

图8-9

8.3　仡佬族文化视角下的数学教学

随着时代的变迁，社会的发展，仡佬族的许多文化和习俗也在逐渐发生变化，有些传统的手艺和文化在不断地流失。然而，在仡佬族人日常生活中所蕴含的文化却在这个时代以新颖、独特的方式散发着它的魅力，这些民族文化隐藏着大量的数学元素，如几何图形中的三角形、正方形、长方形、正无边形、五角星、扇形及圆、椭圆等，还有曲线中的三角函数及概率问题，更有几何图形变换中的平移、旋转、对称等，这些数学元素在水族文化发展中占有重要的作用。研究仡佬族文化中存在的数学元素，不仅有助于传承仡佬族的优秀文化，也有利于提升当地的教育教学质量，提供多样的教育方式。

课例1 仡佬族文化融入"圆与圆的位置关系"的教学片段设计

1.创设情境，引入新课

师：上节课，老师让大家去查阅仡佬族的相关资料，有哪位同学来分享一下他/她的成果呢？

生：仡佬族是一个古老的民族，主要居住在务川和道真县，他们的文化历史悠久，建筑和服饰构思巧妙，大多利用数学中图形的位置变化来设计。

师：谢谢这位同学的分享，仡佬族文化底蕴深厚，他们的设计精美，下面我们一起来欣赏三幅来自仡佬族的建筑和服饰的图片，感受仡佬族人的智慧。〔教师打开投影，展示PPT课件，如图8-10（a）（b）所示〕

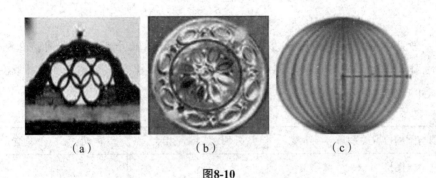

（a）　　　　　　　　（b）　　　　　　　　（c）

图8-10

师：同学们，观察上面三幅图片，小组交流讨论，它们都含有一个共同的图形是什么？

生：都含有圆形。

师：我们已经学过"直线与圆的位置关系"，同学们还记得是什么吗？

生：直线与圆的位置关系有三种，分别为：相交、相离、相切。

师：圆与圆之间又存在怎样的位置关系？这节课我们共同探究圆与圆的位置关系。

设计意图：首先，课前让学生收集仡佬族的相关资料，既能提升学生查阅资料的能力，也有助于学生更深层次地了解仡佬族文化；其次，鼓励学生在课堂上分享自己的学习成果，一方面可以检测学生的完成情况，另一方面培养了学生的语言表达能力；最后，组织学生回忆旧知，引出新知。

2.探究一：圆与圆的位置关系

师：思考：如何将图8-11（a）抽象成具体的几何图形。

生：先独立思考得出结论，然后将画出的图形进行小组交流展示。

师：在学生讨论的过程中进行巡视，可进行适当提示；等学生完成后，根据学生的表现进行及时评价，随后，教师利用PPT展示图8-11（b）。

图8-11

师：请同学们拿出课前准备好的硬币，把这枚硬币当作一个圆，在刚刚画的圆上移动，观察它们之间的关系和公共点的个数，完成学习单上的表8-1和（1）（2）两个问题。

表8-1

圆与圆的位置关系	外离	外切	相交	内切	内含
图形					
公共点的个数					

（1）根据你们小组学习的结果，你们认为圆与圆的五种位置关系的判断依据是什么？

（2）_____与_____没有公共点，统称为相离；_____与_____只有一个公共点，统称为相切。

师：组织学生小组探究，教师巡视并进行适当指导，最后由小组代表展示学习成果。

生：动手操作，得出初步结论，然后小组探究，分享自己的观点和看法。

师：经过刚刚的探究和分享，大家的学习成果究竟如何呢，请观看大屏幕。教师利用"flash动画"演示图形的变化过程，学生根据相应图形回答问题，其他同学判断对错，随后大屏幕展示正确答案，师生进一步归纳总结。

设计意图：教师应成为学生学习活动的组织者、引导者和合作者，为学生的发展提高良好的环境和条件。教师引导学生在实例中抽象出数学图形，学生的数学抽象和逻辑推理的数学核心素养得到发展；组织学生小组探究，并进行适当指导，让学生在学习中学会运用直观观察、动手操作、自主探究的方法解决问题，做到了一个组织者、合作者的角色。与此同时学生的四基（基础知识、基本技能、基本思想、基本活动经验）、四能（发现问题的能力、提出问题的能力、分析问题的能力、解决问题的能力）也得到提升；在教学过程中，教师要注重信息技术与课程内容的整合，提高课堂教学的效益。因此，在探究"圆与圆的位置关系"中，使用了"flash动画"，将图形的变化直观化，加深学生的印象，以便更好地理解和掌握圆与圆的位置关系。

师：你对所学知识真正理解吗？试一试。

（1）下列说法不正确的是（　　　）。

A. 两圆有且只有两个公共点，这两个圆相交。

B. 两圆有唯一公共点，这两个圆相切。

C. 两圆没有公共点，这两个圆外离。

D. 两圆有三个公共点，这两个圆重合。

（2）判断下面图形中圆的位置关系，并说明理由。

（3）第2题中的精美图片，来自仫佬族的服饰和建筑，生活中还有许多这样的实例，请你再列举出能体现两个圆的不同位置关系的实例，并加以说明。

师生：第1题，学生回答并说明理由；第2和第3题，随机抽取多名学生举例，根据学生的回答，进行教师评价、生生互评和自评。

设计意图："知识技能"既是学生发展的基础性目标，又是落实"数学思考""问题解决""情感态度"目标的载体。故在学习新知识后，设置相应练习巩固所学知识是必要的。第1题是对学生知识技能的检测；第2题通过引入仫佬族的建筑和服饰图片，有助于学生对仫佬族文化的了解；第3题，引导学生善于发现身边的数学现象，从常见物体中抽象出几何图形，然后根据圆的位置关系进行判断，加深理解知识的掌握和应用，最后采用多种形式评价，体现了评价主体的多元化。

课例2 仡佬族文化融入"图形的旋转"的教学片段设计

1.创设情景，导入新课

师：夏天到了，同学们都会使用小风扇，有同学观察过它的扇叶具有什么特点吗？

生：按动按钮，小风扇的扇叶会不停地转动。

师：不错，同学们观察得很仔细。其实，在生活中，能转动的物体还有很多，下面就请同学们一起来欣赏这样一组图片［PPT展示 图8-12（a）~（d）］并回答问题：以上这些现象有什么共同特点？

 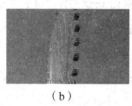  

（a） （b） （c） （d）

图8-12

师生：教师引导学生回忆图形的变化类型，然后组织学生围绕提出的问题进行独立思考、小组交流讨论，得出结果——共同特点是物体围绕定点转动。

师：同学们观察很仔细，图8-12（a）（b）是生活中经常见到的，图8-12（c）（d）是我们仡佬族的建筑和服饰，它们构思巧妙，制作精美，都用到了数学当中图形的位置变化，我们把这样的转动就做旋转，这节课我们共同来探讨图形的旋转。（板书课题）

设计意图：数学教学活动，特别是课堂教学活动应该激发学生学习兴趣，调动学生积极性，引发学生的数学思考，鼓励学生的创造性思维。本节课，先通过学生身边的小物件——风扇，吸引学生的注意力；紧接着展示4幅与旋转有关的图片，其中图8-12（a）（b）是学生常见到的、感兴趣的，图8-12（c）（d）来自仡佬族的建筑和服饰，让学生欣赏图片的同时思考问题。这样既培养了学生发现美、欣赏美的能力，也能调动学生的学习积极性，引发学生数学思考。

2.师生互动，探求新知

师：哪位同学能用自己的语言把风扇扇叶转动的过程描述出来呢？

生：以小组为单位，打开自己手上的小风扇观察扇叶的转动情况，然后进行交流讨论，教师引导学生归纳出旋转的概念。

师：（PPT展示）旋转的概念：把一个平面图形绕着平面内某一点O转动一个角度，叫作图形的旋转（rotation），点O叫作旋转中心，转动的角叫作旋转角。如果图形上的某一点P经过旋转变为P'，那么这两个点叫作这个旋转的对应点。

师：我们将仡佬族的服饰［如图8-13（a）所示］抽象成具体的几何图形［如图8-13（b）所示］，可以看作是三个等腰三角形加三个半圆组成，等腰三角形的顶角是35°，并将其绕O点顺（逆）时针旋转35°所得。它的旋转中心是O点，旋转角是顺（逆）时针旋转35°。

（a） （b）

图8-13

师：生活中这样的实例还有很多，你能从中找出旋转的实例并说明旋转中心和旋转角吗？

生：自主发言。

设计意图：数学活动经验的积累是提高学生数学素养的重要标志。帮助学生积累数学活动经验是数学教学的重要目标，是学生不管经历、体验各种数学活动过程的结果。首先，在学生利用手里的小风扇进行实际操作的过程中，在脑海里更加直观的形成"旋转"的概念，积累了数学活动经验；教师利用仡佬族服饰中的几何图形解释"旋转"的概念，有助于学生对"旋转"的理解，学生也会对仡佬族文化产生兴趣；设置举实例环节，一方面是为了检测学生是否真的理解和掌握"旋转"的概念，另一方面也让学生感受到数学广泛的应用性。

课例3 仡佬族文化融入"勾股定理"的教学片段设计

学以致用，巩固新知。

师：同学们知道这是什么吗？〔PPT展示图8-14（a）〕

生：字牌。

师：没错，这是我们经常能在公园里见到老大爷们玩的字牌。那你们知道嘛，我们仡佬族也有自己专属的大贰纸牌哦！〔PPT展示图8-14（b）（c）〕有哪位同学能给我们介绍一下大贰纸牌吗？

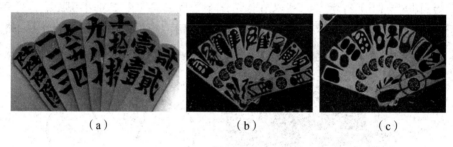

（a）　　　　　　　　（b）　　　　　　　　（c）

图8-14

生：大贰是大多数仡佬族人休闲娱乐的方式。大贰纸牌总共有84张，分别是大写的"壹"到"拾"〔如图8-14（b）所示〕，和小写的"一"到"十"〔如图8-14（c）所示〕组成，各有4张，共80张；另有4张是"火石"牌，用于"打夹子和"。大贰纸牌美观大方，似画非画，似字非字，具有明显的地域性文化特征。每张纸牌都有一个别称，如："大拾""大捌""大柒""大陆"四张分别称为"天牌""地牌""人牌""和牌"。另外，"大壹"叫"四六"，"大贰"叫"猫头"，"大叁"叫"长二"，"大肆"叫"长三"，"大伍"叫"梅花"，"大玖"叫"红九"。"小一"到"小十"分别叫"幺六""古锤""二四""拐子""二五""草帽""酸菜""平八""辫子"和"丁丁"。其玩法有"打飘""扣博""打红点点""打夹子和"4种。

师：非常好，看来这位同学对仡佬族文化比较了解，同学们，中华泱泱大国，文化底蕴深厚，作为新时代的我们，要饮水思源，传承中华民族优秀传统文化。现在，老师先给你们布置一个课后作业：查阅资料，搜集仡佬族大贰纸牌的制作过程。

师：接下来，认真观察图8-15（c），你能从中获得哪些数学元素呢？教师提示学生从外形出发去思考：字牌上由哪些几何图形组成？

生：先独立思考，画出一部分几何图形；然后进行小组交流讨论，集思广益，获得结论：外面是一个矩形，里面有两个大小不等的同心圆以及两个正方形。

师：大家能用勾股定理来解释AB与OA、OB间存在的关系吗？〔如图8-15（c）所示〕

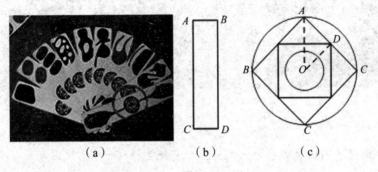

（a）　　　　　　（b）　　　　　　（c）

图8-15

师生：首先小组代表发展本组观点，然后进行生生评价、教师评价；最后，教师归纳总结：完整大贰纸牌图形形状呈长AC为16cm×宽AB为3cm的矩形图，其几何图形如图8-15（c）所示，图8-15（b）中红色圈标注的图形设计如图8-15（c）所示由两个大小不等的以点O为圆心的同心圆和两个正方形组成。外圆的半径OA长度为1cm，正方形ABCD；与圆相交的四个点，分别是外圆的两条互相垂直的直径与圆的交点所构成的，其边长AB的长度约为1.414cm，满足$OA^2+OB^2=AB^2$；小正方形是取正方形ABCD各边的中点首尾顺次连接而得，其边长为1cm，满足边长的平方等于$2OD^2$。

设计意图："综合与实践"是一类以问题为载体、以学生自主参与为主的学习活动。在本环节的学习活动中，教师引导学生从仡佬族大贰纸牌中抽象出具体的几何图形，然后用所学新知识解释该图形，综合运用"图形与几何""数与代数"等知识和方法解决问题，既能巩固新知，学生的空间观念、几何直观、推理能力以及应用意识也得到发展。整个过程中，教师从学生实际出发，创设有助于学生自主学习的问题情境，引导学生通过思考、探索、交流等，获得数学的基本活动经验，促使学生主动地、富有个性地学习。

课例4 仡佬族文化融入"轴对称"的教学片段设计

创设情境，引入新课

教师打开投影，展示PPT课件如图8-16所示。

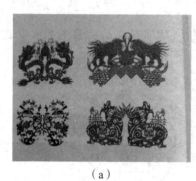 

（a）　　　　　　　　　　　　（b）

图8-16

师：请同学们认真观察以上图片，你发现了什么？

生：把它们对折后，会完全重合在一起。

师：同学们观察得很仔细，不过数学讲究简洁美，你们能用一个词语来概括想要表达的意思吗？

生：对称。

师：不错，它们都是对称的。对称现象在我们生活中无处不在，从自然景物到艺术作品，从建筑物到交通标志，甚至日用品中，我们都可以找到对称的例子。你能从生活中举出对称的实例吗？

生：蜻蜓、蝴蝶的翅膀；剪纸"囍"；字母"X、M、O"；数字"8、0"；黑板；风筝……

师：同学们都能举出实例，说明大家都是热爱生活的人。生活中我们还能举出许多这样的例子，在我们仡佬族的生活中也不例外，下面请同老师一起欣赏一组仡佬族服饰、建筑和娱乐中的图片，PPT展示图8-17（a）～（f）。

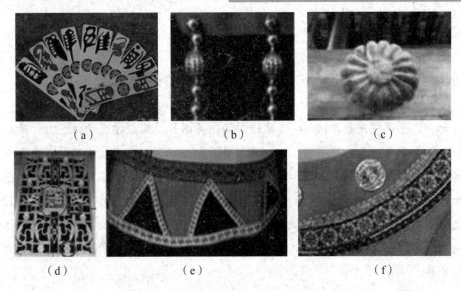

（a）　　　　　　（b）　　　　　　（c）

（d）　　　　　（e）　　　　　　（f）

图8-17

师：这些图片有什么共同特点呢？

生：它们都是对称的。

师：很好，同学们都知道这些属于对称图形。再次认真观察图片，有没有同学能够从数学的角度说一说，这些图片中包含了哪些几何图形呢？

生：长方形、椭圆、圆、菱形、五角星……

师：大家都很厉害哦！我们知道，数学来源于生活又服务于生活，很多精美的图案，究其本质是通过简单的几何图形经过各种变化得到的。PPT展示图8-18。

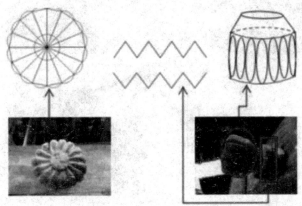

图8-18

师：同学们都能够判断一个图形是否为对称图形，那你们知道什么是轴对称吗？如何判断一个图形是轴对称图形呢？

生：不知道。

师：让我们带着这两个问题，一起进入今天的轴对称学习之旅吧！

设计意图：要让学生认识并欣赏自然界中和现实生活中的轴对称图形。因此，本堂课首先利用PPT展示生活中的精美图片，吸引学生的注意力；然后教师引导学生认真观察图片，回忆"对称"知识点，组织学生交流讨论生活中有关对称的实例，既可以让学生理解数学的实用性，激发学生学习的兴趣，也为教师展示有关仡佬族服饰、建筑和生活娱乐中的轴对称图片以及渗透仡佬族文化做铺垫；最后，教师组织学生从数学角度出发，将展示的图片抽象为具体的几何图形，在这个过程中，学生的数学抽象和逻辑推理数学学科核心素养得到发展。

课例5 仡佬族文化融入"图形的运动（三）旋转"的教学片段设计

1.温故知新，引入课题

师：请看下面的图片，你还记得这是什么现象吗？（课件展示图8-19）

图8-19

生：旋转。

师：有没有不一样的观点呢？

生1：有，荡秋千不是旋转；

生2：拦车杆也不是旋转；

同学们开始认真讨论起来……

师：其实，在二年级下学期，我们已经初步学习过旋转现象。既然大家的意见不统一，荡秋千和拦车臂到底是不是旋转？接下来带着这个问题，让我们一起开启今天的"旋转"学习之旅吧！（板书课题——旋转）

设计意图：生活中的旋转现象很多，但有些不够典型，容易淡化概念的本质，甚至会误导学生，特别是小学生，对他们建立正确表象产生干扰。因此，在这里特意选取教科书上的典型实例，特别是旋转角度不是360°的道闸、秋千等，让学生充分感知旋转现象。

2.小组合作，探究新知

（1）眼力大考查——感知旋转三要素

师：下面开始游戏比拼，游戏规则如下：老师用粉笔在黑板上画图形，你们在下面观察老师的画图过程，如果你发现了其中的奥秘，马上举手回答，看哪位小朋友观察得最仔细，回答得又对又快。

游戏环节一：老师利用教具圆规、白色粉笔在黑板上绕一点画一个圆；然后利用教具圆规、红色粉笔绕同一点，旋转角度相同，但旋转方向相反，再次画一个圆。

师：有同学发现这两个圆有什么不一样吗？

生：画这两个圆的方向不一样。（学生回答后，教师板书：方向）

师：非常棒，这位同学观察得很仔细，不过还有一点点没有想到，是按什么方向呢？有同学进行补充吗？

生：第一个圆是按照顺时针方向画的，第二个圆是按照逆时针画的。

师：同学们真聪明，一点就通。恭喜大家顺利通过第一关，来到第二关。

游戏环节二：老师用教具圆规绕同一点、同一方向，但角度不同画圆，请学生区别。

生：旋转角度不一样。（教师板书：角度）

游戏环节三：老师再利用教具圆规分别绕两头旋转一周，学生说这两次旋转的不同之处？

生：旋转的点不一样。（教师板书：旋转点）

师：总结旋转三要素：旋转中心、旋转角、旋转方向。

师：其实，旋转现象在生活中非常常见，如在仡佬族的建筑中［PPT展示图8-20（a）］

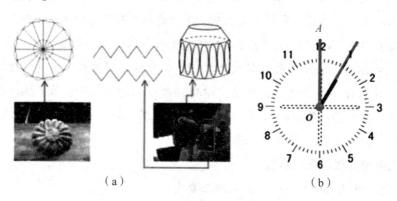

（a）　　　　　　　　　　　　（b）

图8-20

如图8-20（a）所示，底部的外形是一个扇形绕圆心依次顺（逆）时针旋转22.5°，旋转16次所得；中心有的还设计有同心圆。圆的设计有大有小，部分仡佬族会在圆上面雕刻花或其他喜欢的图案，整个底部是呈轴对称。红色椭圆标注所示，箭头方向对应的几何图形是其下垂状态的一个立体侧面。侧面是由个数与扇形个数相等的椭圆体绕底部圆心顺（逆）时针旋转360°/n（n一般是8以上的偶数）所得到的，呈对称型。图8-20（a）中用红色矩形框所标识的部位，其集合图形如箭头所示，是边长相等的两个对称的锯齿围成的圆，通过围绕圆旋转及平移得到。

师：如果我们在图8-20（a）中标上数字，变为图8-20（b），观察图8-20（b），你能用旋转三要素说一说，从"12"到"1"、这个指针OA是怎么变化的吗？

生：先独立思考，后进行小组交流讨论，由小组代表分享本组观点，进行教师评价、生生互评，最后师生共同归纳总结。

师生：①从"12"到"1"，指针绕点O按顺时针方向旋转了30°；

②从"12"到"1"，指针绕点O按逆时针方向旋转了330°。

　　设计意图：小学生的注意力难以长时间集中，故设计游戏活动，以此来调动学生的学习积极性；为了帮助学生直观的理解旋转的三要素，教师利用教具，从简单的实例入手，学生在看似简单的变化中比较两个圆的不同之处，形象地感知、体会旋转的三要素；随后教师展示仡佬族建筑图片，一方面帮助学生更好的理解旋转三要素，另一方面借此传播仡佬族文化，让学生体会到数学来源于生活。最后将图8-20（a）转变为图8-20（b），教师提出问题，引导学生用旋转的三要素表达指针的变化，在这一环节中，给学生留足思考的时间和空间，让学生在讨论中，自己不断完善对指针旋转的描述，加深对旋转的理解。

　　不同民族的学生有着民族、地域、习俗等方面的差异，所以在实际教学中，要根据学生的特点，因材施教，因地施教，开发针对仡佬族地区学生学习的数学教学案例，采用行之有效的数学教学方法，培养学生的核心素养。为了让仡佬族地区的孩子们对学习数学感兴趣，可将教学内容与仡佬族文化相互融合。让学生在课堂活动中感受到数学来源于生活，又服务于生活。这样既有利于学生了解当地的民族数学文化，又能激发学生学习的内在动力，从而提高他们学习数学的兴趣，进一步继承优秀的仡佬族文化。

参考文献

[1]康蔼德,潘兴文.水语调查研究[M].贵州人民出版社,2014:15-16.

[2]汪秉彝,吕传汉.再论跨文化数学教育.数学教育学报[M],1999:66-77.

[3]张国云.贵州侗族服饰文化与工艺[M].苏州:苏州大学出版社,2011.

[4]张志发,潘卢台,张景梅.苗族文化[M].北京:中医古籍出版社,2017(02):16-20.

[5]伍新福.苗族文化史[M].成都:四川民族出版社,2000(3):157.

[6]康蔼德,潘兴文.水语调查研究[M].贵州人民出版社,2014:15-16.

[7]汪秉彝,吕传汉.再论跨文化数学教育.数学教育学报[M],1999:66-77.

[8]张国云.贵州侗族服饰文化与工艺[M].苏州:苏州大学出版社,2011.

[9]陈天俊.仡佬族文化研究[M].贵阳:贵州人民出版社,1999.

[10]付强.一句话了解仡佬族[M].务川:仡佬族文化研究院编印,2016.

[11]钟金贵,仡佬族文化变迁研究[M]民族出版社,2012.

[12]付强.一句话了解仡佬族[M].务川:仡佬族文化研究院编印,2016:3-7.

[13]政协务川县委员会宣教文史委员会,编,仡佬之源:务川文史资料第十辑[M].务川:政协务川委员会宣教文史委员会,2005.

[14]《仡佬族简史》编写组.仡佬族简史[M].贵阳:贵州民族出版社,1989.

[15]政协务川县委员会宣教文史委员会,编,仡佬之源:务川文史资料第十辑[M].务川:政协务川委员会宣教文史委员会,2005.

[16]陈天俊.仡佬族文化研究[M].贵阳:贵州人民出版社,1999

[17]遵义市地方志办公室.遵义文化纵览[M].上海:中国文化出版社,2010:127.

[18]王朝文.清镇仡佬族[M].贵阳:贵州民族出版社,2004.

[19]肖绍菊.当苗族服饰与数学相遇[J].中国民族教育,2017(02):35-38.

[20]肖绍菊,罗永超,岳莉.苗族银饰文化及几何造型艺术之探究[J].广西民族

大学学报 (自然科学版), 2015, 21 (02): 40-45, 93.

[21] 罗云昊. 苗族吊脚楼建筑研究 [J]. 文艺生活, 2016 (02): 170.

[22] 杨孝斌, 黄晚桃, 罗永超, 等. 苗族服饰图案中的乘法公式——民族数学文化进课堂的教学设计与实践反思 [J]. 中小学课堂教学研究, 2017 (03): 5.

[23] 杨霞, 肖绍菊, 王琴, 王启林. 苗族文化渗透农村中学数学课堂的教学实践——以 "一元一次不等式组的拓展" 教学为例 [J]. 凯里学院学报, 2015, 33 (06): 171-175.

[24] 周秋嘉, 罗红梅, 肖绍菊. 苗族银饰文化在百分率教学中的应用 [J]. 凯里学院学报, 2017, 35 (06): 174-176.

[25] 张超, 朱晓军, 果霖等. 马尾绣与水族民俗关系探源 [J]. 丝绸, 2013, 50 (07): 68-72, 76.

[26] 周琳琅. 黔南水族传统纹样的感性意象认识研究 [J]. 艺术科技, 2016, 29 (03): 155-175.

[27] 吕传汉, 汪秉彝, 夏小刚. 贵州民族地区基础教育的跨文化数学教育研究 [J]. 数学教育学报, 2009, 18 (05): 83-87.

[28] 潘中西. 水族妇女服饰浅析 [J]. 黔南民族师范学院学报, 2006 (05): 58-63.

[29] 张婧. 三都水族马尾绣艺术初探 [D]. 贵州民族学院, 2011.

[30] 杨孝斌, 罗永超, 张和平. 人类学视域下的水族数学文化研究 [J]. 数学通报, 2016, 55 (08).

[31] 刘思明. 浅谈水族马尾绣艺术特征 [J]. 成功 (中下), 2018 (05): 47.

[32] 张超, 朱晓君. 浅谈贵州水族马尾绣艺术及其特殊的文化内涵 [J]. 丝绸之路, 2015 (24): 40-42.

[33] 谢彬如. 贵州少数民族服饰艺术 [J]. 贵州文史丛刊, 1997 (02): 90-94.

[34] 夏晓琳. 记水族女子的服饰 [J]. 服饰探讨, 2002 (02): 37-38.

[35] 赵伟. 贵州施洞苗族银饰文化考察 [D]. 北京: 北京服饰学院, 2003.

[36] 朱晓萌. 从苗族银饰的构成艺术探究其内在价值 [D]. 天津: 天津工业大学, 2007.

[37] 谢彬如. 水族服饰 [J]. 艺文论丛, 1996 (04): 60-72.

[38] 张超, 朱晓君. 中国水族马尾绣背扇服饰的色彩语义指向 [J]. 深圳大学学报 (人文社会科学版), 2015, 32 (04): 19-24.

[39]贾双.浅析水族妇女服饰特点[J].山东纺织经济,2010(06):63-65.

[40]吴海燕,王联秋.水族围腰的功能[J].吉林广播电视大学学报,2010(08):96-98.

[41]黄慧中.一个不应被遗忘的艺术角落——试论水族鞋垫刺绣的艺术性[J].黔南民族师范学院学报,2003(05):88-91.

[42]文毅,王观玉.全球化视野下水书文献资源共享探析[J].现代情报,2008(3):3.

[43]张文材,凌鸿春,陈信传,等.水族数学史研究[J].贵州师范大学学报,1995(2):23-30.

[44]潘晓思.水族儿童传统游戏在小学教学中的运用[J].读与写(教育数学刊),2012,9(04):206-207.

[45]周一渤.水族服饰[J].民间文化,2007(1):85-87.

[46]彭乃霞,韦牛妹.情境认知理论视角下水族文化在数学课堂教学中的渗透研究[J].数学通报,2019,58(06):4.

[47]王观玉,郭勇.水族信息资源开发利用探讨[J].黔南民族师范学院学报,2009,29(06):33-37.

[48]徐卓,宋梦如,刘彦铭,等.侗族村寨临时桥梁的分析与改造——以程阳八寨为例[J].散文百家(新语文活页),2018(6):244.

[49]牧风.苗乡侗寨教育实现"时空穿越"——贵州省黔东南苗族侗族自治州发展民族教育纪实[J].中国民族教育,2016(02):29-31.

[50]黄明光.贵州省黔东南州人口管理与计生工作的现状及对策[J].南京人口管理干部学院学报,1999,16(3).

[51]吴秀吉,罗永超.侗族风雨桥建筑艺术中的数学文化[J].数学通报,2019,58(05):10-13.

[52]杨光白.贵州原生态音乐的审美和保护浅析——以侗族大歌为例[J].大众文艺(理论),2009(03):1.

[53]李玲.黔东南苗族妇女服饰研究[D].北京:中央民族大学,2011.

[54]阿土.侗族的人口分布[J].贵州民族研究,2003(04):177.

[55]张智辉.深度开发侗族鼓楼文化——以通道临口镇官团村侗族鼓楼群为例[D].怀化:怀化学院,2011.

[56] 罗永超, 张和平, 肖绍菊, 等. 侗族数学文化与数学教育研究[J]. 凯里学院学报, 2012, 30(06): 11-15.

[57] 罗永超. 侗族数学文化面面观[J]. 数学教育学报, 2013, 22(03): 67-72.

[58] 张和平, 罗永超, 肖绍菊. 研究性学习与原生态民族文化资源开发实践研究——以黔东南苗族服饰和侗族鼓楼蕴涵数学文化为例[J]. 数学教育学报, 2009, 18(06): 70-73.

[59] 杨孝斌, 罗永超, 张和平, 等. 侗族建筑中的数学元素[J]. 凯里学院学报报, 2013, 31(06).

[60] 康凯. 侗族刺绣的纹样类型与美学特征[J]. 大舞台, 2014(07): 227-228.

[61] 李泊沅. 侗族银饰及其文化内涵[J]. 艺术科技, 2015, 28(01): 100.

[62] 吕传汉, 张洪林. 民族数学文化与数学教育[J]. 数学教育学报, 1992(01): 101-104.

[63] 马启忠. 论安顺布依族的服饰文化[J]. 安顺学院学报, 2009, 11(02): 4-6+14.

[64] 刘冰楠, 代钦. 蒙古族工艺美术中的数学文化——以几何图案的解析为中心[J]. 民族论坛, 2018(03): 102-107.

[65] 刘文良, 韦江娜. 贵州布依族蜡染图案艺术探究[J]. 湖南工业大学学报(社会科学版), 2018, 23(02): 115-123.

[66] 孙健. 布依族数学文化视角下的教学本土味思考——以黔西南州为例[J]. 兴义民族师范学院学报, 2017(06): 18-22.

[67] 师东利, 丰良周. 布依文化中的数学元素教学应用——利用布依背带进行数学归纳法教学[J]. 兴义民族师范学院学报, 2019(06): 98-104.

[68] 张超, 朱晓军, 果霖等. 马尾绣与水族民俗关系探源[J]. 丝绸, 2013, 50(7): 67-76.

[69] 周琳琅. 黔南水族传统纹样的感性意象认识研究[J]. 艺术科技, 2016.

[70] 吕传汉, 汪秉彝, 夏小刚. 贵州民族地区基础教育的跨文化数学教育研究[J]. 数学教育学报, 2009: 25-27.

[71] 潘中西. 水族妇女服饰浅析[J]. 黔南民族师范学院学报, 2006(5): 63.

[72] 张婧. 三都水族马尾绣艺术初探[D]. 贵阳: 贵州民族学院, 2011.

[73] 杨孝斌, 罗永超, 张和平. 人类学视域下的水族数学文化研究[J]. 数学通

报, 2016, 55 (08).

[74] 刘思明. 浅谈水族马尾绣艺术特征 [J]. 成功 (中下), 2018 (05): 47.

[75] 张超, 朱晓君. 浅谈贵州水族马尾绣艺术及其特殊的文化内涵 [J]. 丝绸之
路, 2015 (24).

[76] 谢彬如. 贵州少数民族服饰艺术 [J]. 贵州文史丛刊, 1997 (2): 90-94.

[77] 夏晓琳. 记水族女子的服饰 [J]. 服饰探讨, 2002 (20): 37-38.

[78] 赵伟. 贵州施洞苗族银饰文化考察 [D]. 北京服饰学院, 2003.

[79] 朱晓萌. 从苗族银饰的构成艺术探究其内在价值 [D]. 天津工业大学, 2007.

[80] 谢彬如. 水族服饰 [J]. 艺文论丛, 1996 (4): 60-72.

[81] 张超, 朱晓君. 中国水族马尾绣背扇服饰的色彩语义指向 [J]. 深圳大学学报
(人文社会科学版), 2015 (4): 20.

[82] 贾双. 浅析水族妇女服饰特点 [J]. 山东纺织经济, 2010 (6): 63-64.

[83] 吴海燕, 王联秋. 水族围腰的功能 [J]. 吉林广播电视大学学报, 2010 (8):
96.

[84] 黄慧中. 一个不应被遗忘的艺术角落——试论水族鞋垫刺绣的艺术性 [J].
黔南民族师范学院学报, 2003 (5): 89-90.

[85] 文毅, 王观玉. 全球化视野下水书文献资源共享探析 (J). 现代情报, 2008
(3): 45-47.

[86] 张文材, 凌鸿春, 陈信传, 段应全. 水族数学史研究 [J]. 贵州师范大学学报,
1995 (2): 27-28.

[87] 潘晓思. 水族儿童传统游戏在小学教学中的运用 [J]. 读与写 (教数学刊),
2012, 9 (04): 206-207.

[88] 周一渤. 水族服饰 [J]. 民间文化, 2007: 67-71.

[89] 彭乃霞, 韦牛妹. 情境认知理论视角下水族文化在数学课堂教学中的渗透研
究 [J]. 数学通报, 2019, 58 (06): 35-38.

[90] 王观玉, 郭勇. 水族资源开发利用的探讨 [J]. 黔南民族师范学院学报, 2009
(6): 12-14.

[91] 徐卓, 宋梦如, 刘彦铭, 等. 侗族村寨临时桥梁的分析与改造——以程阳八寨
为例 [J]. 散文百家 (新语文活页), 2018 (6) 11-15.

[92] 牧风. 苗乡侗寨教育实现"时空穿越"——贵州省黔东南苗族侗族自治州发

展民族教育纪实[J].中国民族教育, 2016, 000 (002) 29-31.

[93]黄明光.贵州省黔东南州人口管理与计生工作的现状及对策[J].南京人口管理干部学院学报, 1999, 16 (3).

[94]吴秀吉, 罗永超.侗族风雨桥建筑艺术中的数学文化[J].数学通报, 2019, 58 (05): 10-13.

[95]杨光白.贵州原生态音乐的审美和保护浅析——以侗族大歌为例[J].大众文艺 (理论), 2009 (03): 175-176.

[96]李玲.黔东南苗族妇女服饰研究[D].北京: 中央民族大学, 2011. 05.

[97]阿土.侗族的人口分布[J].贵州民族研究, 2003 (04): 177.

[98]罗永超, 张和平, 肖绍菊, 等.侗族数学文化与数学教育研究[J].凯里学院学报, 2012, 30 (06): 11-15.

[99]罗永超.侗族数学文化面面观[J].数学教育学报, 2013, 22 (03): 67-72.

[100]张和平, 罗永超, 肖绍菊.研究性学习与原生态民族文化资源开发实践研究——以黔东南苗族服饰和侗族鼓楼蕴涵数学文化为例[J].数学教育学报, 2009, 18 (06): 70-73.

[101]杨孝斌, 罗永超, 张和平, 等.侗族建筑中的数学元素[J].凯里学院学报, 2013, 31 (06): 1-4.

[102]康凯.侗族刺绣的纹样类型与美学特征[J].大舞台, 2014 (07): 227-228.

[103]李泊沅.侗族银饰及其文化内涵[J].艺术科技, 2015, 28 (01): 100.

[104]罗进.论务川仡佬族民居文化内涵[J].原生态民族文化学刊, 2014, 6 (2): 112.

[105]魏登云.论务川仡佬族服饰的文化内涵[J].兰台世界, 2014 (28): 54-55.